LO QUE OTROS ESTÁN DICIENDO SOBRE *EL CUIDADO DEL ALMA*

He escuchado a mi querido amigo Rob Reimer enseñar la verdad contenida en este libro cientos de veces. Sin embargo, al leer cada capítulo me di cuenta de por qué nunca envejece: este es el poder de Jesús para liberar a los cautivos. Es por esto que hacemos lo que hacemos. He tenido el privilegio de enseñar junto a Rob en el Seminario Teológico de la Alianza y en muchas conferencias a lo largo de los años. Hemos visto a Jesús liberar a las personas. Mi oración es que tú también experimentes esa libertad mientras lees este libro y que también nos acompañes para ayudar a Jesús a liberar a los cautivos.

—**Dr. Ron Walborn**
El decano del Seminario Teológico de la Alianza

En el libro de Rob, *El Cuidado del Alma,* él aborda los problemas más profundos de la experiencia humana como una invitación a rendirse a la obra transformadora de Dios de la sanación y la libertad. De una manera útil y holística, Rob dice la verdad con amabilidad y gracia como un buen amigo o un mentor cercano. Él tiene una gran habilidad para ir al corazón del problema, al motivador que nos impulsa. Fui desafiado, alentado y presionado para lidiar con las realidades que no siempre son «fáciles» de discutir o con que lidiar. Pero, lo que es más importante, siempre fui recordado a mirar a Jesús, el

Sanador paciente, para tener aún más esperanza y poder. Este libro es ungido, sencillo y simple. Realmente creo que tendrá un gran impacto a través de muchas fronteras geográficas y culturales y se usará para ver a muchas personas liberadas de problemas pasados, presentes y futuros a medida que trabajan a través de un proceso guiado de cambio en la vida.

—**Rdo. Tim Meier**
Director Internacional, Envision

El Cuidado del Alma es una guía para aquellos que tienen un indicio de que hay un deseo en su alma de abrazar e irradiar más de Cristo. El Cuidado del Alma no es un programa a seguir. Es el reconocimiento inicial de la vida y la libertad que Cristo verdaderamente da a aquellos que buscan morar con Él. Esto es esencial porque no podemos evangelizar lo que no vivimos.

—**Tania Watson**
Ministra ejecutiva
Iglesias de Cristo en Australia Occidental Inc.

En mis años de juventud era un poco fastidiso. Frecuentemente frustraba a las personas con mi comportamiento tonto, y así, en más de una ocasión, tuve el desafío de decir: «¡Es hora de que madures!». El autor Rob Reimer, en su libro, *El Cuidado del Alma,* no solo nos anima audazmente a «madurarnos», pero en realidad articula un camino para ayudarnos a hacer precisamente eso. En su estilo refrescante, abierto y honesto, el autor nos lleva en un viaje a los delicados recónditos de nuestra alma. Él plantea las preguntas con las que debemos luchar si vamos a encontrar nuestro camino hacia la madurez y la integridad. Afirma: «Madurar es un negocio difícil y es un negocio del corazón». Sin embargo, si fallamos en aceptar ese desafío nos permite envejecer en años pero quedamos como niños emocionalmente. El autor advierte: «Nuestra inmadurez siempre perjudica nuestra productividad. Nuestra pecaminosidad nos resta valor a nuestra productividad». Este es un libro audaz que abre puertas que muchos de nosotros preferiríamos dejar cerradas. El llamado a caminar en la luz a través de participar en una «confesión de vida» con algunos amigos de confianza es una poderosa invitación a liberarse de la vergüenza tóxica. Este libro es también un libro de sanación. Aborda delicadamente las heridas del alma y proporciona sabiduría sobre cómo limpiar y eliminar los escombros de nuestro pasado y abrazar un nuevo coraje para enfrentar las complejidades del presente. No te pierdas este llamada a «¡Madurar!». Es convincente, liberador y vale la pena el viaje.

—**Rdo. David Hearn**
Presidente, Alianza Cristiana y Misionera de Canadá

Conocimientos importantes sobre la condición humana y el poder del Espíritu para restaurar el alma, el Dr. Rob Reimer escribe como pastor y como teólogo práctico. Su enfoque ha funcionado desde las primeras etapas de la fe en la iglesia local hasta el programa de doctorado. Recomiendo encarecidamente el libro del Dr. Reimer a todos los que quieran ver una transformación en el cuidado de su propia alma.

—**Dr. Martin Sanders**
Presidente, Global Leadership Inc.
Director del Programa de Doctorado en el
Seminario Teológico de la Alianza

EL CUIDADO DEL ALMA

Siete principios transformadores para el alma saludable

Dr. Rob Reimer

Carpenter's Son Publishing

El cuidado del alma: siete principios transformadores para el alma saludable

Publicado por Carpenter's Son Publishing, Franklin, Tennessee

Publicado en asociación con Larry Carpenter de Christian Book Services, LLC www.christianbookservices.com

Editado por Robert Irvin

Diseño de la portada por John Pepe

Diseño del interior por Suzanne Lawing

Impreso en los Estados Unidos de América.

978-1-942587-45-3

AGRADECIMIENTOS

Cuando tenía veinticuatro años, estaba a solas con el Señor en el seminario cuando le escuché hablarme sobre mi llamado. Entre muchas cosas, me dijo que escribiría libros. Le dije que haría cualquier cosa que me pidiera, pero nunca abriría una puerta para promover mi propia causa; yo esperaría a que Él abriera puertas, y yo caminaría a través de ellas. Sentí un llamado para escribir hace unos años, y este es ahora mi tercer libro. Aunque escribo solo, la escritura nunca es el esfuerzo de una sola persona. Cuanto más avanzo en edad, más me doy cuenta de la deuda de gratitud que tengo hacia tantos. Tengo algunas palabras de agradecimiento para aquellos que merecen más de lo que las palabras pueden transmitir.

Dave y Barb MacBeth y Fred y Karen White, no podría haber publicado este libro sin su apoyo. Gracias desde el fondo de mi corazón. Fred y Karen, son muchas las formas y tantas las veces que con gran generosidad ustedes han sido de gran apoyo a mi familia y a mí. Estoy profundamente agradecido. Dave y Barb, ustedes empezaron South Shore Community Church junto conmigo y otros cuantos hermanos; fueron una parte importante de los años formativos de SSCC, y aunque se mudaron hace mucho tiempo, continúan acompañándome y sirviéndome en los esfuerzos que tenemos en común para avanzar en el reino. Gracias por años de amoroso apoyo.

A todo el personal, líderes y miembros de SSCC que han trabajado conmigo en el reino y que han intervenido para llenar los vacíos dejados por mi ministerio de escritura y predicación ministerial: gracias. Es mi deseo que ustedes conozcan el placer de Dios y sientan la satisfacción que el fruto de su colaboración en el Evangelio ha producido para el honor del Rey.

Andi, ruego que el Espíritu de Dios revele lo que mis palabras no pueden transmitir. Has sido una parte integral de los tres libros. Son mucho mejores debido a tu amor y sacrificios a mi favor. Te estoy eternamente agradecido.

A mis queridos amigos Ron Walborn y Martin Sanders: a menudo me he parado en las plataformas que ustedes dos han establecido para mí. Su compañerismo en el Evangelio ha sido gran gozo, honor y bendición en mi vida. Gracias por permitirme las oportunidades de enseñar junto a ustedes. Los conceptos de este libro nacieron en las aulas que juntos hemos compartido, debido a las oportunidades que me han brindado. Oro para que podamos hacer el trabajo del reino juntos hasta que muramos.

A los lectores que han leído mis dos primeros libros: ¡gracias por acompañarme en este viaje! Que este libro los lleve a una nueva profundidad con Dios.

Y, por último, a toda mi familia, los amo a todos, y estoy tan feliz de que Dios me los haya dado. Han llenado mi vida de alegría y risas. ¡Soy afortunado en tenerles!

Danielle, Courtney, Darcy y Craig: lloré cuando los llevé al kindergarten porque sabía que enfrentarían el dolor de un mundo quebrantado; lloré cuando los llevé a la universidad, Danielle y Courtney, porque sabía que mi precioso tiempo diario con ustedes estaba llegando a su fin. Tanto las lágrimas como las oraciones que con tanta frecuencia he ofrecido a favor de ustedes son expresiones del profundo amor que les tengo. Estoy orgulloso de todos ustedes.

Jen, has jugado un papel central en mi desarrollo espiritual durante gran parte de mi vida como adulto. Tu humor me ha alegrado, tu amabilidad me ha suavizado, tu amor me ha conmovido, tu honestidad me ha moldeado y tu amistad me ha fortalecido. Tu vida ha impactado la mía, y tus huellas dactilares están por todo el contenido dentro de estas páginas. Con todo mi amor y gratitud.

DEDICACIÓN

Este libro está dedicado a mi papá y a mi mamá. Recuerdo el día en que me di cuenta de lo afortunado que fui al crecer en nuestro hogar. Estaba en la universidad cristiana y al conocer a nuevos amigos, escuché sus historias. Una y otra vez, me di cuenta de que habían tenido crianzas y situaciones familiares mucho más difíciles, y me quedó claro lo bendecido que yo he sido. Ustedes son personas generosas y amorosas que nos enseñaron a trabajar duro y a divertirnos. Ninguna familia es perfecta y hemos tenido nuestros problemas, como todas las familias, pero ustedes nos proporcionaron un hogar estable y amoroso y una herencia cristiana. Ustedes han crecido, se han desarrollado y han madurado en su camino espiritual. Al igual que yo, ustedes no son las personas que quieren ser, pero tampoco son las personas que solían ser. Les bendigo por eso.

Papá, gracias por jugar con nosotros cuando éramos niños y por haberte lastimado el brazo lanzándonos miles de veces la pelota mientras jugábamos béisbol. Gracias por tu buena naturaleza y tu sentido del humor. Todos en alguna ocasión nos hemos reído contigo, y tal vez de vez en cuando nos hemos reído de ti, y aun con todo eso tú te has reído junto con nosotros. Tu alegre disposición y buena naturaleza han sido evidentes a lo largo de esta última batalla con este temido cáncer. Me he sentado contigo en las habitaciones de hospitales y consultorios médicos durante incontables horas, y aun así tu continúas abordando esta difícil e incierta temporada con valor y sentido del humor. Has traído alegría a quienes te han brindado cuidado, y les has dado ánimo en medio de su pesado trabajo. Me has enorgullecido y me siento honrado de ser tu hijo. Ahora a recuperarte pronto, Pa. ¡Tenemos muchos más juegos a los cuales asistir!

Mamá, gracias por cuidar a Papá a través de todo esto y por modelar la manera en que se deben hacer las cosas con amorosa ternura, paciencia, perseverancia y buen humor. Siempre has sido un apoyo emocional para todos nosotros, particularmente durante los tiempos difíciles de la vida. Todavía estoy agradecido por los espectáculos de televisión que vi contigo cuando crecía y cuando a altas horas de la noche podía procesar contigo algunos de mis momentos duros de adolescencia. Eres una buena madre y una buena esposa, y yo te amo.

Gracias a los dos por apoyarme en el ministerio todos estos años, a pesar de todos mis defectos, por ser padres orgullosos y por crecer y madurar bajo mi ministerio; esto es evidencia de su humildad y del trabajo de Dios en sus vidas. Ustedes han vivido para Jesús y lo han reflejado bien. Han sido como padres para muchos, no solo para mí y Ken. Ustedes son gente noble y honorable, y yo los amo. Por esta razón, con gran agradecimiento y sincero amor y afecto, les honro y les dedico este libro.

Su hijo,
Rob

CONTENTS

INTRODUCCIÓN: MI TRAVESÍA AL CUIDADO DEL ALMA

En junio de 2015, mi esposa, Jen, y yo celebramos nuestro 25º aniversario. Fuimos a Italia para celebrar. Italia es un país hermoso, un lugar idílico y romántico, lleno de rica historia. Pero en medio de todo este entorno atractivo, arte impresionante y arquitectura notable, el quebrantamiento de la humanidad también se hizo presente.

Me paré frente a la Piedad de Miguel Ángel, y había una pareja orando por su pequeño hijo, que tristemente estaba muriendo de cáncer. Jen y yo caminamos por las calles de Florencia y en medio de la belleza histórica, vimos a personas sin hogar tendidas y suplicando por dinero para poder drogarse. Hicimos fila para ver al David de Miguel Ángel y entablamos una conversación con dos encantadoras mujeres británicas que habían perdido a sus maridos cuando tenían cincuenta y siete años. Hablamos con ellas acerca del dolor.

Donde quiera que vaya, sin importar la belleza del lugar o lo romántico que sea, el quebrantamiento se aferra al alma de la humanidad. El quebrantamiento nos atrapa a todos en la vida: ricos y pobres, blancos y negros, viejos y jóvenes. Nadie escapa de sus garras.

Estamos quebrantados —cuerpo, alma y espíritu— y necesitamos el toque sanador de Jesús.

Estamos quebrantados —cuerpo, alma y espíritu— y necesitamos el toque sanador de Jesús. Es por esto por lo que escribí este libro. Jesús es el Sanador y ha venido a sanarnos: cuerpo, alma y espíritu. Este libro se enfoca en la sanidad del alma. Jesús puede sacarnos del quebrantamiento a la plenitud, y estos principios de las Escrituras sobre el cuidado del alma son herramientas de Dios para una sanidad profunda.

Los principios del cuidado del alma cambiaron mi vida. Estas no son ideas teóricas para mí. Estos son principios profundamente transformacionales y transferibles. El cambio de vida no es por casualidad ni por accidente. Hay algunas verdades espirituales básicas y realidades a las que podemos acceder que nos llevan a un alma más saludable.

Es algo comparable a la salud física. Si desea estar físicamente saludable, hay ciertos principios que debe seguir: comer bien y hacer ejercicio. Si transgrede esos principios, entonces su salud se deteriora. Es lo mismo con los principios de cuidado del alma. Si los sigue, su alma puede estar sana. Si los ignora, su alma sufre.

Después de experimentar un avance personal, me pregunté por qué no aprendí este tipo de principios en el seminario. Me habría ahorrado mucho dolor tanto en el matrimonio como en el ministerio si hubiera aprendido esto antes de comenzar. Pensé que, si alguna vez tenía la oportunidad, transmitiría estas lecciones y ayudaría a la gente a aprender algunas de estas verdades para librarles del dolor que tuve que soportar.

Se necesita un líder saludable para dirigir una iglesia saludable.

Me llegó la oportunidad. Mi amigo Martin Sanders me invitó a dar una clase con él en el Seminario Teológico de la Alianza; esto sucedió aproximadamente a la llegada del nuevo milenio. A partir de ese momento comenzamos a enseñar juntos regularmente, y después de unos años le sugerí que desarrolláramos un curso sobre el cuidado del alma para ayudar a las personas a deshacerse de la basura de sus almas para que así puedan vivir libres, estar más sanos y ayudar a liberar a otros en el ministerio.

Se necesita un líder saludable para dirigir una iglesia saludable. Si en la escala de 1 a 10, usted está en un 5 en términos de su salud emocional y espiritual, la iglesia más saludable que podrá tener es una de nivel 5. Usted tiene que cambiar para convertirse en un líder más saludable para dirigir una iglesia más saludable.

Funciona de la misma manera con las relaciones. Se necesitan dos personas saludables para tener una relación saludable. He aquí un secreto pequeño y aterrador: las personas se casan al nivel de su quebrantamiento. Si en la escala del 1 al 10, usted es un 5, la relación más saludable que tendrá es una de un 5. Si quiere pasar de 5 a 7, hay tan solo una ruta para llegar allí. Debes cambiar.

Cuando Martin y yo estábamos contratados para enseñar esta nueva clase juntos, él terminó enfermándose, así que preparé este material sobre el Cuidado del Alma para el curso en el seminario. Había vivido en estos principios durante años antes de enseñárselos a otros. Hoy por hoy, he enseñado sobre el Cuidado del Alma durante casi quince años en una variedad de entornos: lo he enseñado a nivel de maestría, a nivel de doctorado, en el entorno de la iglesia local y en conferencias para pastores e iglesias. Lo he enseñado con personas de diferentes trasfondos: económico, racial, étnico, social y denominacional.

Lo que descubrí es que estos principios, cuando se aplican juntos y se viven, conducen a la libertad y a un alma sana. He recibido innumerables correos electrónicos, mensajes de texto, cartas y testimonios del poderoso impacto que mis consejos para el Cuidado del Alma tuvieron en alguna persona. El lenguaje y los principios del corazón y el alma trascienden el tiempo y la cultura.

En mis viajes, he enseñado y he tenido conversaciones con

muchas personas, y me he dado cuenta de que muchos están atrapados en su viaje espiritual y necesitan libertad. Algunos están en una crisis matrimonial y quieren mejorar, pero no pueden encontrar un camino hacia una vida completa. La iglesia no ha ayudado a estas personas a sanarse, lo cual les impide que puedan tener una relación saludable. Otros están atrapados en un patrón de pecado. La iglesia con demasiada frecuencia les ha dicho «No hagas eso» sin darles la ayuda que necesitan para ser libres. He visto a personas atormentadas por el poder del enemigo, y que no sabían cómo acceder al poder de Dios para encontrar la libertad del malvado dominio de Satanás.

Anhelo ver un renacimiento religioso; anhelo ver que la iglesia se transforme en la iglesia capaz de hacer que el mundo crea. Anhelo ver a la iglesia caminando en la plenitud del Espíritu, saboreando una profunda intimidad con Cristo y experimentando la libertad que proporciona la sangre de Jesús. Es por eso que estoy escribiendo sobre el Cuidado del Alma. Les escribo a los laicos que anhelan liberarse de los problemas del alma que los aquejan. Les escribo a los pastores, líderes y misioneros que anhelan vivir una vida más saludable, tener relaciones más sanas con Dios y con los demás, y liderar una iglesia más saludable o una organización más saludable. Les escribo a los líderes de la iglesia que quieren hacer discípulos y ayudar a otros a encontrar la libertad en Cristo. Estas son las razones por las que escribo.

EL DOLOROSO CAMINO A UN CAMBIO DE VIDA

John Maxwell dijo: «Las personas cambian cuando sufren lo suficiente que tienen que hacerlo, aprenden lo suficiente que quieren hacerlo y reciben lo suficiente que son capaces de hacerlo».[1] Esta es la razón por la cual muchos de nosotros cambiamos—cambiamos porque las cosas se vuelven críticas. Si me siento contigo y te pido que describas un momento donde hubo un cambio de vida en tu viaje espiritual, lo más probable es que la ocasión que describirías haya sido un tiempo de crisis. Muchos de nosotros cambiamos cuando nos duele. Eso fue cierto para mí.

Estaba a inicio de mis treintas y había plantado una iglesia en Nueva Inglaterra. La iglesia estaba creciendo. La gente venía a la fe en Cristo, y las vidas estaban siendo cambiadas. Estábamos presenciando el poder de Dios. Fue divertido. Todos los cuadros de medidas estaban incrementando y yendo hacia la derecha: la asistencia a la iglesia, la participación en grupos pequeños, las conversiones, los bautismos, los voluntarios y las finanzas. Desde afuera, todo parecía perfecto, pero a puertas cerradas, algo comenzaba a desmoronarse. Había un problema interno que comenzaba a producir consecuencias externas.

Jen, mi esposa, comenzó a alejarse emocionalmente de mí. Intenté acercarme a ella, pero no estaba progresando. Podía sentir que algo estaba mal, pero no sabía qué era, y no sabía cómo solucionarlo. Traté de orar e intenté hablar, pero nada estaba cambiando; de hecho, las cosas solo empeoraron. Mientras más tiempo pasaba, más sentía como si estuviera enojada conmigo, realmente enojada, hasta el punto de cerrarse por completo. Era una furia congelada.

Empecé a preguntarle sobre eso. «Cariño», dije muy suavemente una noche, «¿Estás enojada conmigo?». Ella dijo muy bruscamente: «¡No!». ¡Mentiras!, pensé, pero dije: «¿Estás segura?». Ella dijo fríamente: «No. No estoy enojada». Pero persistí. Seguí volviendo a la pregunta: «Cariño, ¿estás enojada conmigo?». «No» fue la respuesta consistente.

Hicimos esta rutina por un tiempo, hasta que un día Jen tomó en sus manos un libro que había estado leyendo de Bill y Lynne Hybels, *Redescubriendo la Iglesia*. Jen lo levantó de

No se pueden arreglar los problemas del alma solo con un cambio de comportamiento.

la mesa de centro, lo abrió al azar y leyó un párrafo donde Lynne describió una ocasión en la que llegó al punto donde ya no podía soportar a Bill. Jen dejó el libro y dijo: «Estoy enojada contigo». Dije: «Bien. Me alegra que lo hayas admitido. Ahora podemos trabajar en ello». No tenía idea de lo que me esperaba.

La realidad era que a mi esposa ya no le caía bien, y esto no iba a tener una solución rápida o fácil. Había algunos problemas profundamente arraigados; estos no eran problemas superficiales: eran problemas del alma. No se pueden arreglar los problemas del alma solo con un cambio de comportamiento.

Al principio pensé que era solo cosa de ella, o al menos que ella era la mayor parte del problema. Dios necesitaba ayudarla. Oré esas oraciones de «Dios mío, ¡cámbiala!», pero Dios no parece responder a esas oraciones sin importar cuanto yo deseo que lo haga. Lentamente comencé a darme cuenta de que el problema no era solo ella; yo era el problema, y no era solo un problema externo. Era un problema del corazón y el alma.

Ella tenía su propio conjunto de problemas los cuales necesitaba abordar, pero incluso si ella abordaba esos problemas, no se habría resuelto el problema. Se necesitan dos personas saludables para tener una relación sana. Yo también necesitaba cambiar. Yo no le gustaba porque la había herido emocionalmente. No estaba tratando de lastimarla. No sabía lo que estaba haciendo ni por qué hice lo que hice. ¡Esa es una combinación peligrosa!

Iniciamos estas conversaciones de resolución de conflictos todas las noches durante meses. Fue doloroso. La mayoría de los días no parecía que avanzáramos mucho; a veces me sentía sin esperanza. La mayoría de los días parecía que las cosas nunca iban a cambiar, pero seguíamos diciéndonos: «El divorcio no es una opción. Vamos a resolver esto con la ayuda de Dios». Y estoy muy agradecido de decir que lo hicimos, pero no implicó simplemente modificar nuestras interacciones matrimoniales. Implicó un profundo cambio de alma.

Al mismo tiempo, mientras estaba teniendo estas conversaciones dolorosas con Jen en casa, también estaba teniendo conflicto con uno de los miembros de mi personal en el trabajo, Randy. Y, por desgracia, Jen y Randy me estaban diciendo algunas de las mismas cosas. Ni siquiera estaban hablando entre sí, por lo que esto no fue coordinado, excepto por Dios. Él estaba en busca de mi corazón y mi alma, no para lastimarme, sino para sanarme.

Ambos me decían cosas como: «Mi opinión no parece contar». «No me escuchas». «Tu opinión siempre es la que manda». No me gustó lo que estaba escuchando, pero no pude continuar ignorándolo. Y la pregunta que tuve que responder fue: «¿Por qué? ¿Por qué me comporto así? ¿Qué había detrás de todo esto?».

Fui a una conferencia de John Maxwell cuando tenía veintitantos años, y lo escuché decir: «Cuando Tom tiene un problema con Dick, y Tom tiene un problema con Harry, y Tom tiene un problema con Sue... ¿Puedo contarte algo sobre Tom? Tom es el problema». Me encantó esa frase cuando John lo dijo. Me reí. ¡Yo se lo había enseñado a otros, porque lo necesitaban! Pensé que era genial... hasta ahora. Los lindos eslóganes de la verdad son herramientas maravillosas cuando pueden compartirse proverbialmente para ayudar a otros, pero no me pareció tan gracioso cuando la verdad se refería a mí. Tenía un problema con Jen y tenía un problema con Randy. Tenía que enfrentar el hecho de que yo era el problema.

Yo no era el único problema, por supuesto. Pero orar para que cambiaran ellos no fue la respuesta. Enfocarme en sus problemas no fue la respuesta. Si estás leyendo este libro para arreglar a otra persona, esa tampoco es la respuesta. Tienes que lidiar con tus propios problemas. Madurar es un asunto difícil, y es asunto del corazón. Me di cuenta de que si no cambiaba, nunca iba a tener un matrimonio feliz, y nunca iba a dar tanto fruto como podría o debería en el ministerio. Más importante aún, si no cambiara, nunca iba a crecer para ser como Jesús. Nuestra inmadurez siempre afecta nuestra productividad. *Nuestra pecaminosidad resta valor a nuestra productividad.*

Madurar es un asunto difícil, y es asunto del corazón.

Eligiendo la madurez

A menudo, los problemas del alma son los que nos impiden la intimidad con Dios y con los demás. Muchas personas vienen a mí porque quieren acercarse a Dios, pero no pueden. Lo que no entienden es que a menudo los problemas del alma son los que les impiden acercarse a Dios. Orar, ayunar y memorizar las Escrituras no pueden ayudarnos a acercarnos, a menos que confrontemos los bloqueos del alma. Tenemos estos problemas no confesados, sin procesar y sin resolver que nos impiden experimentar la plenitud de Dios. Piensa en tu alma como un contenedor. Estas cosas llenan el recipiente de nuestras almas, y si no lidiamos con ellas, no tenemos más capacidad para Dios.

D. L. Moody en su libro Poder Secreto, escribió: «Antes de orar para que Dios nos llene, creo que debemos orar para que nos vacíe. Debe haber un vaciado antes de que pueda haber una llenura; y cuando el corazón es transformado, y revela todo lo que es contrario a Dios, entonces el Espíritu vendrá, tal como lo hizo en el tabernáculo, y nos colmará de Su Gloria».[1]

---

1 D. L. Moody, *Secret Power*, Whitaker House, 1997, pág. 32.

Vivimos en una cultura de personas famosas. La gente está enamorada de nuestras habilidades, nuestros dones y nuestros talentos. La gente evaluará nuestra madurez según nuestra capacidad, pero Dios examina el corazón. La gente está impresionada con nuestros dones, pero Dios no. Fue Él quien nos los dio. Nuestros dones nos fueron dados, pero crecer para conocer y ser como Jesús... esa es una *elección*.

La madurez es una elección que tenemos que hacer y un precio que tenemos que pagar, y todo el talento en el mundo no puede compensar la inmadurez. Es el desarrollo de nuestro carácter y la profundidad de nuestra intimidad lo que impresiona a Dios. La salvación es gratis. La madurez tiene un costo.

La inmadurez también es costosa. La diferencia con la madurez es que usted paga por adelantado, pero con la inmadurez, paga con retraso, ¡con intereses! Pague lo que cueste por la madurez; vale la pena. Yo sabía que tenía que pagar un precio para cambiar, y si no pagaba el precio para cambiar, iba a pagar un precio mayor tanto en el matrimonio como en el ministerio y en mi relación con el Dios que amaba. Antes de que pudiera cambiar, Dios tuvo que romper mis defensas para poder llegar al meollo del asunto.

Defensivo

La primera área que Dios tuvo que abordar fue mi actitud defensiva. Yo quería ser un hombre de Dios. Quería conocer a Jesús profundamente, no solo saber acerca de Jesús. Pero tenía algunas cosas en mi alma que me impedían crecer. Y a menos que lo viera y lo admitiera, no podría convertirme en el hombre que quería ser. No estaba seguro de cuáles eran los problemas, y no sabía cómo solucionarlos. Pero estaba decidido a resolverlo con la ayuda de Dios. Tenía que hacerlo. Estaba desesperado por cambiar. Estaba con dolor en mi alma.

Iba a la iglesia los domingos por la mañana, y a menudo me encontraba llorando a través de la adoración. Yo oraba:

«Señor, si me das fuerzas para pararme, daré el mensaje que me has dado». Yo tendría las fuerzas, me levantaría y daría el mensaje, pero luego me iba a casa a colapsar en el sofá, emocionalmente agotado. No podría seguir viviendo así.

El cambio de vida es a menudo un proceso lento y doloroso. No estaba listo para cambiar de inmediato. Dios es paciente, y estaba tratando de ayudarme a lidiar con los problemas reales de mi corazón, pero fui lento en admitir la verdad, y no puede haber transformación donde no hay revelación. No podemos vencer aquello que no admitimos.

No puede haber transformación donde no hay revelación. No podemos vencer aquello que no admitimos.

Cuando Jen y yo comenzamos a hablar de las razones por las que estaba enojada, me defendía. Acostábamos a nuestros pequeños, y luego entablábamos un diálogo para tratar de resolver el conflicto. Yo le preguntaba: «¿Por qué estás enojada conmigo?». Ella decía algo así como: «Siento que no me escuchas». Y yo decía: «¡Eso no es cierto!». Por supuesto, al defenderme a mí mismo, me di cuenta de que estaba demostrando su punto. No estaba escuchando. Esto continuó por bastante tiempo.

Ella decía: «Siento que la iglesia es una amante en nuestra relación». Respondía a la defensiva: «¡Vamos! ¿Cómo?». Ella decía: «En nuestro día libre, respondes el teléfono y nos robas dos horas en las que podríamos estar juntos, en una llamada telefónica».

Yo le discutía: «¿Qué quieres que haga? ¿que no conteste el teléfono?».

«Sí», dijo, como si eso fuera simple y claro.

En realidad, nunca se me había ocurrido que esta era una posibilidad. Ella me decía por qué estaba herida, enojada y molesta, y yo me defendía en todo momento. La actitud defensiva solo intensificó el conflicto. Ella no se sintió escuchada, por lo que sintió que necesitaba expresar sus puntos con más fuerza. Me sentí más herido y me defendí con un poco más de pasión.

Finalmente, una noche subí a mi estudio para estar a solas con Dios después de una de nuestras conversaciones improductivas; estaba muy alterado por dentro. El Señor me habló. Pensé que se pondría de mi lado, pero estaba equivocado. Él no estaba interesado en ningún lado; estaba interesado en seguidores maduros con almas sanas. Yo estaba interesado en el alivio de mi dolor; Dios estaba interesado en la transformación de mi corazón.

Él dijo: «No quiero que te defiendas más». Pensé, «¿De verdad? ¡Esa es una de mis mejores herramientas!». El problema era que la actitud defensiva me impedía cambiar la vida. No podía admitir las cosas que Dios intentaba abordar. Pero mientras Dios daba convicción a mi vida esa noche, estaba decidido a escucharlo, porque estaba convencido de que Él tenía lo mejor para mí en Su mente, que solo Él podía ayudarme a salir de esta situación y llevarme a un alma más sana.

Fue entonces que me rendí. Estoy convencido de que la mayoría de los cambios de vida ocurren cuando estamos a solas con Dios, pero solo si escuchamos y nos rendimos.

Culpa

Aunque abandoné mi actitud defensiva, todavía no estaba listo para cambiar. Tenía puestas capas protectoras para evitar que Dios y otros llegaran a los problemas de mi corazón. No estaba al tanto de estas medidas de protección, pero Dios sí.

Jen y yo reanudamos las conversaciones otra vez cada noche, y resolví solo escuchar y no defenderme. Pero, aunque escuché sin defenderme, todavía no estaba listo para cambiar. Ahora no estaba a la defensiva exteriormente, ¡pero tampoco estaba abierto interiormente! Existe una gran diferencia.

Jen me decía por qué estaba molesta, y yo escuchaba y volvía a repetirlo en mis propias palabras hasta que finalmente ella estuvo de acuerdo en que eso era lo que quería decir. Terminaba la conversación suspirando y diciendo: «Siempre es mi culpa». Esto continuó por un par de semanas.

La mayoría del cambio en nuestra vida comienza a solas con Dios. Si le damos acceso a nuestros corazones, Él hará un trabajo interno de transformación.

Por supuesto, Jen todavía no se sentía escuchada. Aunque no me estaba defendiendo, no estaba recibiendo lo que ella decía en mi espíritu. Podría repetir lo que ella me estaba diciendo, pero no estaba dispuesto a *aceptar* mi falta.

Afortunadamente, seguí pasando tiempo a solas con Dios todas las noches después de nuestras conversaciones, y todas las mañanas cuando me levantaba. La mayoría del cambio en nuestra vida comienza a solas con Dios. Si le damos acceso a nuestros corazones, Él hará un trabajo interno de transformación, Pero Dios es un caballero, y no nos forzará a cambiar. Lo que Él pide es acceso; lo que anhela es un corazón agujerado que le da espacio para penetrar profundamente y hacer el trabajo de transformación.

Una noche estaba solo con Dios después de otra conversación improductiva con Jen, y el Señor me habló nuevamente. Él dijo: «Lee Efesios 5». ¡Yo conocía el pasaje, y desconfiaba un poco adónde estaba tratando de llevarme! Dije: «Conozco ese pasaje». Lo escuché susurrar: «Léelo».

Leí el conocido pasaje que insta a los maridos a amar a sus esposas como Cristo amó a la iglesia; continúa diciendo que presentó a la iglesia como «intachable». Esa fue la palabra que saltó de mi boca esa noche. Cuando el Espíritu respira una palabra en las Escrituras, se mueve dentro de ti, salta de la página hacia ti, y este es el momento en que Dios se acerca. Este es el momento del avance divino. Este es el momento, si lo permitimos, cuando la perforación del corazón puede tener lugar, y puede comenzar el profundo trabajo de transformación. Cada vez que leemos la Biblia, estamos a solo un susurro del Espíritu Santo para tener un nuevo encuentro con el Dios viviente.

Mientras el Espíritu soplaba esa palabra, lo escuché susurrar: «Presento a mi novia sin culpa, pero culpas a la tuya. No quiero que la culpes de nuevo. Cada vez que suspiras y dices: "Siempre es mi culpa" la estás culpando». Me sentí culpable, pero debo admitir que también me sentí un poco acorralado. Me estaba quedando sin opciones. No pude defenderme. No pude culpar a nadie. ¿Qué me quedaba?

Cada vez que leemos la Biblia, estamos a solo un susurro del Espíritu Santo para tener un nuevo encuentro con el Dios viviente.

Negociando con Dios

Jugué mi última carta: comencé a negociar con Dios. Esta no fue una decisión calculada; fue un acto de desesperación. Era solo otra capa protectora que evitaba que Dios penetrara mi corazón. Lo que Dios más anhela es tener acceso a tu corazón, y yo todavía no estaba listo para permitirle tener acceso completo. Comencé a orar: «Señor, tienes que cambiar a Jen. Si no la cambias, no podré permanecer en el ministerio. Estoy sufriendo demasiado. Lloro en cada servicio, y apenas tengo suficiente energía para sobrevivir. Tienes que hacer algo. Tienes seis meses para cambiarla, Señor. Entonces tendré que optar por dejar el ministerio porque no puedo seguir haciendo esto».

Créeme: realmente no estaba tratando de ser agresivo. Esa oración fue motivada por el dolor y el agotamiento emocional. Pero también, en el fondo, sabía que la negociación tenía que terminar.

Y, sin embargo, oré así durante bastante tiempo. Entonces, un día, estaba solo con Dios, y Él me habló nuevamente. Él dijo: «La ley de la cosecha». Sabía que se estaba refiriendo a Gálatas 6. Una persona cosecha lo que siembra. Así que volví allí y lo estudié. Mientras meditaba sobre el pasaje, sentí que el Espíritu se agitaba dentro de mí con esa vieja agitación familiar: «Una persona cosecha lo que siembra. Puedes culpar a Jen si quieres. Puedes culparme si quieres. Pero estás parado en un campo de malezas porque has estado sembrando semillas de malas hierbas. Has estado sembrando semillas de ira y egoísmo. Si quieres estar parado en un campo lleno de frutos, tienes que sembrar semillas nuevas».

Entrega: Acceso total a Dios

Ese fue el día en que me quedé sin opciones, y fue allí donde el Señor me quería. Ese fue el día en que dejé de defenderme, de culpar y de negociar, y comencé a tomar posesión de mi vida. Una persona no llega a ser adulta cuando tiene dieciséis años y puede conducir un automóvil, o dieciocho y puede ir a la guerra, o veintiuno y puede beber legalmente, o veinticinco y casarse, o treinta y tener su primer hijo. Una persona llega a ser adulta cuando asume la responsabilidad de su vida. Me quedé allí ese día en mi estudio, y en mi campo de malezas, y me entregué a la mano moldeadora de Dios. Le di acceso a lo más profundo de mi corazón. Mi corazón fue traspasado y accesible para Dios, pero aún no sabía cómo cambiar.

Una persona llega a ser adulta cuando asume la responsabilidad de su vida.

Poco después, estaba de pie en mi estudio otra vez y oré: «Señor, estoy dispuesto a cambiar, pero no sé cómo cambiar. Hay algunas cosas profundamente arraigadas dentro de mí que están rotas. Puedo ver eso. El problema es que no sé qué son; no sé cuáles son las raíces, y no sé cómo cambiarlas. Necesito tu ayuda. ¿Puedes llevarme a un camino de cambio?».

Dios respondió esa oración. No fue inmediato; no hubo un solo encuentro que cambió todo. Pero hubo algunos encuentros muy importantes en el camino. No había un principio secreto que abriera un cofre del tesoro del cambio de vida, aunque había principios vitales que yo no aplicaba.

Me aferré desesperadamente a Dios y descubrí que Él era suficiente. Sabía que Dios me amaba, pero en esta travesía hacia la plenitud, experimenté la revelación del amor de Dios en el poder sanador como nunca.

Entendí que tenemos que confesar nuestros pecados, pero ahora experimenté un nivel de la luz penetrante de Dios que nunca había estado dispuesto a aceptar antes, y me liberó. Leí las palabras de Jesús acerca de perdonar a los demás, pero descubrí que tenía raíces amargas que eran como grilletes en mi alma, y el Señor me mostró cómo romper esas cadenas. Fue liberador.

Descubrí que el miedo me paralizaba. Ni siquiera sabía que tenía miedo; estaba viviendo en completa negación, pero las expresiones sintomáticas del miedo estaban creando caos en mi vida. Debería haberlo sabido: la orden número uno en las Escrituras es «No temas». Eso seguramente no es un accidente, pero estaba completamente inconsciente al temor en mi vida y estaba permitiendo que arruinara mis relaciones. No sabía que debajo de mi necesidad de tener la razón había un miedo oculto. Fue una travesía de autodescubrimiento, de sanidad, y de libertad. Nunca superarás tu nivel de autoconciencia. Las cosas que negamos acerca de nosotros mismos son las mismas cosas que nos impedirán obtener la plenitud de Dios.

EL PROCESO DE CAMBIO DE VIDA

El proceso de cambio involucró mucho tiempo a solas con Dios. La mayoría del cambio de vida comienza a solas con Dios. También involucró muchos libros. Estoy particularmente en deuda con los escritos de Leanne Payne y David Benner. Muchos de los libros que leí en esos días me ayudaron a tomar conciencia de mí mismo, y no podría haber llegado ahí sin ellos.

El viaje de cambio de vida también implicó algunos encuentros con Dios los cuales fueron críticamente importantes. Solo pude superar algunos de los problemas que enfrentaba con la presencia y el poder de Dios.

Y la comunidad desempeñó un papel vital en mi proceso de maduración. Estoy muy agradecido con Martin Sanders y mi amigo Rich Schmidt, quien fue parte de mi viaje en esos primeros días; hablamos, oramos y abrimos nuestras vidas el uno al otro. Mi equipo también jugó un papel fundamental en el autodescubrimiento de aquellos primeros días. Ron Walborn se convirtió en un querido amigo más adelante en la travesía, y mi amistad con él también ha sido utilizada por Dios para moldear mi vida. Y no sería la persona en quien me estoy convirtiendo sin Jen: fue nuestro conflicto inicial el que se convirtió en el impulso de mi viaje de sanidad del alma. Sus palabras me obligaron a lidiar con cuestiones de mi corazón y mi alma que no habría descubierto sin el regalo de la verdad que ella me ofreció, y nuestra relación ha sido una gran fuente de fortaleza, ayuda, apoyo y amor para mí durante todo el camino. Hubieron tantos otros, y estoy agradecido por la familia de Dios.

En este libro voy a explorar siete principios del Cuidado del

Alma, los cuales pueden conducir a la transformación. Puedes leer el libro directamente, pero el simple hecho de conocer los principios no te cambiará. Te animo a leerlo y a trabajar en ello. Es posible que debas regresar y leer y trabajar varias secciones del libro varias veces. El dar a Dios acceso a nuestros corazones a menudo ocurre con el tiempo, poco a poco. Retiramos una capa, y hacemos algún progreso, solo para descubrir más adelante que todavía hay un nivel más profundo por descubrir y procesar. No leas este libro como una novela o un libro de texto. Léalo como un libro de trabajo de cambio de vida.

El cambio en la vida es un proceso interactivo, trabajoso y complicado. Es un proceso de autorreflexión, inspiración del Espíritu Santo, lucha profunda y rendición. Es un proceso de descubrirnos a nosotros mismos en una verdadera comunidad, y descubrir a Dios mientras atraviesa las capas del corazón. Dele acceso. Llega al fondo. Vale la pena la travesía.

Algunas personas llamarían a este proceso formación espiritual y otros, discipulado. Prefiero la frase *cuidado del alma.* Creo que la palabra «*Alma*» se comunica incluso con un mundo secular. Me quedo en un hotel en Nueva York cuando enseño en el seminario, y estoy allí unas treinta noches por año. Cuando llegué una noche a mi «casa lejos de mi casa», la mujer detrás del escritorio, que a menudo está allí, me saludó por nombre: «Dr. Reimer, es tan bueno verle. Bienvenido». Le devolví el saludo alegremente, y mientras me estaba registrando, me preguntó, con su grueso acento ruso: «¿Qué enseña en el seminario?». Le dije: «Enseño muchas cosas sobre cómo tener un alma más saludable». Ella dijo: «¿Ha escrito algún libro?». Le dije: «Estoy escribiendo al respecto». Ella dijo: «Quiero ser tu alumna». Me reí y le pregunté: «¿Por qué?». Respondió: «Todo el mundo necesita un alma más sana».

Es por eso por lo que escribí *El Cuidado del Alma.* Todos necesitan un alma más saludable. Tracemos un camino para llegar ahí.

PUERTAS DE ACCESO AL CAMBIO DE VIDA

Muchas personas quieren experimentar un cambio de vida, y muchas veces nuestras circunstancias nos motivan a querer cambiar. Puede que estés en una situación de matrimonio doloroso como yo. Oras y esperas que cambie, que tu pareja cambie, que tu relación matrimonial cambie... pero nada cambia. Te sientes sin esperanza. Lees libros, asistes a la iglesia, oras, lees tu Biblia y decides mejorar, pero sigues atascado.

Pueda ser que tengas un patrón de comportamiento destructivo o vergonzoso que sabes que no es saludable y el cual debes cambiar. Quieres cambiar, oras para cambiar, pero el patrón continúa intacto. Tienes breves momentos de indulto, pero sigues volviendo a este viejo patrón de comportamiento. Te sientes derrotado.

La Biblia nos enseña que cuando alguien llega a la fe en Cristo, cambia: «Por lo tanto, si alguno está en Cristo, es una nueva criatura; las cosas viejas pasaron; he aquí, nuevas cosas han venido» (2 Corintios 5:17). Entonces, si somos nuevas criaturas en Cristo, ¿por qué este viejo hábito de pecado todavía aún está latente? Para experimentar el cambio de vida, necesitamos aprender cómo acceder a la transformación que Jesús ganó por nosotros en la cruz. ¿Cómo accedemos al cambio de vida?

PUERTAS AL CAMBIO DE VIDA: EL MEOLLO DEL ASUNTO

A veces no experimentamos la nueva vida que Jesús nos promete porque nos centramos en los síntomas y no en la enfermedad misma. Si un médico simplemente lo tratara por los síntomas, pero nunca se ocupara de la enfermedad subyacente, la enfermedad persistiría en su curso destructivo, incluso si los síntomas desaparecieran. Un buen doctor no se limitaría a abordar los síntomas; él o ella iría detrás de la enfermedad en sí.

Con demasiada frecuencia en la iglesia nos enfocamos en el manejo del comportamiento o la administración del pecado. Por ejemplo, imagine que alguien está luchando con una adicción a la pornografía. Se siente mal por eso, porque cada vez que caen en este pecado, se llena de vergüenza. Para empeorar las cosas, su cónyuge lo descubre mirando pornografía, y ahora están en una crisis matrimonial. Muy a menudo el enfoque se convierte en superar la adicción a la pornografía. La adicción se trata como si fuera el problema, el enemigo que debe ser derrotado. Pero en realidad, la mayoría de las veces, la pornografía es un síntoma; no es la enfermedad.

Cuando la iglesia cae presa del manejo del pecado, generalmente recurrimos a decirle a la gente moralismos. «Simplemente deténgalo». «Sea responsable». «Ore más y lea su Biblia». «Memorice las Escrituras». No me malinterpreten, ninguna de estas actividades es necesariamente mala. Algunas de estas cosas son incluso vitales para nuestro desarrollo espiritual. Pero hay algo más que debe hacerse para abordar la enfermedad real.

Jesús enseñó que los problemas de raíz de nuestras palabras y acciones pecaminosas se encuentran en el corazón. En Mateo 12:34, 35, Jesús les dijo a los fariseos: «Porque de la abundancia del corazón habla la boca. La gente buena saca cosas buenas del bien almacenado en ellas, y las personas malas sacan cosas malas del mal acumulado en ellas».

Pero no son solo nuestras palabras las que fluyen de las cosas en el corazón: nuestras acciones también. Unos capítulos más tarde, Jesús explicó este concepto de una manera un poco más profunda a los discípulos. En el contexto, los fariseos hostigaban a Jesús porque los discípulos comían sin lavarse las manos religiosamente. Jesús les explicó a los discípulos que no era lo que ponían en su boca lo que hacía que una persona quedara impura; era una cuestión de corazón.

Si vamos a experimentar una verdadera transformación, debemos ocuparnos de los problemas del corazón y no solo de los comportamientos externos.

En Mateo 15:18–20, Jesús dijo: «Las cosas que salen de la boca vienen del corazón, y estas te contaminan. Porque del corazón salen los malos pensamientos, el asesinato, el adulterio, la inmoralidad sexual, el robo, el falso testimonio, la calumnia. Estos son los que te contaminan; pero comer con las manos sucias no te mancha». (Mi opinión es que hacerlo, sin embargo, puede desagradar a tu madre y a las personas religiosas que te rodean).

Es de la abundancia del corazón que la boca habla y la persona actúa. Observe que Jesús no limitó el flujo del corazón a nuestras palabras, sino que incluye acciones en la lista, como el asesinato, el adulterio y la inmoralidad sexual. Flujo bueno y malo del corazón. Si vamos a experimentar una verdadera transformación, debemos ocuparnos de los problemas del corazón y no solo de los comportamientos externos.

A menudo en las Escrituras, las imágenes agrícolas se usan para asuntos del corazón. No soy un buen jardinero, pero al observar a los demás, he aprendido algunas cosas. Una de las cosas que sé es que, si quieres eliminar las malezas del jardín, no puedes simplemente cortar la hierba. Tienes que usar la azada o de alguna manera sacarlo de raíz. Si solo combates las hojas de la hierba, no la matarás. Las malas hierbas regresan hasta que las arrancas de raíz.

Dios está menos preocupado por nuestro comportamiento de lo que nosotros creemos que está. Él está mucho más preocupado por nuestros corazones de lo que nos podemos imaginar.

Es lo mismo con los asuntos del corazón. Debes llegar a estos problemas de raíz para experimentar una verdadera transformación. El manejo del comportamiento se centra en las hojas de las malas hierbas que crecen en tu vida. Debes penetrar la superficie y lidiar con los problemas del corazón que están motivando tus acciones.

La gente viene a mí todo el tiempo cuando están luchando con un patrón de pecado. Se sienten mal por eso. Ellos quieren cambiar, pero están obsesionados con el comportamiento. Lo que realmente quieren es que Dios los arregle; ellos quieren que Dios cambie su comportamiento. Dios está menos preocupado por nuestro comportamiento de lo que nosotros creemos que está. Él está mucho más preocupado por nuestros corazones de lo que nos podemos imaginar. Dios sabe que si tenemos nuestros corazones sanos y correctamente alineados con Él, nuestros comportamientos harán lo mismo. Pero si alineamos nuestros comportamientos sin lidiar con la condición de nuestros corazones, nos volveremos fariseos en el mejor de los casos. Nos quedaremos con lugares oscuros en el alma y una vida llena de juicio, no de amor.

La clave es mirar al corazón. ¿Qué hay debajo de tu comportamiento? ¿Por qué haces lo que haces? ¿Qué está ocasionando esto? Cuando llegas al nivel del corazón, tratas con la enfermedad y no con los síntomas, trabajas con las raíces y no con las hojas, lidias con el corazón y no solo con el comportamiento, y es entonces cuando la verdadera transformación puede comenzar a producirse.

En este libro veremos siete temas diferentes del corazón que deben abordarse para experimentar la libertad.

PUERTAS AL CAMBIO DE VIDA: CULTIVANDO EL SUELO DEL ALMA

En la jardinería, hay un ambiente que se necesita cultivar para que el jardín pueda producir y dar fruto. Si el suelo es rocoso, duro, lleno de malezas, demasiado seco o demasiado húmedo, los cultivos no crecerán. Pero si se cultivan las condiciones adecuadas, las plantas producirán un tiempo de cosecha. Es igualmente cierto con el cambio de vida. Hay una atmósfera que permite el mejor cambio de vida con el tiempo.

Hay tres componentes esenciales en una atmósfera donde pueda ocurrir un cambio de vida al máximo. Estos tres ingredientes cultivan el suelo del alma y crean un entorno en el que puede resultar un cambio de vida fructífero. Si tú eres un líder de la iglesia, necesitas cultivar una atmósfera en la que estos tres componentes sean accesibles para las personas. Si tú eres un miembro de la iglesia y tu iglesia no tiene estos tres componentes, entonces necesitas encontrar otras vías para acceder a estas llaves indispensables para el cambio de vida.

Enseñanza ungida

Primero, necesitas experimentar la enseñanza ungida. Si la enseñanza se basa en la verdad de la Palabra de Dios, hay una unción de la verdad. También hay unción en los dones espirituales del maestro. Pero si la enseñanza es vivida por el maestro, entonces la unción de la verdad y la unción de los dones conllevan un mayor peso en el corazón del oyente.

La verdad vivida expande la autoridad del maestro y les da mayor peso a sus palabras. Esa autoridad mayor puede atravesar el corazón listo. Y solo el corazón traspasado, el corazón quebrantado, humilde y contrito, es accesible a Dios y está listo para la transformación.

Como maestro, solo tengo autoridad sobre aquellas áreas en las que camino victorioso. Mi autoridad espiritual y mi capacidad para establecer un contexto donde otros puedan liberarse están limitados por mi vida. Jesús envió a sus discípulos a proclamar el reino de Dios y liberar a los cautivos, y les dijo a sus discípulos: «De gracia recibisteis, dad de gracia» (Mateo 10:8, RVR60). Solo podemos regalar lo que tenemos.

La Escritura tiene una profundidad infinita, y mientras más revelación ha recibido el maestro, mayor es la percepción que el maestro puede transmitir. Cuanto mayor es la libertad con la que camina un maestro, mayor es la autoridad que ejerce el maestro para liberar a los demás. Mientras más acceso a su corazón le dé el maestro a Dios, más podrá acceder a los lugares profundos del corazón de los demás. Cuando un maestro escribe o habla desde un lugar de profunda revelación y transformación, él o ella puede transmitir una verdad que no solo llega a la mente, sino que *atraviesa el corazón.* Esto crea una atmósfera para un cambio profundo.

Por supuesto, no es suficiente solo enseñar la verdad. Debemos enseñar las verdades del corazón que permiten la libertad. Pero si un maestro simplifica el mensaje a la modificación del comportamiento, no creará una atmósfera de libertad. Necesitamos maestros que tengan conocimiento del alma, que prediquen con un peso espiritual que conduzca a avances.

Verdadera comunidad

El cambio de vida ocurre en un ambiente de verdadera comunidad. En una verdadera comunidad, las personas viven vidas abiertas, honestas y confesionales en una cultura de gracia. No hay escondite o pretensiones. Los secretos son tóxicos para el bienestar del alma. Si vas a experimentar avances, entonces debes decidir vivir una vida confesional sin secretos.

Cuando estaba en la universidad, tuve problemas con la lujuria. La iglesia donde crecí nunca habló sobre estos temas. La vida confesional no era parte de mi crianza. Había entregado mi vida a Dios, y deseaba caminar con Él. Sin embargo, todavía luchaba con la lujuria, y nadie lo sabía. Me sentí derrotado y avergonzado.

Un día estaba orando al respecto, y sentí que el Espíritu de Dios me llevaba a confesarle mis luchas a uno de mis amigos de la universidad. La sola idea de hablar sobre eso me revolvió el estómago, porque la confesión era tan ajena a mi forma de vida. Tenía miedo de ser sincero; tenía miedo de lo que la gente pensaría de mí. Pero me armé de valor y una noche, en la oscuridad, confesé mis luchas con la lujuria. Mi amigo de la universidad inmediatamente compartió que él también estaba luchando.

En ese momento de mi vida, porque no había vivido en una comunidad abierta, honesta y confesional, pensé que era el único que luchaba con la lujuria. Fue un gran alivio saber que no estaba solo en la lucha. Más que eso, sin embargo, confesar este pecado rompió la vergüenza que sentía y me ayudó a comenzar a superar el patrón del pecado, mientras continuara caminando en la luz.

Líderes de la iglesia, debemos crear una atmósfera llena de gracia donde las personas puedan confesar sus pecados. Estuve predicando en una conferencia un día y tuve la sensación de que la región en la que estábamos enseñando estaba cubierta de secretos. El Espíritu de Dios me estaba permitiendo sentir el peso del secreto. Llamé a las personas para que confesaran sus secretos y salieran del peso de su pecado, culpa y vergüenza; lo modelé siendo abierto, honesto y vulnerable. La gente vino hacia adelante y confesó todo tipo de pecados secretos, y llegaron los avances. La curación del Espíritu fluyó.

Como líderes, tenemos que vivir en la luz con Dios y los demás. Tenemos que ser vulnerables con nuestras propias deficiencias. Y tenemos que permitir que la gracia de Jesús penetre e impregne nuestros propios corazones para que podamos extender su gracia a aquellos que salen de la oscuridad a la luz.

> Necesitamos la presencia y el poder de Dios. Al final, solo Dios puede cambiar el corazón.

Como seguidores de Jesús, todos debemos elegir vivir en la luz con Dios y los demás. Solo la luz puede liberarnos de la oscuridad. Nadie descubre la libertad definitiva al proteger los rincones oscuros del secreto en su alma. Incluso si esto no es parte de su familia actual de la iglesia, puedes crear un pequeño grupo de personas quienes vivirán de esta manera contigo.

Presencia y poder

Finalmente, para crear una atmósfera que permita el cambio de vida, necesitamos la presencia y el poder de Dios. Al final, solo Dios puede cambiar el corazón. Cuando llegamos a la fe en Cristo, recibimos un corazón nuevo (Ezequiel 36:26, 27). Dios nos da un corazón que quiere seguirlo. Él pone su Espíritu dentro de nosotros, dándonos poder para vivir esta nueva vida en Cristo. Necesitamos acceder a su presencia y poder para cambiar y caminar en esta nueva vida que está dentro de nosotros. Necesitamos la presencia de Dios para sanar nuestros corazones del trauma y dolor del pasado. Necesitamos el poder de Dios para liberarnos del control de Satanás.

Muy a menudo, en la iglesia hablamos de la presencia y del poder de Dios, pero en realidad no vemos ninguna demostración de ello. Esto no era cierto en la iglesia primitiva. Pablo escribió: «No les hablé ni les prediqué con palabras sabias y elocuentes, sino con demostración del poder del Espíritu, 5 para que la fe de ustedes no dependiera de la sabiduría humana, sino del poder de Dios.» (1 Corintios 2:4, 5). Me pregunto si podría decirse lo mismo de muchas de nuestras iglesias hoy. Necesitamos que la presencia auténtica y el poder de Dios se demuestren nuevamente hoy en nuestro entorno. Frecuentemente está en nuestra teología, pero no en nuestra realidad. Cuando la presencia y el poder de Dios forman parte de nuestro sistema de creencias, pero están ausente de nuestra práctica, existen brechas significativas en la integración de la fe en nuestras vidas.

Puedo rastrear todo el cambio de vida que he experimentado hasta la presencia y el poder manifiesto de Dios. Dios me habló; Dios se reveló a mí; Dios me encontró; Dios me llenó. Fueron estos momentos de Dios los que produjeron la transformación.

Es por eso por lo que he hecho que el tiempo con Dios sea un compromiso no negociable en mi vida. Paso tiempo con Dios cuando tengo ganas y cuando no. Participo en prácticas espirituales como leer las Escrituras, meditar en las Escrituras, orar, escuchar la voz del Espíritu, la adoración, la soledad y el silencio, porque sé que necesito de Dios. Necesito su presencia.

Juan dijo que «cuando Cristo aparezca, seremos semejantes a él, porque lo veremos tal como es» (1 Juan 3:2, DHH). Este es un principio del tiempo del fin: cuando lo veamos cara a cara, nuestra transformación será completa; seremos transformados a su semejanza. Pero también hay un principio de hoy en día en este pasaje: su presencia es transformacional. Necesitamos involucrarnos en actividades espirituales que nos permitan acceder a su presencia si vamos a experimentar un cambio de vida.

Mis primeros dos libros (*Pathways to the King* y *River Dwellers*), ambos enfatizaron este punto de intimidad con Dios siendo esencial para el cambio de vida. Normalmente, cuando enseño el Cuidado del Alma, paso una conferencia o dos solo hablando de la intimidad con Dios y accediendo a su presencia. No pases por alto este punto. Este libro enfatizará algunos principios claves del alma que necesitan ser apropiados para ser cambiados. Pero todo comienza con tu relación con Dios. La mayoría del cambio de vida ocurre a solas con Dios. No te pierdas esto. Solo Dios cambia el corazón. Solo Dios sana el alma. Solo Dios libera a los cautivos.

Muchas iglesias hoy tienen uno de estos componentes en su cultura: la verdad ungida, la verdadera comunidad o la presencia y el poder de Dios. Pero se necesitan los tres para crear una cultura de cambio profundo. Es igualmente cierto del ministerio de sanidad interna. Los practicantes que he observado que tienen el mayor y más duradero impacto en las personas a las que sirven han combinado los tres componentes en su ministerio. Los tres son necesarios para el cambio de vida. Si eres un líder en la iglesia, uno de tus trabajos principales es crear el tipo correcto de cultura. Crea una cultura donde los tres componentes sean accesibles. Si tú eres asistente de la iglesia y los tres no son fácilmente visibles en tu iglesia, entonces es posible que debas ir a otros lugares para obtener algunas de las herramientas y recursos que necesitas para el cambio de vida.

ACCEDIENDO A ESTAS ÁREAS EN EL CUIDADO DEL ALMA

He sido reacio a escribir este libro porque me doy cuenta de que un libro solo puede operar en una de estas tres áreas. Con suerte, puedo escribir con la unción y la revelación del Espíritu. Pero la verdad ungida por sí sola no es suficiente para un cambio profundo. De nuevo: necesitas las tres áreas. Necesitas enseñanza ungida, que espero ofrecer en este texto. Pero debes participar voluntariamente en la verdadera comunidad, y debes buscar ansiosamente la presencia de Dios.

Es por eso por lo que te pido que leas este libro en una comunidad de amigos con quienes te comprometas a ser totalmente honesto. No guardes secretos. Sé que la sola idea de esto hace que muchas personas se enfermen del estómago. Lo entiendo. Muchas personas han llevado una larga historia de secretos. Pero no hay transformación sin confesión. No hay victoria en la clandestinidad. No hay avance en el secreto. Debes caminar en la luz con Dios y los demás para ser libre.

No hay transformación sin confesión. No hay victoria en la clandestinidad. No hay avance en el secreto.

También debes comprometerte a aplicar estos principios y trabajar realmente a través de este libro. Pausa para tener tiempo a solas con Dios para que su presencia y poder puedan venir. Tómate tiempo para estar quieto y escuchar su voz transformadora. Ve a eventos, lugares y conferencias donde la presencia y el poder de Dios sean intensos.

Cada vez que enseño el Cuidado del Alma, incorporo los tres componentes. No es solo un tiempo de conferencia. Al comienzo de una clase o una conferencia, llamo a las personas para que formen tríadas. Les exhorto por adelantado a ser abiertos y honestos, y luego los hago dividirse en grupos de tres para contar sus historias, para abrir sus vidas el uno al otro.

A lo largo de los años, cientos de veces, las personas han, por primera vez confesado secretos y cosas que nunca le habían dicho a nadie anteriormente. Hay muchas lágrimas y hay mucho amor y gracia, y hay muchos avances significativos. A menudo las tríadas que se forman permanecen conectadas entre sí debido a la profunda unión que se produce. Estas son personas que a menudo no se conocen entrando a la clase o conferencia, pero toman un riesgo valiente y voluntariamente abren sus vidas el uno al otro. He tenido personas que vienen a mí y dicen: «No puedo abrirme ante esta gente. He hecho muchas cosas malas y nunca se lo he contado a nadie». Les digo: «No tienes que abrirte. Pero si quieres ser libre, te animo a que lo hagas. Nunca te liberarás con secretos». Una y otra vez he visto a esas personas abrirse, confesar sus secretos, compartir sus historias y llegar a grandes avances significativos. Toma un riesgo.

Por favor, forma una tríada y repasa este libro con otros. Decidan ser abiertos, honestos, confesionales y afectuosos el uno con el otro. Haz una resolución para vivir sin secretos. He enseñado clases y conferencias del Cuidado del Alma durante mucho tiempo, con miles de personas, de todo tipo de culturas, grupos étnicos y antecedentes y experiencias de la iglesia, y es mi observación que un porcentaje muy bajo de personas viven en verdadera comunidad, una que es a la vez confesional y amable. Y tal comunidad es críticamente importante para la transformación de vida.

Cuando una planta obtiene el ambiente adecuado, da fruto. Necesita la cantidad correcta de luz solar, agua y nutrientes en el suelo; si obtiene lo que necesita, se volverá saludable y crecerá. Lo mismo se puede decir del alma.

Cuando obtenemos la mezcla correcta de enseñanza ungida, comunidad confesional llena de gracia y la presencia y el poder de Dios, entonces sucede el cambio de vida. El alma florecerá absolutamente en ese tipo de atmósfera.

Pastores y líderes de iglesias, necesitamos aprender cómo cultivar estos ambientes. Esta es una de las razones por las que comencé a ofrecer las Conferencias de Equipamiento del Cuidado del Alma. Hablo con muchos pastores que asisten a una clase del Cuidado del Alma, y experimentan un gran cambio de vida y libertad. Cuando los veo varios meses después, les pregunto si comenzaron un ministerio similar en el contexto de su iglesia. La gran mayoría de las veces dicen: «No. No sabía cómo». O: «No. Tenía miedo de implementar alguna de estas cosas en nuestro contexto».

Estos pastores me han escrito cartas que detallan su experiencia de cambio de vida, pero no la llevaron a sus iglesias. Así que comencé la Conferencia de Equipamiento del Cuidado del Alma como una herramienta para ayudarlos a crear este tipo de atmósfera en su iglesia local. La conferencia está diseñada para que asistan junto con sus líderes, para que como equipo de liderazgo puedan experimentar estos tres elementos de la atmósfera del cambio de vida y podamos equiparlos para que lo lleven a su entorno de ministerio. Muchos líderes han asistido a la Conferencia de Equipamiento del Cuidado del Alma, y muchos entornos ahora tienen una cultura para el cambio de vida.

A menudo he creado estas culturas en el aula y la configuración de la conferencia en solo cinco días. Ciertamente podemos crear tal cultura en nuestras iglesias. La verdadera transformación depende de eso. Debemos crear el tipo de cultura del reino donde el cambio de vida puede ocurrir: culturas de enseñanza ungida y comunidad confesional donde se demuestra el poder y la presencia de Dios.

PUERTAS DE ACCESO AL CAMBIO DE VIDA: AUTOCONCIENCIA

Has escuchado la expresión «Lo que no sabes no te hará daño». Pero cuando se trata del alma, es una mentira peligrosa. Lo que no sabes ya te está matando.

La autoconciencia es una puerta de acceso al cambio de vida; no lo garantiza, pero no puedes llegar sin él. 1 Juan 1:5 dice: «Dios es luz; en él no hay oscuridad en absoluto». Dios ilumina nuestras almas con luz; Él revela la verdad sobre nosotros. Nuestro trabajo es permanecer en la luz con Dios y admitir la verdad.

Debemos aprender a aceptar la luz que Dios ofrece. Es un regalo. No es un intruso. Jesús enseñó que el enemigo, el príncipe de las tinieblas, trata de matar, robar y destruir; la oscuridad es un intruso. Pero no ocurre lo mismo con Dios: Él ilumina la luz para sanar el alma, para vendar a los quebrantados de corazón, para liberar al cautivo, para dar la victoria al oprimido.

No podemos sanar lo que no admitiremos. Dios no puede limpiar aquello que no confesaremos.

Cuando rechazamos la verdad, nos perdemos de la libertad que Dios nos brinda. No podemos sanar lo que no admitiremos. Dios no puede limpiar aquello que no confesaremos. A menudo somos reacios a admitir las partes feas, rotas y pecaminosas de nuestro ser. Pero en la medida en que negamos estas realidades, vivimos en esclavitud por ellas.

Déjame darte un ejemplo. Imagina que Sally es una líder de

adoración. Cada semana, Sally se levanta para guiar a las personas a la presencia de Dios. La gente se acerca a ella luego y le dice: «Oh, Sally, cuando lideras, puedo sentir la presencia de Dios. Me encanta cuando cantas y nos llevan a la adoración». Sally es muy humilde y dice con tono tímido: «¡Gracias! Es solo el Señor».

Entonces, un día, un nuevo cantante se une al equipo de adoración. Jane tiene una voz extravangante y está ungida. No solo talentosa, sino ungida con el Espíritu de Dios para guiar a las personas a la adoración. Las mismas personas que solían acercarse a Sally ahora se acercan a Jane, en presencia de Sally, y gritan: «¡Oh, Jane, cuando cantas, ¡es como si estuviera en la sala del trono de Dios!». Sally siente algo dentro de ella, y no es algo bueno. Ella piensa que debe ser discernimiento. Ella piensa para sí misma: *Algo no está bien con Jane. Ella es ostentosa; ella está un poco orientada al desempeño.* Y ella comienza a compartir esta evaluación con las personas cuando hacen comentarios sobre Jane. Pero esto no es discernimiento; es envidia.

La envidia comienza con la pregunta: «¿Qué hay de mí?». Y termina con la acusación: «Dios no es justo». Debido a la falta de autoconciencia de Sally, ahora hay división en el equipo de adoración y conflicto que ha pasado a la clandestinidad entre Sally y Jane. Sally está creando chisme contra Jane con otros, aunque lo hace bajo la apariencia de peticiones de oración y preocupaciones, y otros ahora también empiezan a sospechar un poco de Jane.

> Los cristianos llenos del Espíritu son peligrosos para el infierno. Si no eres peligroso para el infierno, entonces eres peligroso para la iglesia.

Lo que no sabes no solo puede hacerte daño, puede herir a otros y a la causa de Dios. Es de vital importancia que vivamos en la luz con Dios. Solo cuando vivimos en la luz con Dios podemos ser llenos del Espíritu y caminar al paso del Espíritu. Los cristianos llenos del Espíritu son peligrosos para el infierno. Si no eres peligroso para el infierno, entonces eres peligroso para la iglesia.

Había muchas cosas en mi vida de las que no tenía conocimiento y que nos lastimaban a mí y a las personas que me rodeaban. Jen y otros se sintieron pisoteados por mis fuertes opiniones y la falta de sensibilidad emocional hacia ellos. Pero a menudo no era consciente de que los estaba pisoteando, ni sabía por qué lo estaba haciendo.

Jesús dijo que lo más importante en todo el mundo es amar: amar a Dios y amar a las personas. Pero mi falta de autoconciencia me impedía amar de la manera que Dios quería que yo amara. Tenía problemas de alma que estaban interfiriendo con mi amoroso Dios y la gente amorosa, pero no lo sabía.

Finalmente me di cuenta de los patrones destructivos en mi vida. Pero todavía no sabía lo que había debajo de ellos. Explorar esto es lo que me llevó a comprender algunos Principios del Cuidado del Alma: principios que pueden afectar profundamente el cambio de vida cuando buscas sinceramente caminar a través de ellos. Tuve que aprender a conectar los puntos en mi vida. ¿Cómo llegué a ser como era? ¿Por qué hacia lo que hacía? Cuanta más autoconciencia obtuve, a más libertad llegué para andar en ella.

PRINCIPIOS DEL CUIDADO DEL ALMA

Tenía que llegar al corazón del asunto. Pude haberme entretenido jugando con mis comportamientos, y no habría llevado a un cambio profundo. No habría salvado mi matrimonio. Los principios que descubrí a través de las Escrituras y del Espíritu llegaron al corazón del asunto y ayudaron a cambiar mi vida y la vida de muchos otros. Estos son los principios clave sobre el cuidado del alma que examinaremos en este libro.

1. **Identidad**: Tu identidad en Cristo es la base de un alma sana. Quién eres determina cómo te comportas. Lo que creas de ti influye en tu nivel de madurez, paz y salud del alma.

2. **Arrepentimiento**: Debes arrepentirte y recibir el perdón de Dios para ser libre. Los secretos te roban la salud del alma. Cuando confiesas, pero aún cargas la vergüenza en tu alma, es tóxico para tu bienestar. No es suficiente saber que estás perdonado; debes experimentar la liberación.

3. **Rompiendo los patrones de pecado de la familia**: Los patrones de pecado en la familia tienen una atracción inusual en nuestras vidas. Son difíciles de romper. Debes lidiar con ellos severamente antes de que afecten gravemente la salud de tu alma.

4. **Perdonando a los demás**: Necesitas perdonar a los que pecan en tu contra. La mayor marca de madurez es la capacidad de amar a tus enemigos. Las raíces amargas crean malas hierbas en el jardín de tu alma. Deben desarraigarse antes de que puedas estar sano.

5. **La sanidad duele**: Las heridas no procesadas te dejan con llagas supurantes en el alma. Necesitas la presencia sanadora de Jesús para liberarte de los efectos negativos de las heridas de tu alma.

6. **Superando los miedos**: El pueblo de Dios comete más errores en tiempos de temor que en cualquier otro momento. Esta es la razón por la cual la orden número uno de las Escrituras es «no temas». Debes superar tus miedos para estar espiritualmente sano.

7. **Rompiendo las fortalezas demoníacas**: Tenemos un

verdadero enemigo espiritual que puede afianzarse en nuestras vidas. Necesitas el poder de Dios para liberarte de su control y liberarte para que puedas tener un alma sana.

Estos siete principios del cuidado del alma son las semillas que pueden llevarte a la transformación si se cultivan en una atmósfera de verdad ungida, verdadera comunidad y la presencia y el poder de Dios.

El cambio de vida es difícil. Pero es posible en el ambiente correcto. Así que reúne un pequeño grupo de camaradas en armas, lean y procesen juntos, abran sus almas unos a los otros, y accedan a la presencia y el poder de Dios juntos. Viajemos juntos hacia la libertad y la plenitud de Cristo.

CUIDADO DEL ALMA - PRINCIPIO #1

IDENTIDAD

Hay un nuevo edificio en construcción en la ciudad donde vivo. Manejo por ahí con frecuencia. Cuando se estaba sentando la base, el progreso del edificio parecía extremadamente lento. Cada vez que pasaba en auto no había un progreso evidente; había un gran agujero en el suelo. Lentamente, se sentaron los cimientos, pero luego de meses de sentar las bases, el edificio comenzó a subir. Y una vez que comenzó a subir, subió de prisa.

Si la base de un edificio está mal colocada, el edificio está condenado. No importa qué tan lento lo construyas o cuán cuidadosamente lo construyas, o si usas el mejor material, o si tienes al mejor constructor. Si la base es defectuosa, el edificio está en peligro.

Lo que crees sobre ti mismo es la base de tu vida; es tu identidad, y una base defectuosa creará grietas en el alma. Si

> Lo que crees sobre ti mismo es la base de tu vida; es tu identidad, y una base defectuosa creará grietas en el alma.

vas a construir una vida saludable, todo comienza con lo que crees de ti mismo.

Efesios es un libro cautivador. En los primeros tres capítulos, Pablo se enfoca principalmente en quienes somos en Cristo. De hecho, la frase «en Cristo» o «en Él» es la expresión clave utilizada en todo el libro; se usa once veces en el primer capítulo y treinta veces en el libro. Esa frase está hablando de nuestra relación con Dios, nuestra unión con Cristo, y se trata de cómo se nos da esta relación con Dios a través de Jesús y quiénes somos ahora a los ojos de nuestro Padre.

Pablo dice que somos escogidos «en Él». Lea Efesios 1, y observe quién el Padre dice que eres. El Padre te escogió en Cristo antes de la fundación de la tierra. No dependía de lo que hiciste o de quién eres o lo que tienes. El Padre te escogió en Cristo para hacerte santo y sin mancha delante de Él. Eres adoptado en la familia de Dios. En el Imperio romano, el hijo adoptado tenía todos los privilegios de un hijo biológico y también era completamente absuelto del control de sus padres biológicos. La adopción implica pertenencia y libertad. «En Él», has sido redimido por su sangre, y tus pecados han sido perdonados porque Dios derramó su gracia sobre ti. Eres perdonado según las riquezas de su gracia, no según la pobreza de tu vida. Su gracia es mayor que tu pecado; su rica gracia es infinitamente mayor que la pobreza de tu alma manchada por el pecado.

En Él, has sido llamado para un propósito de significado eterno. Has recibido una herencia de Dios, y tú eres la herencia de Dios, Su posesión. Tú has sido incluido en Cristo y marcado con un sello como miembro de la familia cuando recibió el Espíritu Santo prometido. Esto es lo que eres en Cristo, y este es solo el comienzo de tu identidad, la base de tu bienestar.

Pablo describe quiénes somos en Cristo a través de tres capítulos enteros, enfatizando cuánto nos ama Dios y cómo el amor de Dios no depende de nuestros mejores esfuerzos. El amor de Dios por nosotros está enraizado en la gracia de Dios para nosotros. Dios no nos ama por lo que somos o por lo que hacemos. Dios nos ama por quien Él es y lo que Él ha hecho, lo cual hace que el amor de Dios y nuestro fundamento sean inquebrantables.

Dios no nos ama por lo que somos o por lo que hacemos. Dios nos ama por quien Él es y lo que Él ha hecho, lo cual hace que el amor de Dios y nuestro fundamento sean inquebrantables.

Después de tres capítulos donde Pablo consolida el fundamento del amor de Dios hacia nosotros, Pablo hace un cambio en el capítulo 4. Él dice: «Como prisionero del Señor, entonces, te exhorto a vivir una vida digna del llamado que has recibido» (Efesios 4:1). Pablo quiere que vivas una vida digna de una identidad arraigada en el amor radical de Dios. Pablo nos llama a vivir una vida integrada, una vida en la que tu identidad forme tu destino, donde quién eres impregna cómo vives. Si tan solo entendieras quién eres en Cristo, si tan solo creyeras lo que Dios cree acerca de ti, eso revolucionaría tu forma de vivir.

Para realmente entender tu identidad, debes dividir adecuadamente el alma y el espíritu. Tu espíritu ha sido hecho nuevo. Eres una nueva creación en Cristo. Has recibido un espíritu nuevo y un corazón nuevo (Ezequiel 36:26). Tu espíritu ha sido perfeccionado en Cristo. Has recibido todas las bendiciones espirituales que necesitas en los reinos celestiales (Efesios 1:3). Eres adoptado en la familia de Dios (Efesios 1:5; Romanos 8; Romanos 8:15). Eres heredero de Dios y coheredero de Cristo (Romanos 8:17).

Estas son todas las afirmaciones de la Escritura que hablan acerca de quién eres en Cristo. Tu espíritu ha sido purificado, purgado, renovado, nacido de nuevo y transformado. Pero tu alma... bueno, eso todavía puede ser un desastre.

Tu alma puede tener heridas y amargura. Tu alma todavía puede tener pecado y fortalezas demoníacas. Tu alma puede tener temores y creencias erróneas sobre quién eres. Tu alma aún puede sentir condenación y vergüenza.

La santificación, o el proceso de llegar a ser como Jesús, es simplemente convertirte en lo que ya eres. Tienes que llevar a cabo en la esfera del alma lo que ya ha sucedido en los ámbitos celestiales a través de la obra de Cristo en tu espíritu.

Tu alma es donde tu mente, tu voluntad y tus emociones todavía dominan la realidad de tu existencia diaria. Por ejemplo, puedes saber cognitivamente que eres amado, pero debido a que creciste en un hogar abusivo, o debido a tus propios comportamientos pecaminosos, no te *sientes* amado. Tu alma todavía siente vergüenza, incluso puedes sentirte no amado y te sientes lejos de Dios. Hasta que trates con los asuntos de tu alma, no experimentarás la plenitud de Dios, ni la intimidad con Él que anhela tu corazón.

Llevar a cabo tu identidad es aprender a ser lo que ya eres. Esta batalla por tu identidad es una parte crítica de tu madurez espiritual.

RENOVANDO SU MENTE

Un problema clave con nuestra identidad es que a menudo creemos mentiras sobre nosotros mismos en lugar de la verdad. Estas mentiras son como construir una casa sobre una base defectuosa, y nos dejan con grietas en nuestra alma.

El poder de una mentira está en nuestro acuerdo con ella. A todo aquello que concordemos le damos poder. Si estás de acuerdo con la verdad y te aferras a la verdad, la verdad te hará libre, pero si estás de acuerdo con una mentira, su influencia ensombrecerá tu vida.

Por ejemplo, esta generación ha crecido bajo una cosmovisión darwinista en las escuelas públicas. Uno de mis hijos tenía un profesor de ciencias en la escuela secundaria pública que saludaba a los estudiantes todos los días con este saludo caluroso: «¡Bienvenidos, accidentes cósmicos!». Si realmente crees que eres un accidente cósmico sin propósito, imagínate cómo eso moldearía tu vida. ¿Es de extrañar que a esta generación se le ocurriera la frase «Lo que sea»?

Pero si crees que has sido creado por un Creador amoroso de manera temerosa y maravillosa, a la imagen de Dios y redimido por el Salvador que te consideró digno de su propia vida, entonces tu vida será rica en significado, propósito y pasión.

Si realmente crees que no fuiste creado con esmero, sino que accidentalmente te empujaron a la existencia, entonces tendrás problemas con tu importancia y tu propósito. Pero si crees que has sido creado por un Creador amoroso de manera temerosa y maravillosa, a la imagen de Dios y redimido por el Salvador que te consideró digno de su propia vida, entonces tu vida será rica en significado, propósito y pasión. Estarás motivado para amar a los demás y tratarlos con dignidad y respeto porque tienen un valor inherente. Ellos, junto contigo, llevan la imagen de Dios. Y como portadores de la imagen de

Dios, tú le importas a Dios.

Lo que creas de ti mismo y los demás formará tu manera de vivir. Pero no es suficiente tener conocimiento de la verdad; tu vida debe construirse sobre este fundamento de la verdad, y debe estar profundamente integrada en tu existencia diaria. Esto nunca sucede accidentalmente.

Necesitas construir tu vida sobre la base de quién Dios dice que eres. Esta es tu identidad en Cristo, y cuando esta base se establece correctamente en tu alma, tu vida puede estar bien construida.

Dos Herramientas para renovar la mente

Hay dos herramientas claves a las que puedes acceder para renovar tu mente. Ambas son vitales: necesitas renovar tu mente al aferrarte a la verdad, y necesitas la presencia de Dios. En la presencia de Dios, quién eres en Cristo se te es revelado.

Hay una palabra traducida como *«transformación»* en el Nuevo Testamento; es una palabra griega de la cual derivamos la palabra *«metamorfosis»*. Esta palabra *(metamorphoo)* solo aparece cuatro veces en el Nuevo Testamento. Ocurre dos veces en la transfiguración de Jesús. Jesús se «metamorfosea» justo delante de sus ojos cuando vislumbran a Él en su gloria. Las otras dos veces que ocurre, ambas implican nuestra transformación personal.

En 2 Corintios 3, el apóstol Pablo habla de nuestro acceso a la presencia de Dios en la persona del Espíritu Santo, y allí nos dice que en la presencia de Dios podemos ser transformados. No somos como Moisés, que accedió a la presencia de Dios en la montaña. Cuando lo hizo, su rostro brilló, pero no pudo permanecer en la presencia de Dios, y la gloria se desvaneció. Más bien, tenemos acceso de tiempo completo a la presencia de Dios porque el Espíritu de Dios vive dentro de nosotros.

La presencia de Dios es transformacional. Es por eso por lo que necesita pasar tiempo a solas con Dios, desarrollando intimidad con Él a medida que avanza hacia la plenitud. Dios es un sanador, y su presencia cambia la vida. A menudo paso tiempo a solas con Dios en silencio. No digo nada; no vengo por lo que Dios puede hacer por mí. No busco sus manos. Yo solo vengo a estar con Él. En su presencia, Dios puede hacer cosas profundas en mi alma, cosas que ni siquiera sé que necesitan hacerse. Su presencia accede a los lugares profundos en el sótano de mi alma, y Él me cambia. Dios susurra su amor por mí, y la revelación de su voz en su presencia es transformacional. Estos son momentos de formación de identidad que son críticamente importantes para establecer una base de alma firme bajo una vida bien construida.

El último pasaje donde aparece la palabra «*metamorfosis*» es en Romanos 12. Pablo dijo en Romanos 12:2: «No te conformes al modelo de este mundo, sino transfórmalo mediante la renovación de tu mente». En este pasaje, Pablo nos dice que también somos transformados (metamorfoseados) por la verdad. Debemos combatir las mentiras de este mundo que buscan robarnos nuestra herencia en Cristo con la verdad. Solo cuando nuestra mente se renueva con la verdad y se transforma en su presencia, podemos vivir la vida para la que nacimos. Solo cuando la verdad forme una base firme bajo nuestros pies y su presencia tenga revelación en nuestra alma, caminaremos en nuestra fe.

Renovar tu mente con la verdad no es una actividad pasiva. Durante años he escuchado a personas citando mal, o solo parcialmente, a Jesús: «Conocerán la verdad, y la verdad los hará libres». La suposición es que, si solo conocemos la verdad, experimentaremos la libertad. Pero el conocimiento no produce libertad, y eso no fue lo que dijo Jesús.

Mire más de cerca lo que Jesús realmente dijo en Juan 8:31, 32: «Si se aferran a mi enseñanza, en realidad son mis discípulos. Entonces conocerán la verdad y la verdad los hará libres».

Es un sí / entonces tipo de promesa. Si nos atenemos a la

enseñanza, entonces conoceremos la verdad, y la verdad nos hará libres. No es con conocer la verdad que viene la libertad; es en aferrarnos a la verdad que somos liberados.

Esta es la forma en que renuevas tu mente para que transforme tu vida: debes aferrarte a la verdad, precisamente en el momento en que la mentira compite por una posición en tu corazón y en tu alma y en tus conductas. La verdad de quién eres en Cristo, en tu espíritu, es a lo que debes aferrarte con fuerza precisamente cuando las mentiras de tu alma amenazan con impedir que te conviertas en lo que ya eres.

Por ejemplo, si creciste en un hogar donde fuiste abusado, lo más probable es que tengas problemas con la mentira de que algo está mal contigo, que no eres capaz de ser amado. Es posible que hayas estado activo sexualmente cuando estabas en tu adolescencia y juventud en un esfuerzo para asegurar el amor. Pero, por desgracia, tu promiscuidad solo te hizo sentirte más usado y menos digno de ser amado. Te dejó con la culpa y la vergüenza.

La verdad por sí sola no te hará libre, pero aferrarte a la verdad frente a la mentira, una y otra vez, te hará libre.

Pero realmente tú no eres esto en Cristo. En Cristo, estás perdonado. Eres adoptado. El Padre te escogió con un corazón lleno de amor para ser santo e intachable ante Su presencia. Él logró esto a través de Cristo; tu espíritu es, de hecho, santo e intachable. Tu irreprensibilidad no depende de tu buen comportamiento; fuiste bendecido con ello antes de la fundación de la tierra. Es un hecho en tu espíritu. Debes aferrarte a esta verdad cuando estés más tentado de sentirte indigno, no digno de ser amado, manchado de pecado e irreparable. La verdad por sí sola no te hará libre, pero aferrarte a la verdad frente a la mentira, una y otra vez, te hará libre.

Las mentiras nos afectan a todos. Se forman en nosotros como resultado de cosas que nos dijeron, cosas que nos sucedieron, dolores que hemos sufrido, la cultura en la que vivimos, nuestro propio pecado y el trabajo sucio de Satanás. Estas mentiras nos impiden experimentar la salud, la libertad y la madurez que es nuestra herencia en Cristo, y no pueden ser ignoradas, así como tampoco se puede ignorar una base desmoronada. Deben ser identificadas, y entonces debemos reconstruir la base de nuestras vidas sobre la verdad mediante la renovación de la mente.

IDENTIFICANDO LAS MENTIRAS

Como siempre, el proceso de construir una base sana de identidad comienza con la autoconciencia. Debes conocer las mentiras que te atormentan. Nunca podrás superarte por encima de tu autoconciencia. Es por eso por lo que el primer paso debe ser identificar las mentiras que te forman.

Para identificar estas mentiras, debes prestar atención a los síntomas para diagnosticar la enfermedad. David Benner, en su libro *The Gift of Being Yourself, (El don de ser tú mismo),* describe el yo que está construido sobre una base de mentiras como «el falso yo». Es un término común usado también por otros autores. Benner dice que nuestro ser falso siempre trata de ocultar nuestra vulnerabilidad, vergüenza e insuficiencia al buscar algún apego. Es como Adán y Eva buscando las hojas de higuera para cubrir la vergüenza que sintieron en el jardín. Tenemos nuestras propias hojas de higuera modernas que agarramos, y debajo de estos apegos externos se encuentran nuestras mentiras internas que creemos.

El problema es que a menudo no nos damos cuenta de que estamos buscando estas cosas como medio para encubrir las mentiras que creemos. Benner escribe: «Mientras que los apegos excesivos y la falsedad personal de otras personas a menudo parecen evidentes, nunca es fácil conocer las mentiras de nuestra propia vida». A continuación, daré algunos ejemplos; mientras los lees, pregúntate a ti mismo, «¿Cuáles son algunas de las hojas de higuera que yo agarro?».3

Síntomas de mentiras: Actitud defensiva

Un síntoma que revela las mentiras que crees es tu actitud defensiva. Cuando te pones de pie sobre la base defectuosa de una mentira, te vuelves más defensivo. Benner dijo: «Debido a su irrealidad fundamental, el falso yo necesita ser constantemente reafirmado. La susceptibilidad nos señala confiablemente formas falsas de ser».

En mi relación con Jen, a menudo ella decía que sentía que nunca la escuchaba. Inmediatamente me sentí a la defensiva. Le dije: «Eso no es verdad. Te escucho». Y comencé a dar ejemplos específicos de los últimos tiempos cuando escuché y valoré su opinión. Hubiera sido fácil para mí descartar la luz que Dios me estaba ofreciendo en ese momento, porque podía pensar en ejemplos reales en los que escuché. Pero esta actitud defensiva era como una señal involuntaria en un juego de póquer. Fue algo que mantuve oculto, algo enterrado que estaba cubriendo, y sentí que el Espíritu me movía a indagar más profundamente.

Mientras Jen y yo continuamos hablando después de que el Señor me dijo que dejara de estar a la defensiva, comencé a escuchar lo que ella realmente estaba diciendo. Ella sentía que cada vez que compartía una opinión que difería de la mía, yo pisoteaba sus opiniones con la contundencia de mi propio punto de vista. No la denigraba, ni la menospreciaba, ni le gritaba, pero yo poderosamente expresaba mi opinión de tal

3. David G. Benner, *The Gift of Being Yourself* (Downers Grove: InterVarsity Press, 2015), p.76.

manera que se sentía aplastada por el peso de mi pasión.

Mientras luchaba con Dios, le pregunté qué había debajo de esa acción. ¿Por qué tengo que ganar? ¿Por qué subía el indicador de potencia cuando ella no estaba de acuerdo conmigo? ¿Por qué estaba más interesado en tener la razón que en tener una relación correcta?

La respuesta llegó con el tiempo mientras esperaba al Señor y continuaba dialogando con Jen. La mentira que creía era que, si alguien no estaba de acuerdo conmigo, no me amaba, o al menos me sentía amenazado de que me dejaría de amar. De alguna manera u otra, me sentí invalidado por el desacuerdo de mi esposa. Cuando lo dije en voz alta, parecía ridículo, pero estaba viviendo mi vida sobre una base defectuosa de tal manera que estaba creando todo tipo de grietas en mi alma y en mi matrimonio, y no fue hasta que reparé la base, que recién pude arreglar el edificio. No podemos vencer aquello que no admitimos: la luz es un regalo, no es una intrusión.

No podemos vencer aquello que no admitimos: la luz es un regalo, no es una intrusión.

Síntomas de mentiras: Mezquindad

La mezquindad es otro síntoma que revela las mentiras que crees. Las cosas que te molestan señalan tus propias falsas formas de ser. Por ejemplo, si la pereza de los demás te molesta, quizás sea porque el rendimiento es una forma falsa de establecer tu valor. En lugar de recibir tu sentido de identidad y valor del amor de Dios, buscas lograrlo a través de tu hacer, y, por lo tanto, las personas perezosas te molestan.

Si te apoyas en la base defectuosa del rendimiento, también puedes estar muy irritado y molesto con las personas que te critican. Esto se debe a que la crítica de estas personas está socavando la base de tu valor; por supuesto, esto no es cierto, pero si tú crees que es cierto, entonces te verás sacudido por sus comentarios críticos.

Síntomas de mentiras: Comportamiento compulsivo

Otro síntoma que apunta a tu base defectuosa es tu comportamiento compulsivo. Somos compulsivos acerca de las cosas que creemos que necesitamos más; nos aferramos a las cosas que sentimos que nos faltan en nuestras almas, cosas que creemos que nos ayudarán a superar la sensación de que «somos menos que» o somos inadecuados. Llenamos nuestras privaciones con nuestra actividad compulsiva.

He ministrado a personas que crecieron en la pobreza extrema. Hubo momentos en sus años de formación en que no tenían suficiente —no había suficiente comida, dinero o calefacción— y de esta privación creció un falso apego a las cosas. Recolectaron, juntaron, se aferraron a algunos objetos; a veces era el dinero, y otras veces ciertas posesiones materiales. Crecieron carentes, y eso formó una mentira que todavía influía su identidad: «Nunca habrá suficiente». Así que trataron de fortalecer su sentido de seguridad con lo que poseían y acumulaban. Se apegaron a la imagen y la apariencia porque los hizo sentir seguros, «cubriendo» la vergüenza que sentían por no tener suficiente en sus primeros años.

La verdad es que vivían en la abundancia, pero aun así sentían que no era suficiente; tenían una mentalidad de pobreza. Todavía vivían en base a una fundación falsa mucho después de que su realidad había cambiado, y esto influyó en su toma de decisiones.

Un cambio externo no puede aliviar un tormento interno. Un cambio de circunstancias no superará el poder de una mentira. Debes renovar tu mente y reconstruir el fundamento de tu alma sobre la verdad de quién eres en Cristo, o no experimentarás un cambio profundo. Si creciste sintiéndote inseguro, solo la seguridad del amor eterno de Cristo revelado por el Espíritu puede liberarte.

> Un cambio externo no puede aliviar un tormento interno. Un cambio de circunstancias no superará el poder de una mentira.

Otras personas son compulsivas sobre un patrón de pecado, como la pornografía o un comportamiento adictivo. Debajo de esta compulsión hay una mentira. A menudo tratamos de hacer que la gente, incluso nosotros mismos, cambie diciendo: «Simplemente para. Simplemente no lo hagas más». Agregamos un poco de responsabilidad y esperamos un cambio de vida. Pero un cambio de comportamiento y algo de responsabilidad no reparará lo que está roto en el interior. Si la base está en mal estado, la única forma de construir una vida saludable es reparar la base. Pregúntate: «¿Cuál es la mentira que está debajo de este comportamiento compulsivo?».

En la raíz de todo comportamiento adictivo está la vergüenza. Se siente indigno, indigno de ser amado, vulnerable o inadecuado, y se aferra al objeto de sus afectos adictivos como un medio de automedicación para adormecer su dolor interno. Si puede llegar al corazón y traer libertad y sanidad allí, entonces sus comportamientos negativos cambiarán.

Ejercicio de reflexión

Para descubrir las mentiras que están afectando tu vida, tendrás que participar en una reflexión guiada por el Espíritu. Recomiendo escribir en un diario.

Tómate tu tiempo para reflexionar con la visión del Espíritu acerca de las siguientes preguntas.

- **¿Cuáles fueron las cosas que tus padres te decían regularmente?**

Es posible que te hayan dicho que nunca llegarás a nada. O puede que te hayan dicho que eras hijo del destino. Cualquiera de esas dos declaraciones puede formar mentiras en ti que moldean tu vida.

Por ejemplo, si crees que eres el hijo del destino, puedes interiorizarlo de una manera que te haga sentir orgulloso. Podrías comenzar a ver a otros a través del lente de tu «destino» y verlos como objetos para ayudarte a avanzar en tu causa. Si te dijeron que nunca serías nada en la vida, podría afectarte de varias maneras. Podría convertirse en una profecía que por su propia naturaleza contribuye a cumplirse. Vives lo que te dijeron que eras. O podrías vivir desafiando la mentira y tratar de demostrar que todos están equivocados. Te conviertes en una persona que sobresale. La realidad es que tanto la persona que se rinde a la mentira como la persona que desafía la mentira están atados por la mentira. Solo cuando te aferras a la verdad, la verdad puede liberarte.

- **¿Qué dichos familiares recuerdas, ya sean hablados o no?**

Hablé con una mujer joven que me dijo que la mentira con la que estaba luchando era que era una decepción. Le pregunté si eso era algo que le dijeron sus padres. Ella dijo: «No, pero a menudo en la mesa mi padre negaba con la cabeza y hacía un sonido cuando estaba decepcionado con algo que yo había hecho». Esa simple sacudida de cabeza, repetida a menudo, había formado la mentira en ella, que ella era una decepción. Él no necesitó decirlo; él lo demostró. Para muchas personas no fue simplemente demostrado; hubo frases reales que se dijeron, y se estancaron. Se convirtieron en etiquetas en el corazón que se convirtieron en limitaciones para su vida.

- **¿Cuáles son las experiencias moldeadoras de tu vida? Presta atención especial a las experiencias repetidas, porque las mentiras a menudo se refuerzan aquí.**

Si tu padre abandonó la casa cuando eras pequeño, y luego tus amigos te rechazaron cuando estabas en la escuela primaria, y tu primer novio o novia te engañó, y tu cónyuge te abandonó, eso va a dejar un agujero significativo en tu base. Puedes terminar sintiéndote desagradable, inadecuado o inseguro y creyendo que no se puede confiar en nadie. Habrá mentiras allí que deben abordarse o la casa estará en mal estado.

- **¿Cuáles son las cosas que te dices a ti mismo?**

Comienza a rastrear el hilo de pensamiento no filtrado en tu mente. ¿Qué estás diciendo en las conversaciones imaginarias que tienes en tu mente? Estas cosas son como el ruido de fondo de tu alma, y son muy reveladoras.

Cuando Jen y yo estábamos pasando por ese conflicto en nuestro matrimonio, tuve muchas conversaciones imaginarias con ella en mi cabeza. A menudo me preparaba para una conversación real con ella teniendo una conversación imaginaria con ella. Pensaría en lo que diría y en lo que ella diría, y como le respondería. No mientas; ¡has hecho esto también! Todos estamos un poco enfermos, ¡por eso necesitamos un sanador! En mi mente, ¡estaba invicto! Sin importar lo que ella dijera, tendría una buena respuesta. Estaba preparado. Pero cuando llegábamos a la conversación real, ella decía cosas para las que en realidad no estaba preparado, ¡y muchas veces me sentía derrotado!

Estas conversaciones imaginarias me revelaron increíblemente las mentiras que yo creía. Me mostraron las cosas por las que me obsesionaba, las áreas en las que me sentía inseguro, los lugares donde sentía la necesidad de apoyarme de algo y las cosas por las que estaba herido y a la defensiva. Empecé a prestar atención a estas áreas y a escribir en mi diario algunas de las cosas que pasaban por mi mente para poder entender las creencias que subyacían en estos comportamientos.

¿Cuáles son las mentiras que crees? ¿En qué base defectuosa estás parado? Tómate el tiempo para orar sobre esto y reflexionar sobre estas preguntas antes de seguir adelante.

LAS MENTIRAS SIEMPRE SE MANIFIESTAN

Las mentiras son como una enfermedad. Eventualmente aparecen los síntomas de una enfermedad, y es lo mismo con nuestras mentiras. Se manifiestan en nuestras vidas.

¿Alguna vez te has parado en una plataforma inestable? Un día alquilamos una instalación en la iglesia, y tenían un escenario improvisado para este evento. Cada paso que daba, la plataforma temblaba debajo de mí; no se sentía seguro. Esto es lo que sucede cuando nuestras almas están paradas sobre la plataforma defectuosa de una mentira: hay temblores.

Los resultados de permanecer en pie en base a una mentira se notarán en tu vida. Si ves estos síntomas, podrás identificar cuándo te encuentras en la plataforma defectuosa. Mientras más rápido te des cuenta de que estás en la plataforma equivocada, más pronto serás capaz de aferrarte a la verdad, y la verdad comenzará a liberarte.

El indicador más común para mí de que estaba parada sobre una base equivocada era la ansiedad. Empecé a darme cuenta de que cuando estaba parado en una mentira, sentía que el nivel de ansiedad en mi alma era bajo. Recalco que eran niveles de ansiedad bajos, porque si logramos identificar los síntomas sutiles de alma en sus primeras etapas, podemos evitar males del alma mucho más serios en un futuro.

Al principio del ministerio, alguien venía a mí un domingo y me decía «Necesito hablar contigo. ¿Podemos juntarnos esta semana?». Y yo respondía, tranquilo y sereno por fuera; ponía una fecha para reunirme con él. Pero después de esta interacción breve, las ruedas de mi mente comenzaban a agitarse, y las conversaciones imaginarias surgían en mi cabeza. *¿Qué* *le hice a Joe? Me pregunto por qué está molesto. No recuerdo haberle dicho nada. Bueno, había esa cosa, pero él no debería haberse sentido ofendido por eso. No quise decir nada con eso. Es muy sensible si eso le molesta.* Luego pensaba en lo que iba a decirle a Joe, en cómo respondería, en lo que diría a continuación, y así sucesivamente. Y todo el tiempo, sentía este nivel de ansiedad bajo mientras repasaba esta conversación imaginaria. Mi mente estaba corriendo, y seguí volviendo a ella toda la semana.

Mientras todavía estaba funcionando bien en mi trabajo y logrando todas las cosas que necesitaba, estaba desperdiciando mucha energía emocional interna en torno a esta conversación propia y en estas conversaciones imaginarias. La ansiedad no era paralizante, pero sin duda estaba revelando un problema más profundo que necesitaba abordar.

Entonces, en la mañana en que me reunía con Joe, muy a menudo la reunión comenzaba algo como, «Rob, estoy teniendo este problema en mi matrimonio. Estoy tan contento de que se tomara el tiempo para reunirse conmigo. Necesito su ayuda». Sentía dos cosas: primero, alivio. No estaba «en problemas"». Segundo, fastidio: había pasado cuatro días de mi vida perdiendo una cantidad ridícula de tiempo obsesionándome por nada. Tristemente, esta era una experiencia bastante común para mí en torno al conflicto, o incluso al conflicto potencial, en un principio en el ministerio. Cuando las personas tenían un conflicto conmigo, me sentía como un niño pequeño en la oficina del director a punto de recibir un grito.

Mi reacción ansiosa a la mera amenaza de conflicto me reveló que estaba apoyado en una mentira. Cuando tienes una base defectuosa, experimentarás temblores. Tenía que mantener la paz con todos. Si alguien estaba molesto conmigo, debe significar que no me amaban, y de alguna manera eso amenazaba mi seguridad. La mentira fue expuesta por la ansiedad que sentía.

Thomas Merton, un monje del siglo XX y un autor dijo: «Una corriente de actividad interna inútil constantemente rodea y defiende una ilusión... La inteligencia del hombre, así la usemos mal, es demasiado perspicaz y está demasiado segura para descansar por mucho tiempo en el error. Puede adoptar una mentira y aferrarse a ella obstinadamente, creyendo que es verdad: pero no puede encontrar el descanso en la falsedad. La mente que ama el error se agota con ansiedad, no sea que se descubra lo que es en realidad. El primer paso para encontrar a Dios, que es la Verdad, es descubrir la verdad acerca de mí mismo: y si he cometido un error, este primer paso es el descubrimiento de mi error». Mi mente no puede encontrar la paz cuando estoy parado sobre un fundamento falso.

Cuando tu fundamento se vea amenazado, tu mente comenzará a correr; tu alma sentirá el temblor interno que resulta de una vida construida sobre una mentira. Solo cuando te encuentras sobre el verdadero fundamento del amor de Dios puedes sentir paz, sin importar las circunstancias que te rodean. Esta es tu verdadera identidad.

TRES MENTIRAS CENTRALES

Las mentiras que crees son fundamentos defectuosos bajo tus pies, y a menudo afectan la cuestión de tu valor. Puedes sentir que tu valor depende de algo más que del amor de Dios. Es probable que *sepas* que esto no es cierto, pero la mentira está enraizada en ti tan profundamente que te *sientes* y *actúas* como si fuera verdad. Y sea lo que sea, la forma en que actúas refuerza tu alma. Cada vez que actúas a base de una mentira, la mentira gana poder en tu vida. Cuando actúas a base de una mentira, no logras integrar la fe. Entonces debes identificar estas mentiras que a menudo son el núcleo de tu fundación.

Hay tres mentiras principales que la gente cree. Detente, reflexiona y pregúntate si alguna de estas mentiras está afectando tu base o fundamento.

La mentira del desempeño

La primera mentira central es que la cuestión de tu valor depende de tu desempeño. Muchos de nosotros ganamos nuestro valor por nuestro desempeño. Esta es una forma de vida estadounidense. Piensa en cuántas veces tenemos una conversación con alguien que acabamos de conocer y se formula esta pregunta: «¿Qué hace para ganarte la vida?». Tu vida está asociada a tu trabajo.

A menudo se complica por el desempeño religioso. Tú eres valorado, eres amado y eres aceptable si haces ciertas cosas, pero si no te desempeñas bien, entonces eres juzgado, condenado y avergonzado. Te aplauden en la iglesia si te portas bien, sirves bien, das bien y vives bien. Así que sirves más, das más y tratas de comportarte mejor. Cuando no puedes comportarte bien, incluso puedes sentirte tentado a ocultarlo, a pretender ser bueno para que puedas tratar de mantener tu imagen y aferrarte a la mentira.

Un día, en medio de esta temporada reparadora de mi vida, volví a casa de la iglesia y me tumbé en el sofá porque me sentía un poco deprimido. Tomé un café y el control remoto de la TV y estaba viendo un partido de fútbol americano. El sermón no fue tan bueno como esperaba ese domingo por la mañana. Me habría dado un 12 de 20 como nota, para ser sincero, y estaba emocionalmente agotado.

Mientras estaba acostado en el sofá, escuché la suave y delicada voz del Espíritu susurrándome: «¿Qué haces ahí en el sofá?». Le dije: «Señor, estoy teniendo un momento difícil. Mi esposa no me quiere. El sermón no estuvo bueno esta mañana; fue un sermón de una "12". Solo quiero quedarme aquí y ver fútbol y tomar mi café. Por favor. ¿Puedes darme un poco de espacio?».

Él dijo: «La cuestión de tu valor no depende de si das un sermón "20" o "12". Ahora levántate del sofá y no vuelvas a acostarte allí».

Esa fue, literalmente, la última vez que me recosté en el sofá después de un sermón insatisfactorio, porque llegó la revelación de Dios y me di cuenta en un lugar profundo de que mi valor no depende de la calidad de mis charlas ni de lo adecuado de mi actuación. Ahora cuando doy una charla «12», le digo a Jen en el camino a casa: «¿Qué pensaste?». Ella hace una mueca y dice: «No fue uno de tus diez mejores». Y me río y digo: «Vamos a buscar una taza de café de Dunkin' Donuts». ¡Una buena taza de Dunks y el amor de Dios van muy lejos en la sanidad del alma!

A menudo, cuando reflexionas sobre tu pasado, comienzas a ver cómo se formaron estas mentiras en tu alma. Por ejemplo, recuerdo estar en séptimo grado cuando mi escuela cambió de calificaciones de letras a calificaciones numéricas. Obtuve un 98% en una de mis clases en mi primer boletín de calificaciones de séptimo grado, y me sedujo la importancia del rendimiento. Una A en una boleta de calificaciones no me seducía tanto como esa boleta de calificaciones de alto porcentaje. No solo mi calificación me hizo sentir bien, sino que otras personas quedaron impresionadas. Obtuve mucha atención y afirmación positiva. Seducción doble. Este tipo de eventos solidifica las bases defectuosas en nuestras vidas.

Tómate un momento para reflexionar con la ayuda del Espíritu. ¿Cómo afecta la mentira del desempeño a tu vida? Si eres un orador público y recibes diez comentarios después de una charla, nueve positivos y uno negativo, ¿te fijas en el comentario negativo? Si recibes una evaluación de desempeño en el trabajo, ¿te fijas en las áreas que necesitan crecimiento que te señalan? ¿Se siente desanimado, incluso un poco deprimido, después de una mala actuación o alguna crítica? ¿Alguna vez has caído en pecado y has sentido que necesitabas gatear hacia Dios? Estos son solo síntomas de la mentira del rendimiento. ¿Cómo se ve en tu vida? ¿Cuáles son algunas de las expresiones sintomáticas? ¿Dónde se formó en ti?

La buena noticia es que la cuestión de tu valor no está determinada por tu rendimiento. Dios no te ama más cuando lo haces perfectamente bien, y no te ama menos cuando te equivocas.

La mentira de complacer a los demás

La segunda mentira central que las personas creen es que su valor depende de si ciertas personas las aman o les cae bien. Algunas personas necesitan caerles bien a todos. Sienten presión para complacer a todos, y corren e intentan hacer felices a todos. Sienten la necesidad de servir a todos, cuidar a todos, resolver los problemas de todos y hacer que todos se lleven bien y vivan en armonía. Para otros, no es caerles bien a todos; sino que es importante que un puñado de las personas adecuadas los amen.

Mi problema fue que no me di cuenta de cómo esta mentira se había abierto paso en la base de mi alma. De hecho, cuando las personas no estaban de acuerdo conmigo, incluso pensaba: «No me importa lo que piense la gente». Por supuesto, esa era solo una manera de reforzar mi falsa base cuando me sentía amenazado. Estaba sintiendo los temblores en mi alma, y usé una mentira para reforzar la mentira bajo mis pies. Nuevamente, presta cuidadosa atención a los pensamientos que surgen sin resguardo en tu mente.

En realidad, sí me importaba lo que la gente pensara. En el fondo, quería que la gente me amara, y si ellos no me amaban, sentía que algo andaba mal conmigo, como que no era digno de ser amado. Cuando la gente no me amaba, o cuando me criticaban, sentía que se deshacía el fundamento de mi valor. No podría haber articulado esto, pero se manifestaba en mis acciones, reacciones, autoconversaciones, conversaciones imaginarias y ansiedad de bajo nivel.

> El problema con el alma es que no se le puede ignorar y no se le puede engañar

El problema con el alma es que no se le puede ignorar y no se le puede engañar. Si tratas de engañarle, y construyes tu vida sobre una base defectuosa, esa base se manifestará de alguna manera. Los síntomas que estás tratando de corregir en tu vida en este momento probablemente estén relacionados con las mentiras que crees. Sigue los síntomas hasta la enfermedad y trata los problemas reales. Este es el único camino a la libertad.

Si crees en la mentira de que necesitas la aprobación de la gente para sentirte bien contigo mismo, sentirás ansiedad cuando las personas estén disgustadas contigo. Te pondrás a la defensiva y te sentirás herido por la crítica. Caerás en la trampa de querer complacer a la gente, y es probable que tomes demasiadas responsabilidades y digas que sí con demasiada frecuencia. La respuesta no es tratar de vencer el querer complacer a las personas y «simplemente decir no». La respuesta es buscar la raíz de la mentira. Si cambias la base, cambiarás tu vida. Si tratas la enfermedad, curarás los síntomas.

Si construyes tu vida sobre la base de la aprobación de otras personas, es probable que termines resentido. Cuando no te den su aprobación, los resentirás. Cuando continuamente exigen más de ti, los resentirás. La realidad es que no están realmente exigiendo más de ti; sientes esta presión interna para dar más y hacer más por la mentira de que tienes que mantenerlos contentos y hacer que les caiga bien para sentirte bien de ti mismo. Al reconstruir los cimientos del amor de Dios bajo sus pies, encontrarás la libertad de tener que complacer a la gente y de los resentimientos. Y descubrirás la libertad de decir no sin sentirte culpable.

Tómate un momento para reflexionar con Dios nuevamente. ¿Cómo afecta tu vida la mentira de tener que agradarle a la gente? Piensa en momentos en que estás a la defensiva. ¿Qué te hace estar a la defensiva? ¿Hay momentos en tu vida en los que sientes que las personas se aprovechan de ti y esto te vuelve resentido? Cuando las personas no están de acuerdo contigo, ¿expresas tus opiniones de manera más apasionada, o te dices a ti mismo, *No me importa lo que piense la gente!* Estas son solo algunas de las señales de que esta base defectuosa está bajo tus pies.

Buenas noticias: la cuestión de tu valor no depende de si la gente te ama. Dios no te ama más cuando todos están de tu lado y complacidos contigo, y no te ama menos cuando te desprecian, ridiculizan, difaman y maltratan.

La mentira del control

La tercera mentira central es que tu valor depende de si tienes el control. Algunas personas afligidas con esta mentira intentan controlar a otros. Las personas a su alrededor se sienten manipuladas, avergonzadas, juzgadas, condenadas y, a veces, intimidadas. Otras personas quieren controlar los resultados.

Soy una personalidad clásica de tipo A. Un tipo de persona sobresaliente, ambiciosa, que le gusta estar a cargo. Quiero controlar el resultado de las cosas que me importan. Si trabajo duro y produzco buenos resultados, me siento bien. Pero si trabajo duro y las cosas no se dan, puedo sentirme irritable y enojado. ¿Qué hay detrás de estos comportamientos?

La cuestión de mi valor está de alguna manera conectada a mi capacidad para producir resultados y controlar los resultados que deseo. Y si no puedo producir resultados, parece que eso disminuye mi valor. Eso no es cierto, pero hay momentos en mi vida en que actué sobre esa mentira, más veces de las que deseo recordar. Me deja sintiendo una presión interna para producir resultados; es una presión autoinfligida que proviene de permanecer sobre la base defectuosa. Tengo que salir de esa pobre base para liberar esa presión interna en mi alma. El estrés y la presión que siento no son el problema; es simplemente un síntoma que me señala el problema real: estoy intentando, en este momento, construir mi vida sobre una mentira, y mi alma lo sabe.

Las personas que han sido abusadas a menudo tienen problemas de control. El temor siempre acecha bajo el deseo de tener el control. Estos Principios del Cuidado del Alma están conectados entre sí. A menudo tenemos temores radicales que afectan nuestras mentiras de raíz y heridas que se unen a esos temores y mentiras. Tenemos que aprender a conectar los puntos. Las personas que son abusadas a menudo abandonan la esperanza de recibir amor, pero optan por el control para que al menos no sufran más abusos. Es como si se dijeran a sí mismos: «Puede que no me ames, pero ya no me lastimarás más». Así que eligen el control como una forma de crear seguridad y superar los temores en el interior. Pero esto es solo otra base falsa, y conduce a una vida llena de grietas en el alma. A menos que estemos parados sobre el verdadero fundamento, no podemos tener un alma sana.

Tuve un amigo que creció en un hogar de un alcohólico. Los niños que crecen en esos hogares a menudo sienten vergüenza. El núcleo de la vergüenza que sienten los puede llevar a hacer todo tipo de cosas. Muchos de ellos repiten el ciclo de adicción y abuso. Pero mi amigo se convirtió en un triunfador. Él estaba dispuesto a demostrar su valor por su desempeño; él estaba construyendo una vida en esta plataforma defectuosa. Lo que sea que hacía, se proponía ganar, ya fuera un logro académico o deportivo.

Hubo un evento que le dio forma y reforzó esta necesidad de tener éxito para demostrar su valor. Cuando era un preadolescente, su padre estaba en una rabieta de borracho, y comenzó a gritarle a la madre de mi amigo: «¡Voy a decírselo!». Ella le suplicó al borracho que no se lo dijera al muchacho, pero este hombre le apuntó con el dedo a mi amigo y le gritó: «¡Eres un maldito bastardo!». Así fue como mi amigo descubrió que este borracho no era su padre biológico.

Su familia se desintegró poco después de ese incidente. Se quedó con un vacío, una herida por el padre. Un día, cuando era un hombre joven, estaba compitiendo en una competencia deportiva. No podía hacer lo que quería hacer, y se gritó a sí mismo, usando las mismas palabras que su padrastro había usado. La vergüenza fue su motivación para el logro. Quería hacer algo por sí mismo, desarrollarse, controlar los resultados, ganar, demostrar su valor. Pero ninguna de estas cosas puede traernos libertad. Incluso cuando ganamos y tenemos éxito, todavía nos preocupa que alguien más venga y nos derrote.

Reflexione con el Espíritu Santo. ¿El control es un problema en su vida? ¿Alguna vez la gente dijo que estaba controlándolos? ¿Cómo aparece la mentira del control en su vida? ¿Busca controlar a las personas? ¿Busca controlar los resultados? Cuando no tiene el control, ¿le da temor, enojo o ansiedad? Estos son solo síntomas que le dicen que puede estar parado en esta plataforma defectuosa. La buena noticia es que su valor no está determinado por el control o la falta de control que tenga.

Fortalecer una base defectuosa solo refuerza un edificio arruinado. Tu valor no está determinado por tu desempeño o si la gente te ama o si tú tienes el control. Estas son mentiras centrales que pueden crear grietas en la base y dañar tu alma. Debes reemplazarlos con la verdad.

EL VERDADERO FUNDAMENTO

Aquí está la verdad que puede liberarte: la cuestión de tu valor se resuelve en la cruz. En la cruz, el Padre nos dijo a ti y a mí: «Tú eres de valor infinito para mí. Te declaro digno de la sangre de mi Hijo».

Pablo dijo: «Si Dios es por nosotros, ¿quién contra nosotros?». Si Jesús murió por nosotros, entonces, ¿qué puede disminuir nuestro valor? Ni los rechazos, ni los enemigos, ni el odio, ni las críticas, ni el abandono, ni el abuso, ni un cónyuge que te deje o que ya no te quiera, ni malos rendimientos, ni los fracasos, ni conversaciones «12», ni las circunstancias fuera de tu control, o las personas fuera de tu alcance. Nada puede separarte del amor de Dios en Cristo.

La cuestión de tu valor se resuelve en la cruz. Esta es la verdad a la que debes aferrarte.

La cuestión de tu valor se resuelve en la cruz. Esta es la verdad a la que debes aferrarte. Esta es la verdad a la que debes apropiarte cada vez que las mentiras amenacen tu seguridad, valor e identidad. Esto es lo que Dios ha logrado en tu espíritu, y a lo que debes aferrarte y trabajar en tu alma. Esta es la base sobre la que debes construir tu vida. Sobre esta base, puedes encontrar la paz, el amor, la aceptación, la seguridad, la importancia y todo lo que necesitas en la vida.

Un día mientras estaba luchando con las mentiras que creía, sentí que el Señor me decía: «Incluso si Jen te dejara, yo sería suficiente para ti. Incluso si la iglesia fallara, mi amor no fallará. Incluso si perdieras todo lo que tienes, aún estaría contigo. La cuestión de tu valor no depende de si Jen te ama o no. La cuestión de tu valor no depende de tu desempeño o de si puedes controlar los resultados de tu vida. La cuestión de tu valor se resolvió en la cruz. Sobre esto es en lo que debes construir tu vida. Solo cuando te pones de pie sobre esta base, tu alma puede ser saludable».

Me di cuenta de que no podía amar a Jen libremente, al

menos que dejará de necesitar el amor de Jen para hacerme sentir seguro o valioso. Si necesitaba que Jen me amara, yo siempre me acercaba a la relación tratando de quitarle algo para compensar por algo que me faltaba; de lo contrario, su falta de amor hacia mí era una declaración de valor hacia mi persona. Solo cuando recibiera el amor de Dios, podría darle mi amor libremente a Jen. No podemos dar lo que no tenemos. Solo sobre el fundamento del amor de Dios podría actuar de forma segura y madura con ella sin importar cómo se sintiera, sin importar las circunstancias que nos acechaban.

Esta comprensión no solucionó todo en mi alma, ni en nuestra relación. Ha sido un viaje de toda la vida el cambiar continuamente a esta verdadera base. Pero comencé a cambiar la forma en que mi autoconversación corría en mi cabeza. Cuando las personas no estaban de acuerdo conmigo, comencé a decirme a mí mismo: *Quiero que la gente me ame. Espero que me amen, pero incluso si no me aman, estaré bien porque Jesús me ama, y eso es suficiente para mí. El problema de mi valor se resolvió en la cruz.* La seguridad de esa frase me permitió escuchar más y defenderme menos, y aun así ser amorosamente valiente.

Esa frase se convirtió en una consigna a la que me aferré. En los años siguientes, me recordé esta verdad miles de veces. Eso no es una exageración. Cada vez que Jen se enfadaba conmigo, volvía a esta consigna. Cada vez que alguien me criticaba, volvía a la verdadera base. Cada vez que me sentía como un niño pequeño en la oficina del director a punto de que me gritaran, me acordaba de la verdad inquebrantable de que el problema de mi valor se resolvió en la cruz. Me detuve en la presencia de Dios para renovar mi mente. Permití que el Espíritu Santo ministrara la verdad del amor del Padre en lo más profundo de mi alma. Me tomaba un momento, donde sea que estuviese, para pausar, escuchar, acceder a la amorosa presencia de Dios, para aferrarme a la verdad. Esta pausa preciosa y el cambio intencional de la base se convirtieron en la clave de la transformación.

PASOS PRÁCTICOS PARA RECONSTRUIR EL FUNDAMENTO

Terminemos este primer principio del Cuidado del Alma con algunos pasos prácticos para reconstruir la base de tu vida. A medida que avanzas en esta sección, te animo a orar y pedirle al Espíritu que te dé revelaciones, y luego escribe las revelaciones que recibas.

Identifique las mentiras

Primero, identifica las mentiras que crees y las manifestaciones de esas mentiras en tu vida. He podido ver cómo las tres mentiras han afectado mi vida, pero una mentira era más fuerte que todas las demás: era la raíz de la mentira. Mi mentira dominante era que mi valor dependía en si es que podía lograr que ciertas personas me amaran. Las manifestaciones de la mentira incluían conversaciones internas como «No me importa lo que piense la gente», conversaciones imaginarias con personas que estaban enojadas conmigo, una mente que no dejaba de pensar y era difícil de calmar y bajos niveles de ansiedad. Cada vez que sentía que aparecían estos síntomas, sabía que estaba en la base equivocada, y no podía vivir una vida sana desde allí. Estos síntomas se convirtieron en luces parpadeantes en mi alma que me alertaron sobre la base defectuosa debajo de mis pies; se convirtieron en mis factores desencadenantes para ir a Dios y reparar la base.

Tómate el tiempo para definir las mentiras que crees y las manifestaciones de esas mentiras. Estos síntomas se convierten en pistas importantes cuando te encuentras en la base equivocada, y necesitas pasarte a la verdadera base.

Reubique el asunto de su valor

En segundo lugar, reconoce cuando te encuentras en la base equivocada e inmediatamente cambie la posición de tu valor. Tienes que saber cómo se siente cuando estás en la base equivocada, y tienes que elegir intencionalmente cambiar los cimientos. Debes aferrarte a la verdad en el momento exacto en que te asaltan con la mentira.

Por ejemplo, otro de los síntomas con los que luché fue la actitud defensiva y el uso inapropiado de mi pasión en una conversación: me encendía. Cuando alguien no estaba de acuerdo conmigo, aumentaba el nivel de pasión a medida que sentía una actitud defensiva en mi interior. Comencé a reconocer estos sentimientos y comportamientos como un síntoma de estar parado en la base defectuosa, y me tomaba una pausa preciosa para reposicionar la verdadera base debajo de mí. A veces, literalmente, tomaba un descanso en el medio de una reunión de empleados. Iba al baño y respiraba profundamente y me acordaba una vez más: *Quiero que estas personas me amen. Ellos son importantes para mí. Pero el hecho de que no estén de acuerdo conmigo no significa que no me quieran. E incluso si no lo hacen, la cuestión de mi valor se resolvió en la cruz.*

> Cuanto más sistemáticamente te des cuenta de que estás parado sobre una base defectuosa y lo utilices como una oportunidad para renovar su mente, más segura se volverá la verdadera base bajo tus pies y más sana estará tu alma.

Podía sentir cómo las RPM disminuían en mi corazón y se restablecía la paz al recordar el amor de Dios. Cuanto más sistemáticamente te des cuenta de que estás parado sobre una base defectuosa y lo utilices como una oportunidad para renovar su mente, más segura se volverá la verdadera base bajo tus pies y más sana estará tu alma.

Así es como se ve el aferrarte a la verdad, para que la verdad pueda liberarte.

Acceda a la presencia del Espíritu

Tercero, permite que el Espíritu Santo ministre amor a tu corazón. Crea un espacio para que Dios se revele a Sí mismo y su amor hacia ti. Esto, una vez más, es la razón por la que el tiempo a solas con Dios es tan crucial para tu desarrollo espiritual. Solo Dios puede cambiar un corazón; necesitas la revelación para experimentar la transformación. Dale espacio al Espíritu Santo para hablar y revelarte Su amor. A menudo, en medio del conflicto, le doy al Espíritu Santo un momento de silencio para que pueda reafirmar Su amor por mí; Él susurraba la verdad de Sus afectos a mi alma otra vez, y mis temblores internos se calmaban.

Romanos 5:5 dice: «El amor de Dios ha sido derramado en nuestros corazones por el Espíritu Santo, que nos ha sido dado». Algunos días necesito un nuevo baño en el derramamiento de Su amor para asegurar la base debajo de mis pies.

Esto fue particularmente cierto para mí durante los primeros días de nuestra crisis matrimonial. Después de que Jen y yo tuvimos estas conversaciones en las que me hablaba de las cosas por las que estaba molesta, iba a mi estudio y me quedaba a solas con Dios y lo adoraba. Podía sentir ansiedad, ganas de defenderme y la atracción hacia las conversaciones imaginarias (todos los cuales eran signos reales de la base defectuosa debajo de mis pies). Pero en lugar de actuar sobre estas cosas, me recordaba a mí mismo que el problema de mi valor se resolvió en la cruz. Entonces le pedía al Espíritu Santo que una vez más revelara y derramara el amor de Dios en mi corazón como lo promete Romanos 5.

A menudo me sentaba ante el Señor, después de aquietar

mi alma, y escuchaba la suave y apacible voz del Espíritu Santo que me recordaba su amor por mí. Esto restauraría mi paz, disminuiría mis temores y reposicionaría la verdadera base bajo mis pies. A veces me tomaba dos horas llegar a ese lugar de quietud, pero podía volver al verdadero fundamento de mi alma.

A menudo, al principio, sentía una ansiedad tan intensa que tenía que adorar durante una hora o más antes de que pudiera calmarme. Mi mente estaba corriendo. Me sentía extremadamente ansioso porque en mi alma todavía estaba luchando con la mentira de que mi valor dependía del amor de Jen. Todas las noches adoraba hasta que mi alma se calmaba, y luego me aferraba a la verdad de que mi valor estaba establecido en la cruz. Yo escuchaba al Espíritu revelar Su amor por mí

Una vez que llegaba a ese lugar, preguntaba: «Ahora, Señor, ¿qué es verdad de lo que Jen me dijo? ¿Qué necesito escuchar?». Sobre la base del amor de Dios, podía escuchar la verdad. Y seguro en el amor de Dios, podría reconocer mi parte y asumir la responsabilidad de mi vida. Dolorosa y lentamente, me estaba volviendo más saludable porque estaba luchando por la base correcta al renovar mi mente. Me aferraba a la verdad, y la verdad me estaba liberando.

Actúa con valor

Para hacer el arduo trabajo de reparar tu base, debes actuar con valor desde la verdadera base. En cualquier forma que actúes, ello se refuerza en tu vida. Santiago dijo: «La fe en sí misma, si no está acompañada por la acción, está muerta. Muéstrame tu fe sin obras, y yo te mostraré mi fe por lo que hago» (Santiago 2:17, 18). Debes actuar en la verdad para que la verdad se convierta en una base firme bajo tus pies. El simplemente creer no te hará libre, pero aferrarte a la verdad y actuar con valentía sobre ella es un camino determinado hacia la libertad máxima.

No esperes a que Dios te haga sentir mejor antes de actuar. Actúa sobre lo que crees con confianza y dependiendo de Dios. ¡Renueva tu mente y actúa mientras todavía estás tambaleante en tu fe! Es por eso, sospecho, que Pablo dice que necesitamos ocuparnos de nuestra salvación con temor y temblor (Filipenses 2:12). No siempre es fácil actuar apropiadamente mientras aún estamos reparando la base. Requiere valentía.

> No esperes a que Dios te haga sentir mejor antes de actuar. Actúa sobre lo que crees con confianza y dependiendo de Dios.

Por ejemplo, puedes ser una persona que tiene la mentira del rendimiento y la mentira del amor en juego en tu alma. Estas dos mentiras te forman de tal manera que tiendes a complacer a la gente. Es difícil para ti tener una conversación difícil con las personas. Evitas el conflicto. Corres alrededor e intentas hacer feliz a la gente; intentas servir a todos y, a veces, incluso permitir que las personas hagan ciertas cosas, con la esperanza que las cosas cambien, pero estas no cambian.

Las conversaciones difíciles son una parte necesaria de las relaciones maduras. Estás haciendo el trabajo de reparar la base. Te estás recordando a ti mismo que tu valor está establecido en la cruz. Pero en medio de esto, también necesitarás actuar con valentía para que las piedras fundamentales se asienten bien debajo de tus pies. Tendrás que empaparte del amor de Dios y luego tener valor para tener una conversación difícil a pesar de que todavía te sientas ansioso y temeroso. Cuanto más actúes en la verdad, más se fortalecerá la verdad en tu vida.

Este es un proceso diario. No es un evento. Cambiar tu vida al fundamento seguro del amor de Dios llevará tiempo, y no hay atajos.

Necesitas renovar tu mente con la verdad. Tienes que combatir las mentiras de tu alma con la verdad de Dios en los momentos precisos cuando las mentiras llaman a tu puerta. Tienes que aferrarte a la verdad con una determinación implacable y férrea que cambiará permanentemente el fundamento bajo tus pies de una mentira a la verdad que tu valor se resolvió en la cruz.

DOS CASOS ESPECIALES

Permítanme terminar este capítulo y el primer Principio del Cuidado del Alma con dos casos especiales de una identidad en necesidad de reparación. Primero, a veces tenemos una *herida de identidad.* Piensa en tu alma como un balde. Cuando tienes una herida de identidad, es como tener un agujero en el fondo de tu balde. Sin importar lo que se vierta en el balde, no se mantendrá, simplemente se filtrará por el fondo.

Las personas con una herida de identidad pueden tener un encuentro con el amor de Dios, pero el amor se filtra. Las personas les dicen cosas cariñosas y amables, pero no retienen nada. Deben reparar el agujero en el fondo del balde.

Por ejemplo, crecer en un hogar en el que los padres son muy críticos deja un agujero en el balde de una persona. Sin importar lo que hiciste, nunca fue suficiente. Trajiste a casa cuatro As y una B en la boleta de calificaciones, y fuiste criticado por la B, incluso si fue algo en broma. Simplemente no hubo afirmación para las As.

O bien, limpias el garaje y pasaste horas tratando de hacerlo bien, pero te criticaron por las cosas que te faltaron, y no te reconocieron las horas de trabajo duro y el cambio positivo que habías hecho.

A veces, el agujero se forma porque creciste en un hogar donde nunca te dijeron que eras amado; nunca fuiste afirmado y propiamente abrazado y tocado. Este tipo de heridas de identidad te dejan con una sensación de vergüenza tóxica.

La vergüenza tóxica es una sensación de que no eres amado. De que algo está mal contigo. Para romper la vergüenza tóxica, debes despegar tus ojos de ti y ponerlos en Jesús.

La vergüenza tóxica, irónicamente, es la otra cara de la moneda del orgullo. Con la vergüenza tóxica, buscas hacer algo por ti mismo, demostrar tu valor por lo que haces y lo que tienes.

La vergüenza tóxica es una sensación de que no eres amado. De que algo está mal contigo. Para romper la vergüenza tóxica, debes despegar tus ojos de ti y ponerlos en Jesús.

Para liberarte de esta vergüenza, debes arrepentirte de tu orgullo. Tienes que confesar que no has creído lo que Dios te ha dicho sobre tu persona, que eres profundamente amado. Es un orgullo rechazar el amor de Dios porque te sientes indigno.

Cuando estás atrapado en la vergüenza tóxica, a menudo te dices a ti mismo, *Dios ama a otras personas, simplemente no a mí.* Esa es una declaración orgullosaque solo se enfoca en ti mismo. Es creer que sabes más que Dios. Esencialmente, está llamando a Dios un mentiroso. Debes arrepentirte de tu orgullo, quitarte los ojos de encima y poner tus ojos en Jesús. Debes detectar estas declaraciones tóxicas que te estás declarando a ti mismo y romper el ciclo.

El segundo caso especial de reparación de identidad es la voluntad subyugada. Si creciste en un hogar donde sufriste abusos físicos, espirituales, emocionales o sexuales, tu voluntad se tuerce. Cuando alguien ha sido intimidado, su voluntad se inclina hacia el agresor. A menudo son dominados, por lo que no tienen más remedio que ceder ante el abusador más fuerte. Pero después de vivir así por un tiempo, la voluntad se tuerce bastante y la persona se siente como una víctima. Tu alma tiene que alcanzar a la realidad de lo que se ha revelado en tu espíritu en Cristo.

La realidad es que puede que hayas sido victimizado, pero no eres una víctima. En Cristo, eres más que un conquistador. En Cristo, tienes lo que necesitas para vencer. Esto es verdad en tu espíritu, pero seguramente no te sientes así en tu alma. Tu alma tiene que alcanzar a la realidad de lo que se ha revelado en tu espíritu en Cristo.

El problema es que la persona con la voluntad subyugada volverá a tener los ojos enfocados en sí misma. Prueba esto: dobla la cabeza hacia abajo y ve cómo esto afecta tu punto de vista. Con la cabeza en esta posición doblada, solo puedes verte a ti mismo. Tus ojos se enfocan en ti, tus limitaciones, tus circunstancias y tu falta de recursos, y te sientes como una víctima, derrotada y abrumada.

La clave para romper la vergüenza tóxica y la voluntad subyugada es desviar la atención de ti mismo y enfocarla en Dios. Debes levantar tu cabeza, y debes romper la mentalidad de víctima. Debes recordarte a ti mismo que puedes haber sido victimizado, pero no eres una víctima; esa no es tu identidad. Eso es una mentira.

Debes recordarte a ti mismo que puedes haber sido victimizado, pero no eres una víctima; esa no es tu identidad. Eso es una mentira.

A veces he tenido que liberar a alguien de espíritus demoníacos, una persona que fue severamente abusada. A menudo, la persona terminará en el suelo en una manifestación completamente demoníaca. El demonio los intimida, ya que se niegan a comprometer su voluntad en la batalla, y se inclinan ante el matón. Se arrastran en posición fetal en el piso y lloran incontrolablemente. Le ordeno al espíritu que se detenga, y luego miro a la persona y le digo con severidad, pero con compasión: «Mírame. Tú fuiste victimizado. Pero tú no eres una víctima. Necesito que pelees conmigo. Necesito que levantes tus ojos de ti mismo, y de los demonios, y ponlos en Jesús. Mira a Jesús. Él no está nervioso. Él te tiene a ti, y esta es Su batalla. Mira a Jesús».

La persona respirará profundamente, y su cuerpo se estremecerá mientras las lágrimas cesan. Ellos empezarán a ver a Jesús, y puedo ver que su voluntad se empieza a fortalecer para la lucha. Con mis palabras, estoy fortaleciendo su voluntad. Muchas veces literalmente enderezarán su postura a medida que su voluntad se fortalece, y esto es lo que una persona que tiene su voluntad subyugada debe aprender a hacer. Mientras mantengan sus ojos en Jesús, pelearán hasta la victoria.

La voluntad subyugada se está convirtiendo cada vez más en un problema para la gente en nuestros días. Las personas a menudo tienen una voluntad debilitada, muchas veces debido al abuso, pero a veces porque han crecido en un ambiente sofocante y controlador. Se sienten y actúan como víctimas; sienten que no pueden hacer nada con respecto a su situación problemática actual.

Con más frecuencia que nunca, me encuentro diciéndole a la gente: «Has sido victimizado, pero no eres una víctima». El problema es que el sentimiento de victimización engendra pasividad y falta de responsabilidad personal. Esto está aumentando dramáticamente en nuestra sociedad. Tengo que abordar esto mucho más ahora de lo que lo hice incluso hace diez años.

Sospecho que es un fenómeno cultural como resultado de al menos estos tres factores. Primero, una cosmovisión darwinista del mundo ha penetrado en los sistemas de creencias de las personas. Es una cosmovisión determinista y fatalista.

Una actitud fatalista hace que las personas se sientan desesperanzadas e indefensas y nos deja con una actitud de «lo que sea»; sentimos que no tenemos control sobre nuestro destino. Muchos no tienen un sentir de que han sido empoderados como portadores de la imagen que fueron creados y redimidos para el dominio y la autoridad del reino. Por el contrario, se ven a sí mismos como accidentes cósmicos, un producto del destino y sometidos a sus caprichos.

Otro factor es que vivimos en una cultura de derechos, que nos deja sentados esperando que alguien nos dé algo, nos resuelva nuestros problemas, nos dé respuestas. Nuevamente, esto debilita nuestra firme determinación de resolver problemas y superarlos. Nos queda la sensación de que otra persona es responsable de solucionar nuestros problemas, por lo que fácilmente nos volvemos demasiado pasivos. Esto a menudo se transfiere a nuestra relación con Dios, y esperamos que Dios nos libere soberanamente de nuestras flaquezas. En lugar de asumir la responsabilidad de nuestra parte de la ecuación del cambio de vida, lo ponemos todo en Dios.

Finalmente, hay un aumento en la victimización: más personas realmente parecen ser víctimas de abuso, violencia y negligencia. Y, sin embargo, hay otros que están creciendo en entornos sobreprotectores y altamente controlados. Todo esto debilita la voluntad. Por lo tanto, la voluntad se doblega en esta postura encogida, y la gente se somete a todas las fuerzas más fuertes de su vida y se hacen a la víctima. Ciertamente puede estar, y a menudo lo está, enraizado en la vergüenza, pero en última instancia, la voluntad subyugada se trata de una determinación debilitada. Debemos abordar nuestra identidad para encontrar la libertad en Cristo.

La cuestión de tu valor se resolvió en la cruz. El amor de Dios es una base segura bajo tus pies. Pero debes permanecer sobre esa base. No estás atrapado en la pesadez de tus heridas pasadas. La oscuridad del pasado no define los límites de tu futuro, porque Jesús ha vencido.

La identidad no es algo que se logra por tu rendimiento o por tu control o por la forma en que las personas te perciben. La identidad es un regalo que se recibe de un Padre amoroso que te ha adoptado porque te quería y te elige para que estés en Su familia.

A menos que una casa tenga una base sólida, la casa está en peligro. A menos que construyamos nuestras vidas sobre la base sólida del amor de Cristo, nuestras almas serán un desastre. No es suficiente conocer la verdad; debemos sujetarnos implacablemente a la verdad para que la verdad nos libere.

Cuando mis hijos eran pequeños, noté un fenómeno extraño. Después de disciplinarlos (nada duro, estoy hablando de darles un tiempo a solas), los llamaba para abrazarlos. Quería que supieran que todavía eran amados. Pero mis hijos no querían venir para el abrazo. Me ponían mala cara y apartaban la cabeza de mí y levantaban la mano hacia mí en un gesto de «habla con la mano».

Tenía una amiga que era psicóloga infantil, así que decidí hablar de esto con ella un día y obtener su percepción. Ella dijo: «Esa es una respuesta universal de los niños. No creen que puedes amarlos cuando son malcriados». Le dije: «¿En serio? ¿Hablas en serio?». (Ella estaba hablando en serio).

Tan pronto como llegué a casa, llamé a mi hija mayor. En ese momento ella todavía ni tenía cuatro años. Se sentó en mi regazo y le dije: «¿Papi te ama incluso cuando te portas mal?». Ella negó con la cabeza y dijo: "¡NO!" Fue como si hubiera dicho algo completamente ridículo. Me quedé impactado. La miré a los ojos y le dije: «Por supuesto que sí. Siempre te amo. ¿Sabes por qué te amo, incluso cuando te portas mal?». Sus ojos se volvieron lo más grandes que pudieron, y ella negó con la cabeza y me preguntó muy sincera y dulcemente: «¿Por qué?». Le dije: «Solo porque eres mi pequeña niña. Nada puede cambiar eso. Dios te hizo solo para mí, y siempre te amaré, incluso cuando te comportas mal. Ahora, la vida se vive mejor cuando te portas bien. Pero, incluso si no te portas bien, siempre te amaré».

Eso se convirtió en una conversación regular en nuestra casa cuando nuestros hijos crecieron. «¿Papi te ama cuando te portas mal?». Y aprendieron a decir: «Sí. Solo porque somos tuyos».

Y eso es correcto. Así es como el Padre se siente acerca de ti. En esto radica tu identidad. No está enraizada en que hagas lo correcto en la vida. Está enraizada en el amor del Padre. ¡Ojalá construyas tu vida sobre esta única base verdadera!

PASOS DE ACCIÓN ESPIRITUAL

- Pasa tiempo a solas con Dios y escribe en tu diario. Pídele al Espíritu Santo que te revele las mentiras que te afectan. ¿Cuál de estas tres mentiras discutidas en el capítulo impacta tu vida más? ¿Cómo se manifiestan? ¿Qué te hace sentir más vulnerable? ¿A qué imagen de ti mismo estás más apegado? ¿De qué estás más orgulloso? ¿Qué te pone más a la defensiva? ¿Cómo usas estas cosas para defenderte de tus sentimientos de vulnerabilidad?
- Complete el espacio en blanco: El asunto de mi valor depende de ____________. ¿Hay algún recuerdo específico relacionado con esas mentiras? ¿Cómo se manifiestan esas mentiras en tu vida? ¿Qué sientes cuando te encuentras parado sobre esta base defectuosa? ¿Qué te dices a ti mismo? ¿Cuáles son las conversaciones imaginarias que tienes en tu mente? ¿Cuáles son las expresiones sintomáticas de esta mentira en tu vida? ¿Cómo se manifiesta?
- Pon las mentiras en una oración. Luego, crea una consigna verdadera o una Escritura para reemplazar cada mentira.

- ¿Luchas con una herida de identidad o una voluntad subyugada? ¿Sabes por qué? ¿Cómo se manifiesta en tu vida?
- Comparte tus descubrimientos en un grupo seguro con el que te encuentres para vivir las experiencias de este libro.

CUIDADO DEL ALMA - PRINCIPIO #2

ARREPENTIMIENTO

Pasé una hora por teléfono recientemente con una mujer angustiada cuyo marido estaba en una aventura amorosa. Ella lo sorprendió. Con los años he tenido conversaciones como estas, cientos de veces. Ella estaba desesperada por arreglar la situación, desesperada por decir algo o por hacer que alguien hiciera algo que cambiaría a su esposo y sus circunstancias. Yo también estaría desesperado si estuviera en su situación.

Mi corazón sintió dolor por ella, al igual que con cualquier persona en tal situación. Pero había un problema fundamental. Él no quería cambiar. Ella quería que él cambiara más de lo que el mismo quería cambiar. Y si quieres que alguien cambie más de lo que esa persona quiere cambiar, te sentirás frustrado y la persona se sentirá presionada, controlada y manipulada. Nadie cambia a menos que llegue a un punto en el que esté listo para arrepentirse.

Cuando Juan el Bautista anunció la venida del reino de Dios, predicó: «Arrepiéntanse, porque el reino de los Cielos se ha acercado» (Mateo 3:2). Jesús inauguró su ministerio poco después con las mismas palabras exactas: «Arrepiéntanse, porque el reino de los Cielos se ha acercado» (Mateo 4:17). No hay entrada al reino sin arrepentimiento. No hay avance en el reino sin arrepentimiento.

El arrepentimiento no es una palabra o concepto popular en la sociedad actual. Valoramos la tolerancia. El único problema es que tenemos una comprensión errónea de la tolerancia. Actuamos como si la tolerancia significa que todos tienen derecho a su opinión, y la opinión de todos es de igual valor. Pero eso no es tolerancia. Eso es una locura. Eso significa que la opinión de la Madre Teresa sería la misma que la opinión de Adolf Hitler.

La tolerancia realmente significa que todos tienen derecho a su opinión, y que todos deben ser tratados con dignidad y respeto. Pero no todos tienen opiniones correctas, y no todas las opiniones tienen igual valor. En una sociedad cuyo valor número uno es una comprensión errónea de la tolerancia, su capacidad de llamar a la gente al arrepentimiento sin crear ofensa está prácticamente perdida.

Hoy en nuestra cultura, todos deciden por sí mismos lo que está bien o lo que está mal, y hacemos lo que nuestros sentimientos nos dicen que hagamos, y nadie más tiene derecho a cuestionarlo. Este es un estado verdaderamente triste, porque nuestro bienestar, según Jesús, depende de nuestro arrepentimiento; esto es esencial para la curación del alma. Dios ha establecido los principios de un alma sana, y son inviolables. Desafortunadamente, incluso si justificas un comportamiento porque deseas hacerlo, y te parece correcto, los principios de la salud del alma permanecen intactos, y tu alma sufrirá las consecuencias.

ALINEACIÓN DEL ALMA

El arrepentimiento es más que solo un cambio de comportamiento. El arrepentimiento bíblico se trata de cambiar tu mente y propósito; se trata de cambiar tu forma de pensar. Se trata de alinearte con Dios. Cuando tu corazón, tu comportamiento, tu sistema de creencias o tu forma de pensar se desvían de los caminos y acciones de Dios, tu alma se desalinea.

Es como tener su auto fuera de alineación. Tenía un automóvil que constantemente tenía problemas de alineación. Fue un buen auto en todos los otros aspectos. Pero cuando conducía el automóvil por la carretera, si quitaba mis manos del volante, el automóvil se desviaba hacia la derecha. A veces el automóvil se desalineaba tanto que me jalaba inmediatamente hacia la derecha, hacia la zanja, y sentía que tenía que luchar constantemente para mantener el rumbo del automóvil.

Cuando llevé el automóvil al taller para alinearlo, salía del garaje, maneje por una carretera recta, quite las manos del volante y el automóvil conducía recto. Era como si pudiera escuchar ese auto dando un suspiro de alivio. Ya no estaba batallando consigo mismo; finalmente estaba de vuelta en curso. Pero dentro de unos meses, el automóvil estaría jalando hacia la derecha nuevamente, y yo estaría luchando para mantenerlo en línea.

El arrepentimiento es como una alineación del alma. Hace que tu alma exhale un suspiro de alivio. Es reconfortante estar alineado con Dios. Pero cuando no estás alineado con Dios, tu alma está sujeta a la enfermedad.

Si tu alma va a sanarse, tienes que estar en el alineamiento correcto con Dios, y cuando estás fuera de alineación, debes arrepentirte. Debes admitir cuando tus pensamientos y tus comportamientos son diferentes a los de Dios, y luego debes apartarte de tu camino caprichoso y volver a Dios. No mejorarás hasta que estés más preocupado por ser bueno que por verte bien. El orgullo es el enemigo de la verdadera confesión y la máxima libertad. Creo que fue Bradshaw quien dijo una vez: «Estás tan enfermo como los secretos que guardas». Si vas a caminar libre, no debes caminar en secreto. Es una cosa poderosa ser abierto y honesto. No hay sanidad cuando uno pretende.

El apóstol Juan entendió esto. Él escribió:

> Y este es el mensaje que hemos oído de Él y que os anunciamos: Dios es luz, y en Él no hay tiniebla alguna. Si decimos que tenemos comunión con Él, pero andamos en tinieblas, mentimos y no practicamos la verdad; más si andamos en la luz, como Él está en la luz, tenemos comunión los unos con los otros, y la sangre de Jesús su Hijo nos limpia de todo pecado. Si decimos que no tenemos pecado, nos engañamos a nosotros mismos y la verdad no está en nosotros. Si confesamos nuestros pecados, Él es fiel y justo para perdonarnos los pecados y para limpiarnos de toda maldad. Si decimos que no hemos pecado, le hacemos a El mentiroso y su palabra no está en nosotros. (1 Juan 1:5-10)

Dios hace brillar Su luz en nuestros corazones. Él revela lo que está allí. Cuando nuestras mentes, corazones y comportamientos no están alineados con Él, Él nos muestra la verdad. Tenemos, en ese momento, una oportunidad para volver a alinearnos. Simplemente necesitamos decirle sí a Dios. Necesitamos reconocer nuestro pecado y sacarlo a la luz.

Cuando comencé South Shore Community Church, reuní suficiente dinero para poder contratar a un pastor asociado, Randy. Cuando empezó a trabajar, lo puse a cargo de los líderes de grupos pequeños que yo había estado entrenando. Había pasado tiempo con estas personas, guiándolas, discipulándolas, compartiendo con ellas. Ahora yo no estaba tan envuelto con ellos, y él estaba más en sus vidas. Comenzaron a acercarse a mí y me decían lo maravilloso que era Randy.

«Randy es muy cariñoso». «Randy es muy servicial». «Randy es muy alentador».

Empecé a sentir algo oscuro. Quería que Randy lo hiciera bien, pero no tan bien como yo. Quería que quisieran a Randy, pero no que fuera tan querido como yo. Cuando comencé a sentir este sentimiento oscuro, lo traje al Señor. Él me dijo: «Eso es envidia».

Tenemos que caminar en la luz con Dios y los demás si vamos a ser libres. Entonces, solo había una cosa por hacer. Entré en la oficina de Randy y confesé. Le dije que quería que lo quisieran, pero que no fuese tan querido como yo. Quería que tuviera éxito, pero no tanto éxito como yo. Confesé mi envidia, me arrodillé ante él y le pedí que orara por mí. La envidia se rompió. La luz siempre disipa la oscuridad.

La sangre de Jesús es más grande que todos nuestros pecados. El amor de Jesús es más fuerte que todos nuestros descarríos.

La sangre de Jesús es más grande que todos nuestros pecados. El amor de Jesús es más fuerte que todos nuestros descarríos. Él es fiel y nos purifica de nuestro pecado. Él lava nuestros corazones y realinea nuestras almas con Dios para que podamos morar en el río de la presencia de Dios y caminar íntimamente con Él una vez más.

Juan da un salto de lógica en este texto que es imperativo notar. Juan dice: «Dios es luz; en él no hay oscuridad en absoluto... Si caminamos en la luz, como él está en la luz, tenemos comunión unos con otros» (1 Juan 1:5, 7).

Si sigues la lógica del texto, parece que lo que Juan está a punto de decir es: «Si caminamos en la luz, como Él está en la luz, tenemos comunión con Él». Pero eso no es lo que dice. ¿Por qué Juan hace este cambio?

Si estás realmente en la luz con Dios, serás quebrantado y

contrito, y la persona quebrantada y contrita no desea vivir escondida de los demás. Pero si te estás escondiendo de otros o, incluso, con otros, es porque no estás genuinamente quebrantado y contrito ante Dios. Solo los orgullosos buscan cubrirse y pretender ser más de lo que son.

Norman Grubb, en su libro *Continuous Revival (Avivamiento continuo),* escribió: «La apertura ante el hombre es la genuina prueba de sinceridad ante Dios, así como la justicia ante el hombre y el amor al hombre son las pruebas genuinas de justicia ante Dios y el amor a Dios. Ten en cuenta también que ocultar la verdad acerca de nosotros mismos ante los hombres, pretender ser mejor de lo que realmente somos, es el pecado supremo con el que Jesús confrontó a los fariseos».[2]

Un alma en alineación es un alma sin secretos. No podemos caminar libremente si no nos arrepentimos del pecado y lo sacamos a la luz con Dios y los demás.

Un alma en alineación es un alma sin secretos. No podemos caminar libremente si no nos arrepentimos del pecado y lo sacamos a la luz con Dios y los demás.

Para aquellos de ustedes que están tratando de ayudar a otros en el viaje espiritual, hay otro corolario importante aquí. Solo tienes autoridad sobre aquello en lo que andas en victoria. Enseñas lo que sabes, pero reproduces quién eres. Pedro habla acerca de algunos falsos maestros en 2 Pedro 2:19. Él escribe: «Ellos les prometen libertad, mientras que ellos mismos

2. Norman Grubb, *Continuous Revival* (Fort Washington: Christian Literature Crusade, 1997), p. 20.

son esclavos de la depravación, porque "la gente es esclava de lo que sea que los haya dominado"».

Solo puedo ayudarte a liberarte de algún área de tu vida si yo estoy caminando libre en esa área de mi vida. Solo tenemos autoridad sobre aquello en lo que caminamos en victoria. Estos falsos maestros no podían ofrecer la libertad que no tenían. La libertad comienza con el arrepentimiento.

CULTIVANDO LA CONTRICIÓN

Proverbios 4:23 dice: «Por sobre todas las cosas cuida tu corazón, porque de él mana la vida». La primera orden del día para mantener tu alma correctamente alineada con Dios es proteger la condición de tu corazón. Un alma sana tiene un corazón contrito; un alma que está conectada correctamente con Dios está en un estado de quebrantamiento o humildad. Cuando nuestro comportamiento o pensamiento se desalinea de Dios, el Espíritu Santo nos trae convicción.

Convicción

El pecado amenaza con endurecer nuestros corazones y sacarnos del río de la presencia de Dios. La convicción está diseñada para ablandar nuestros corazones y traernos de vuelta al río, por lo que El remuerde nuestra conciencia. Usualmente hay algún desequilibrio interno asociado con esta convicción. Se siente incómodo; su paz interior está perturbada; tiene la sensación de que algo anda mal y ya no descansa.

Aprendí desde el principio en mi caminar espiritual con Jesús que cuando mi paz interior era perturbada, tenía que estar a solas con Él y preguntarle qué había en la raíz de la perturbación. Muy a menudo Él me volvía a una palabra descuidada que yo había hablado y lo había ofendido y potencialmente herido a alguien más. Si luego recibiera la luz que Dios estaba ofreciendo, y confesaba esa palabra descuidada como pecado y llamaba a la persona y me arrepentía y pedía su perdón, sentía inmediatamente un retorno de la paz interior. Estaba caminando en la luz con Dios y otros. Si tu alma va a estar correctamente alineada con Dios, debes estar atento para proteger la condición de tu corazón.

Si el Espíritu te convence de pecado, responde. Pero no permitas que el enemigo te entierre en una tumba de condenación.

Cuando el Espíritu Santo te está trayendo convicción de pecado, Él es muy específico. Te recordará una ofensa específica, por ejemplo, una palabra que dijiste que lastimó a alguien. Entonces, cuando confieses ese pecado y le pidas disculpas a la persona que has lastimado, el Espíritu traerá la liberación; la paz de Cristo regresará. Pero cuando el enemigo de tu alma te está condenando, a menudo usas generalidades que no puedes confesar. Puedes sentir que eres una desilusión para Dios, o que no eres lo suficientemente cariñoso. Sin embargo, no hay pecados específicos para confesar, y no hay liberación de la culpa. Si el Espíritu te convence de pecado, responde. Pero no permitas que el enemigo te entierre en una tumba de condenación.

Si no obedeces la inspiración de la convicción del Espíritu, Dios tomará otras medidas para que regreses a la luz, para que tu corazón se vuelva más suave y contrito.

La ley de la cosecha

Por ejemplo, Gálatas 6 habla de la ley de la cosecha: «No te dejes engañar: Dios no puede ser burlado. La gente cosecha lo que siembran. Aquellos que siembran para agradar su naturaleza pecaminosa, de esa naturaleza cosecharán destrucción» (vv. 7, 8).

La ley de la cosecha establece que una persona cosecha lo que siembra, y Dios usa las consecuencias de nuestras malas decisiones para llevarnos al arrepentimiento. Tristemente, a veces nos negamos a escuchar incluso esta advertencia. Proverbios 26:11 dice: «Como un perro vuelve a su vómito, los necios repiten su locura». Es una imagen burda, pero piénsalo. ¿Por qué el perro vomitó en primer lugar? A veces el perro vomita porque se comió algo que era como veneno para su sistema. En lugar de aprender de su error, el perro tonto vuelve y come la comida venenosa regurgitada. Lo mismo ocurre con un tonto: no aprenden de sus errores, y siguen repitiéndolos. Su corazón es duro hacia Dios, y se niegan a reflexionar sobre la ley de la cosecha y ver que sus consecuencias han tenido lugar para llevarlos al arrepentimiento. Este es un regalo de Dios, pero solo para el sabio de corazón que reflexionará sobre las consecuencias de sus elecciones y cambiará sus rumbos.

Disciplina

Si la convicción y las consecuencias no te llevan a la contrición, el Señor usará la disciplina. Hebreos 12:7–11 dice:

> Lo que soportan es para su disciplina, pues Dios los está tratando como a hijos. ¿Qué hijo hay a quien el padre no disciplina? Si a ustedes se les deja sin la disciplina que todos reciben, entonces son bastardos y no hijos legítimos. Después de todo, aunque nuestros padres humanos nos disciplinaban, los respetábamos. ¿No hemos de someternos, con mayor razón, al Padre de los espíritus, para que vivamos? En efecto, nuestros padres nos disciplinaban por un breve tiempo, como mejor les parecía; pero Dios lo hace para nuestro bien, a fin de que participemos de su santidad. Ciertamente, ninguna disciplina, en el momento de recibirla, parece agradable, sino más bien penosa; sin embargo, después produce una cosecha de justicia y paz para quienes han sido entrenados por ella.

La disciplina del Señor no es punitiva; es reparadora. Él es un buen Padre. Él no nos disciplina con ira, no de manera caprichosa, sino amorosamente por nuestro bien, para hacernos como Jesús. Es, por supuesto, desagradable, incluso doloroso. Pero produce el fruto de la justicia y la paz si soportamos la disciplina.

Dios está tratando de suavizar tu corazón. Cuando mi corazón se quebranta ante Dios, es como si la tierra de mi alma fuera traspasada. El corazón traspasado es el corazón quebrantado y contrito. El corazón traspasado es el corazón receptivo a Dios, accesible a Dios. El corazón perforado es suave, no duro, receptivo no resistente, contrito no rebelde, abierto no cerrado, accesible no inaccesible. El corazón perforado es como el suelo que ha sido arado y preparado para recibir la semilla. Si la semilla se planta en suelo endurecido, no será tan probable que madure y produzca una cosecha. Solo cuando se traspasa el corazón, el alma puede estar sana. Cuando el corazón se endurece, Dios usa la convicción, las consecuencias y la disciplina para traspasar el corazón y devolvernos a la luz con Él y con los demás. Estas herramientas son para nuestro desarrollo; no están diseñadas para avergonzarnos ni condenarnos, más bien para restaurarnos a una relación correcta con Dios y desarrollarnos hacia la madurez. Debes elegir cooperar con el trabajo de Dios para atravesar el corazón. No hay libertad sin honestidad; no hay avance sin quebrantamiento.

RECONOCIENDO

Cuando reflexiono sobre mi historia con Jen, ahora puedo ver que el Señor me ha estado dando convicción sobre algunas de las cosas que provocaron problemas en mi matrimonio. Él me había estado dando convicción sobre mi egoísmo y mis opiniones orgullosas y apasionadas que dejaron a Jen sintiéndose pisoteada. Pero había pasado por alto esas señales. Ahora puedo mirar hacia el pasado y ver cómo el Señor estaba tratando de llamar mi atención con la ley de la cosecha. Puedo ver cómo mis acciones fueron cosechando consecuencias que no deseaba, pero estaba demasiado ocupado defendiéndome y culpando a Jen. Yo no estaba escuchando; no estaba parado en la luz.

Pero, finalmente, la combinación de convicción, la ley de la cosecha y la disciplina de un Padre bueno y amoroso me llevaron a la contrición. Finalmente llegué al lugar donde estaba quebrantado ante Dios y listo para escuchar, listo para recibir, listo para cambiar. Sobre todo, Dios anhela que cultivemos un corazón contrito. Necesitamos responder al trabajo del Espíritu.

Es difícil mantenerse en la luz. Es como despertarse en el medio de la noche y alguien enciende la luz. Entrecierras los ojos, volteas la cabeza y haces todo lo que puedes para evitar la naturaleza penetrante y ofensiva de la luz. Pero es solo en la luz que puedes encontrar curación y libertad; solo en la luz está tu alma alineada apropiadamente con Dios.

David Benner dijo: «El yo que Dios ama de manera persistente no es mi yo pretencioso, sino mi ser real, el yo real. Pero, maestro del engaño que soy, tengo problemas para penetrar en mi red de autoengaños y conocer a este yo real. Continuamente lo confundo con un yo ideal que desearía ser».[3]

Imagínate que: Dios no me amó más cuando me arrepentí y me alineé correctamente con Él y Jen. Dios me amó tanto en mi pecado como lo hizo en mi obediencia. Nos cuesta bastante creer esto. Pero es bíblico. Pablo escribió: «Cristo murió por

---

3. David G. Benner, *The Gift of Being Yourself* (Downers Grove: InterVarsity Press, 2015), p. 60.

los impíos. Muy raramente alguien morirá por una persona justa, aunque por una buena persona alguien posiblemente se atreva a morir. Pero Dios demuestra su propio amor para con nosotros en esto: mientras todavía éramos pecadores, Cristo murió por nosotros» (Romanos 5:6–8). El bello mensaje del Evangelio es que, aunque eres profundamente imperfecto, eres aún más profundamente amado. Dios te invita a venir a la luz.

Dios no puede limpiar nuestras excusas. Dios no puede perdonar nuestras negaciones. Dios no puede limpiar aquello que no confesemos. Dios no puede sanar lo que no admitamos. No hay libertad sin perdón, y no hay perdón sin arrepentimiento. El esconderte crea oscuridad y la oscuridad destruye el alma. Debemos decidir caminar en la luz con Dios y los demás.

Ningún secreto

He hecho una serie de resoluciones que me han guiado y han ayudado enormemente a mi caminar con Dios. Una de las resoluciones que hice al comienzo de mi viaje espiritual fue que moriría sin secretos. Mantendría mis confesiones al día con Dios y otros amigos queridos.

> Solo la luz de Dios puede purgar, limpiar, sanar, restaurar y liberarte. Si quieres transformación, debes abrazar la luz de Dios.

Cuando estaba caminando por la senda de la sanación interna en medio de la crisis de mi matrimonio, me senté con mi amigo Rich Schmidt e hice una confesión de vida total. Fuimos juntos a un retiro, y contamos toda la historia de nuestras vidas; estábamos decididos a no tener secretos. Desde entonces he hecho una confesión de vida total con varias personas. Es una sensación liberadora levantarte por la mañana, mirarte en el espejo y saber que no tienes secretos. No hay esqueletos en el armario; nadie te va a acusar de algo que no le has contado a otro. Es poderoso.

Elegí compartir con personas que están llenas de verdad y gracia, que ya habían demostrado que me amaban, que nunca usarían esta información en mi contra y que siempre me apoyaban. No todos son dignos de esta confianza sagrada, pero todos necesitan a alguien con quien compartir sus secretos por el bien de la salud de su alma. El vínculo que compartíamos solo se hizo más profundo en las confesiones que hicimos. Incluso ahora, no es raro que nos reunamos y que alguien actualice sus confesiones. Continuamos caminando en la luz con Dios y entre nosotros. Es la única forma de vivir.

Quiero alentarte a que encuentres una persona con la que puedas hacer una confesión de vida total. Saca todo a la luz. Elije a alguien que sea amoroso y sincero. Elije a alguien que pueda manejarlo, que no le hagas tropezar, que no dañes su fe y que tus confesiones no le hagan daño personal.

El secreto y la oscuridad producen una falsa sensación de seguridad en medio de un corazón lleno de miedo, pero nunca pueden dar lugar a la libertad. Solo la luz de Dios puede purgar, limpiar, sanar, restaurar y liberarte. Si quieres transformación, debes abrazar la luz de Dios.

A veces la gente me dice: «No puedo hacer eso. Tengo miedo». El enemigo de nuestras almas hace que la honestidad sea aterradora y los secretos atractivos, pero solo cuando caminamos en la luz con Dios y otros, podemos verdaderamente liberarnos. Siempre siento empatía por ellos, pero simplemente les pregunto «¿Quieres liberarte?». Yo decidí vivir en la luz con Dios y los demás porque estaba desesperado por vivir libre.

CULTIVANDO TRISTEZA SANTA

A veces, aunque confesamos nuestros pecados, no podemos liberarnos. Muchas veces es porque confesamos nuestros pecados a Dios con tristeza mundana, no tristeza de Dios. Existe una gran diferencia. Pablo escribe en 2 Corintios 7:10: «La tristeza que proviene de Dios produce el arrepentimiento que lleva a la salvación, de la cual no hay que arrepentirse, mientras que la tristeza del mundo produce la muerte».

La tristeza mundana dice: «Lamento que me sorprendieran. Lo siento por las consecuencias. Lamento que pienses mal de mí». Pero la tristeza de Dios dice: «Perdóname por mi pecado. Perdón por la forma en que te hice daño y ofendí a Dios». La tristeza de Dios fluye de un corazón traspasado.

Tienes que cultivar la tristeza de Dios por el verdadero arrepentimiento. A continuación, se encuentran tres pasos que puedes seguir para ayudarte a cultivar un corazón contrito que fluya con la tristeza de Dios.

Pide a Dios un corazón contrito

Primero, pide a Dios un corazón quebrantado y contrito. Él ha prometido que hará el trabajo del corazón. Ezequiel 36:26 dice: «Les daré un nuevo corazón, y les infundiré un espíritu nuevo; les quitaré ese corazón de piedra que ahora tienen, y les pondré un corazón de carne».

Cada vez que siento que mi corazón se está endureciendo, reclamo esta promesa y le pido a Dios que me dé un corazón blando, contrito, quebrantado y traspasado una vez más. A menudo acompaño esa oración con ayuno. El Señor nos prometió que nos daría un corazón de carne, y nos reveló que cuidar el corazón es de primordial importancia para nuestro bienestar espiritual, así que cuando oro y ayuno por un nuevo trabajo del Espíritu en mi corazón, vengo con total confianza de que Él tiene la voluntad de responder esa oración.

Debes prestar atención de cuando tu corazón se está poniendo duro. Tienes que saber cómo se siente. Por ejemplo, cuando Jen se acerca a mí y me dice: «Cuando dijiste eso, hirió mis sentimientos», y mi reacción inmediata es defenderme, sé que mi corazón no está en un buen lugar. Pero si Jen viene a mí y dice: «Eso hirió mis sentimientos», y mi reacción inmediata es llorar y decir: «Lo siento mucho, cariño. Por favor, perdóname», entonces sé que mi corazón está contrito, suave y quebrantado ante Dios. Un corazón blando produce una respuesta suave. Cuando mi corazón comienza a ponerse duro y costroso en algunos lugares, me pongo a la defensiva. Cuando veo que las expresiones sintomáticas de mi corazón se endurecen, es cuando acudo a Dios y le pido que suavice mi corazón.

Párate en la luz

En segundo lugar, para cultivar la tristeza de Dios, elije permanecer en la luz con Dios y los demás. Con demasiada frecuencia, cuando Dios ilumina nuestra alma, nuestra reacción es culpar, excusar, justificar, racionalizar o negar nuestro pecado. Esto solo contribuye al endurecimiento de nuestros corazones. Solo cuando aceptamos por completo nuestra responsabilidad, el endurecido corazón puede volver a ablandarse.

Vivimos en una cultura de derecho. El derecho genera irresponsabilidad. La irresponsabilidad resulta en victimización. Hasta el día en que tomemos plena posesión de nuestra vida, nuestros corazones no se pueden quebrantar, y nuestras vidas no pueden ser libres. Dios nos llama a la luz para nuestro beneficio, no para avergonzarnos o condenarnos, sino para liberarnos.

Sé que puedes ser reacio a confesar tus pecados y tus secretos. Pero no puedo decirte cuántas veces he enseñado este principio acerca de caminar en la luz con Dios y otros, y alguien viene y me confiesa su pecado, y luego me dicen que sintieron que se había levantado un bloque de cemento de sus almas. Sé que da miedo, pero aquí hay más libertad de la que puedes imaginar. Se valiente.

Los pastores, maestros, líderes de iglesias y facilitadores de grupos pequeños deben crear comunidades de gracia donde se espera y se acepta la confesión. Debemos liderar el camino con vidas abiertas, honestas y confesionales. Si los líderes son pretenciosos o críticos, los seguidores se esconderán en secreto. Y donde el secreto es alentado por nuestras acciones, el pecado florecerá.

Pero si aún no hablara sobre esa lucha desde el púlpito, la compartiré con personas que están en mi círculo interno; no dejaré que se escape al oscuro inframundo del secreto.

No estoy abogando por que los líderes utilicen el púlpito para confesar sus pecados como una forma de terapia pública. Mi regla de oro para la vulnerabilidad es si esta va a ayudar a las personas con las que estoy hablando, la compartiré. Si no ayuda a la audiencia, si puede hacer tropezar a alguien, si puede debilitar la fe de alguien, no hablaré de ello públicamente. Pero si aún no hablara sobre esa lucha desde el púlpito, la compartiré con personas que están en mi círculo interno; no dejaré que se escape al oscuro inframundo del secreto.

Por ejemplo, hace algunos años estaba luchando con la pregunta: «¿Dios miente?». Hablo de esto en mi libro *River Dwellers.* Estaba luchando con la pregunta en un nivel emocional, no teológico. Sabía que Dios no mentía, pero me sentí engañado, como Jeremías (ver Jeremías 20). Pero no podía compartir esta lucha desde el púlpito mientras estaba en medio de la agitación. Eso habría causado que la gente tropezara.

Asaf estaba luchando con su fe en el Salmo 73 porque los malvados estaban prosperando, y él no entendía, pero no hablaría públicamente de eso mientras estaba en medio de su lucha de fe. En el Salmo 73:15 escribe: «Si hubiera hablado así, habría traicionado a tus hijos». Así que, como Asaf, no articulé públicamente mi lucha en ese momento. Sin embargo, lo hablé con algunos buenos amigos, con Jen, y con Ron Walborn, el decano del seminario donde enseño. No dejé que la lucha fuera clandestina; eso es algo peligroso de hacer.

Cuando salí ya en el otro lado de la lucha, compartí abiertamente al respecto. Hice una charla sobre cómo lidiar con la pregunta: «¿Dios miente?». Y compartí mi experiencia en ese entorno abierta y vulnerablemente desde una posición de victoria. Ayudó inmensamente a las personas, y eso es exactamente lo que Asaf hace en el Salmo 73. Cuando está en la lucha, no habla públicamente para que no haga tropezar a la gente, pero cuando llega al lugar de la victoria, escribe un Salmo al respecto para ayudar al resto de nosotros a través de tales luchas de fe.

Ya sea que seas pastor o feligrés, líder de la iglesia o miembro de la iglesia, debes caminar con honestidad si vas a experimentar la libertad. Si tienes secretos, estás cargando equipaje en la maleta de tu alma, y ya es hora de descargar la maleta.

Admite tu parte

En tercer lugar, para cultivar un corazón contrito que fluya con la tristeza de Dios, asume plena responsabilidad de tu parte. Tu eres el único responsable de tu persona. A veces somos reacios a confesar y admitir plenamente nuestro pecado porque hemos caído víctimas de una relación. Por ejemplo, digamos que un hombre engaña a su esposa, y los dos vienen a buscar consejería matrimonial. Ella puede ver la parte de la disfunción relacional del esposo sin ningún problema. Pero puede ser difícil para ella admitir su responsabilidad, porque tiene miedo de que, de alguna manera, si ella lo hace, lo liberará de su aventura adúltera. Nada de lo que ella ha hecho justifica su aventura, pero hubo una clara disfunción en la relación antes de que ocurriera la aventura. Ella debe admitir su responsabilidad, y también él debe reconocer su culpa.

Admitir tu parte no valida el pecado que alguien más ha cometido en contra tuya. Si estás en una relación y el 10% del problema relacional es tu culpa, ¡entonces necesitas asumir el 100% de tu 10% sin ninguna excusa! (¡Y es probable que seas responsable de más del 10%!) Nunca podrás cambiar una relación al enfocarte en las fallas de la otra persona. Cuanto más trates de lograr que la otra persona admita su responsabilidad, en lugar de tu admitir la tuya, es más probable que tu corazón se endurezca en la victimización y la culpa. Admite el 100% de *tu responsabilidad.* Tu eres el único responsable de tu pecado. Tu eres el único responsable de ti mismo.

Nunca podrás cambiar una relación al enfocarte en las fallas de la otra persona.

Si asumes la plena responsabilidad de tu pecado, entonces no puedes poner ninguna excusa. A veces nos excusamos diciendo cosas como: «Bueno, solo dije eso porque dijiste esto». A veces nos excusamos porque ha pasado mucho tiempo. Pensamos: «Bueno, eso fue hace mucho tiempo. No necesito lidiar con eso ahora». El tiempo no limpia nuestro pecado. Solo la sangre de Jesús limpia nuestros pecados, así es que tenemos que llevar nuestros pecados a Jesús. A veces el Señor me ha traído a la memoria los pecados que cometí en la escuela secundaria: más de una década había pasado, pero no lo había confesado. Cuando me trajo convicción, lo confesé y sentí su purificación.

Cuando sea necesario, debemos hacer una restitución por nuestro pecado. Si robaste algo, devuélvelo. Si pronunciaste palabras contra alguien que lo lastimó, llámalo y discúlpate y pide perdón. Admitir plena responsabilidad de nuestro pecado nos ayuda a mantener nuestros corazones blandos y nos permite andar en libertad.

ATASCADO EN LA VERGÜENZA

Incluso mientras cultivas la tristeza de Dios y trabajas hacia el arrepentimiento, puedes encontrarte atascado y confesando un pecado más de una vez. Es posible que lo hayas cometido hace mucho tiempo, pero sigues confesándolo.

Hablé con un hombre cuya novia tuvo un aborto. Más de una década había pasado, pero me dijo que había confesado ese pecado todos los días de su vida. Solo había sucedido una vez, pero él todavía vivía bajo el peso de ese aborto todos los días.

Jesús no solo quiere que sepas, cognitivamente, que estás perdonado, sino que quiere que experimentes la verdadera liberación. Estoy convencido de que Jesús no solo quiere ayudarte a que te perdonen para que puedas estar en lo correcto con Dios, sino que también quiere que experimentes la liberación de su perdón. Tu espíritu es libre, perdonado, purgado. Pero a menudo tu alma todavía está nublada por la culpa, la vergüenza y la condena.

Jesús quiere que la obra de la cruz impregne tu alma para que puedas experimentar la verdadera libertad. Él no quiere que tengas que esperar hasta llegar al Cielo para experimentar los beneficios de la cruz. Necesitas experimentar el perdón de Jesús, y luego podrás dar la vuelta y ayudar a otros a experimentar el perdón de Jesús.

En Juan 20:21–23, Jesús se apareció a sus discípulos en el aposento alto y les dijo: «"¡La paz sea con ustedes!... Como el Padre me envió a mí, así yo los envío a ustedes". Acto seguido, sopló sobre ellos y les dijo: "'Reciban el Espíritu Santo. A quienes les perdonen sus pecados, les serán perdonados"».

Los católicos no han tenido problemas con este pasaje a lo

largo de los años. El sacerdote recibe una confesión y absuelve a alguien de su pecado en el nombre de Padre y del Hijo y del Espíritu Santo. Pero los protestantes no sabían muy bien qué hacer con lo que Jesús dijo aquí.

Creo que el contexto es crítico. Jesús sopló sobre ellos y recibieron el Espíritu Santo. Luego dijo: «Si perdonan los pecados de alguien, sus pecados se les perdonarán». Creo que la clave para experimentar el perdón que Jesús ha comprado para ustedes con el precio de Su sangre es la presencia reveladora del Espíritu. El Espíritu debe revelarte el perdón de Jesús. El Espíritu se apropia del perdón, lo ministra en tu ser interior y eres liberado de tu pecado. Hay un claro levantamiento de la carga, la ruptura de las cadenas, la liberación de la deuda y la liberación del alma cuando el Espíritu de Dios ministra el perdón de Jesús a través de la revelación. El Espíritu Santo toma lo que se ha logrado a través de Cristo en nuestro espíritu, y Él lo revela y se lo entrega a nuestra alma.

Esta presencia reveladora del Espíritu es la clave para recibir el perdón que experimentamos en nuestras propias almas y la clave para tener la autoridad de ministrar el perdón de Jesús a otra persona.

Imagínate que alguien viene a mí y confiesa algún secreto profundo y oscuro de su pasado: «He confesado este pecado todos los días de mi vida durante veinte años, y todavía no me siento perdonado». Podría citar las Escrituras, como 1 Juan 1:9: «Si confesamos nuestros pecados, Dios, que es fiel y justo, nos los perdonará y nos limpiará de toda maldad». Pero esta persona ha leído la Biblia; ¡tiene ese versículo memorizado! Lo ha citado y lo ha orado una y otra vez. El problema es que todavía no hay liberación. Esa persona necesita una revelación del Espíritu acerca de esta verdad. Mis palabras no tendrán poder para ayudarla; ella necesita la verdad de Dios iluminada a su alma por la presencia del Espíritu Santo. La vergüenza le impide recibir la liberación del perdón que es su herencia.

REVELACIÓN DEL ESPÍRITU

¿Cómo accedemos a la revelación del Espíritu, la que nos brindará una liberación? No hay ninguna fórmula. Sin embargo, hay principios útiles. Llevar nuestro pecado a la luz con Dios y los demás es un principio vital que nos ayuda a experimentar la liberación. Sé que la confesión de mi vida total me ayudó a vencer la vergüenza que sentía en mi alma.

Otro principio clave es seguir el liderazgo del Espíritu. Un fundamento esencial de la teología es que Dios es inteligente, Él sabe cosas que yo no sé, y le gusta decirme lo que Él sabe. No sé qué será lo que funcionará y llevará a la liberación de la vergüenza. No sé cómo fabricar una revelación. La revelación es el trabajo del Espíritu, así que necesito confiar en Él.

> Telología 101: que Dios es inteligente, Él sabe cosas que yo no sé, y le gusta decirme lo que Él sabe.

Si alguien confiesa un pecado pasado y dice: «Nunca le he contado esto a nadie antes», inmediatamente sé que estoy lidiando con la vergüenza. O si me dicen: «Lo he confesado a Dios cientos de veces», sé que no se trata de un pecado no confeso, sino de vergüenza. La vergüenza les impide experimentar la liberación del perdón que Jesús ofrece. Así que espero que el Espíritu de Dios me otorgue sabiduría. Sé que mis palabras no van a liberarlos. Mis palabras no tienen poder. Ellos necesitan revelación. Si han sido cristianos durante mucho tiempo, es probable que tampoco necesiten que les recite la Biblia. Ellos ya la conocen. Esto no es un problema de conocimiento. Pablo dijo: «Toda la Escritura es inspirada por Dios»; las personas necesitan el aliento del Espíritu para soplar a través de estas verdades eternas, de modo que lo que se conoce se convierta en revelación, permitiendo que se alcance su liberación.

Hubo momentos en que el Espíritu me llevó a que alguien escribiera el pecado que acababa de confesar y literalmente lo clavara en una cruz. He visto personas arrodilladas frente a una tosca cruz de madera con lágrimas corriendo por sus mejillas mientras dejaban su pecado al pie de la cruz, y la revelación de Dios finalmente llegó y rompió sus cadenas de vergüenza.

Ha habido otras veces en que he estado orando por alguien que ha confesado un secreto que los ha atado durante años, y el Señor simplemente me mostró una imagen de su rostro. Pude ver su mirada compasiva, y vi que no había absolutamente ningún juicio allí. Simplemente le dije a la persona: «Veo el rostro de Jesús. Voy a orar para que veas Su rostro, para que el Espíritu de Dios te muestre la imagen de Jesús. Dime lo que ves». Y con un escalofrío y una revelación del Espíritu, las lágrimas se derramaron por la emoción de un alma liberada una vez más de la vergüenza.

Una persona vino a mí que había cometido adulterio varias veces. Fue condenado profundamente por su pecado y hacía tiempo que se había apartado de este pecado, pero todavía estaba atascado en la vergüenza. Me llamó y me dijo con qué estaba luchando, y me preguntó si me reuniría con él más tarde esa semana. Le dije que lo haría y le pedí que meditara en Juan 8, el relato de la mujer que fue sorprendida en adulterio. Le dije que simplemente leyera el pasaje una y otra vez, que se imaginara a sí mismo como la persona que fue sorprendida, y que pidiera al Espíritu Santo que le revelara la verdad de Jesús en su corazón.

El día antes de que se suponía que debía reunirme con él, me llamó y me dijo: «No necesito reunirme con usted». Le pregunté: «¿Por qué?». Él dijo: «Jesús se reunió conmigo y la vergüenza se ha roto. He sido liberado». Dije: «¡Jesús es mejor que yo de todos modos!». No tengo ninguna magia. No puedo ayudar a nadie a experimentar la liberación o la revelación;

ese es el trabajo del Espíritu. Pero puedo escuchar al Espíritu con ellos y ayudarles a conectarlos con el Espíritu para que la liberación llegue.

Si te encuentras atascado en la vergüenza, puedes escuchar la revelación del Espíritu en tu propia vida. Si todavía no puedes superar la vergüenza, puedes reunirte con otro creyente que tenga discernimiento y que sea amable y afectuoso para escuchar la revelación liberadora del Espíritu para ti. Dios no quiere que lleves la vergüenza en tu alma; esto no es necesario, pues Jesús ya pagó en la cruz.

Hace años yo estaba predicando sobre 1 Juan 1. Llamé a la gente a caminar en la luz con Dios y otros, para vivir una vida sin secretos. Una mujer vino al frente y me pidió que me reuniera con ella esa semana. Me di cuenta de que llevaba una pesada carga. Cuando nos juntamos, ella desvió la mirada, tartamudeó, y dijo: «Nunca le había contado esto a nadie antes». Estaba llena de vergüenza. Me dijo que veinte años antes había tenido un aborto, y desde ese día lo había confesado todos los días de su vida. Y aun así, todavía vivía bajo el peso de la condena y la vergüenza.

Sentí que el Espíritu de Dios me guiaba a llevarla de vuelta a la escena. Le dije: «¿Te acuerdas de la clínica de aborto?». Ella dijo: «Oh, sí. He vivido allí todos los días de mi vida en mi mente». Dije: «Cierra los ojos. Imagina la escena. Descríbemelo». Ella continuó y describió la escena con detalles: las vistas, los sonidos, los olores, la decoración, hasta el color de la alfombra. Le dije: «Jesús siempre está con nosotros. Él estuvo contigo ese día. Voy a pedirle al Espíritu de Dios que te revele la presencia de Jesús en esa escena. Quiero que mires y escuches; dime lo que hace y lo que dice».

Entonces simplemente oré: «Ven, Espíritu Santo. Revela a Jesús. Él estuvo allí ese día. Muéstrale a Jesús». Ella comenzó a sollozar; continuó durante probablemente cuarenta y cinco minutos. No la consolaba; no le dije: «Está bien». Simplemente le dejé llorar. Tenía veinte años de dolor, culpa y vergüenza encerrados en su alma, y todo tenía que salir. El Espíritu estaba haciendo un trabajo, y yo necesitaba dejarlo obrar. Él es el Confortador, no yo. Muy a menudo cuando estamos orando con alguien o ministrando a alguien, clausuramos el trabajo del Espíritu al dándole una palmada en la espalda y diciéndoles: "Está bien" porque nosotros nos sentimos incomodos con la demostración emocional. Dejemos que el Espíritu tenga acceso al corazón y lo libere.

Después de que dejó de llorar, le pedí que me dijera qué había pasado. Esto es lo que ella describió. Jesús entró a la habitación y estaba sosteniendo a su bebé. Él dijo: «Es un niño. Lo conocerás cuando llegues al Cielo. Él no está enojado contigo, y yo tampoco. Te he perdonado, y él también. Ahora, ve libre de este pecado. Eres libre». Fue una experiencia poderosa. Años después, tuve una conversación de seguimiento con esta mujer, y ella me dijo que no había vuelto a confesar ese pecado desde ese encuentro con Jesús. Ese es el poder de la revelación y ese es el trabajo del Consolador. Jesús les dijo a sus discípulos que recibieran el Espíritu, y luego que fueran y perdonaran como habían sido perdonados. El Espíritu tiene las llaves; Él puede revelar el perdón de Jesús. Él puede liberarnos de nuestra vergüenza. Necesitamos la presencia, el poder y la revelación del Espíritu. Si sigues a Jesús, el Espíritu de Dios está en ti y puedes liberar tu alma. Y el Espíritu de Dios puede trabajar a través de ti para liberar a los demás.

LIBERÁNDOSE

Incluso ahora, si estás leyendo estas palabras y tienes pecados de tu pasado que has confesado a Dios, e incluso a otros, pero aún no has sentido la liberación, tómate un momento para dejar de leer y simplemente estar a solas con Dios. Deja que el Espíritu Santo te dirija. Tal vez Él te guiará al lugar del

> Tal vez Él te guiará al lugar del pecado; tal vez Él te guiará a imaginar a Jesús en la cruz. *Deja que te guíe.*

pecado; tal vez Él te guiará a imaginar a Jesús en la cruz. Deja que te guíe. Pídele al Espíritu que revele a Jesús, y pídele, a través de Su revelación, que te libere de la vergüenza. Observa a Jesús en cualquier imagen que se te ocurra, y escucha sus susurros.

Puede que ayude imaginar a Jesús en la cruz. Él murió para tomar tu pecado. Imagínate ante Él en la cruz, y toma este pecado, como una mancha negra de tu alma, y dáselo a Jesús. Mira y escucha. Mira lo que hace Jesús, y escucha lo que dice. Deja que la revelación del Espíritu Santo venga a ti. Que Dios te libere de tu vergüenza.

A veces las personas luchan por ver a Jesús. A través de los años, muchas personas me han dicho: «Veo sus pies». Eso se debe a que están mirando avergonzados, y simplemente les pido que levanten la cabeza, y he visto cómo la vergüenza se rompe y la revelación viene. Si no puedes abrirte camino por tu cuenta, comunícalo abiertamente a otros y pídeles que oren contigo. Además, si estás en un pequeño grupo en el que practicas la confesión, asegúrate de confesar todo. Las confesiones parciales conducen a la libertad parcial. Y si tú eres alguien que estás escuchando una confesión, pregunta con compasión: «¿Hay algo más?». La gente suele ser reacia a mostrarse sincera, pero si hay una persona afectuosa y amable que recibe la confesión, traerán todo a la luz.

El pecado no confesado puede causar estragos en nuestras vidas. David dice en Salmos 32: «Mientras guardé silencio, mis huesos se fueron consumiendo por mi gemir de todo el día. Mi fuerza se fue debilitando como al calor del verano, porque día y noche tu mano pesaba sobre mí» (vv. 3, 4). Estaba experimentando efectos físicos, emocionales y espirituales por su pecado no confeso.

No es raro que alguien venga a mí y pida una oración de sanidad por un problema físico. Como siempre, cuando voy a orar por alguien, lo primero que hago es detenerme y escuchar cualquier susurro del Espíritu. Y a veces, cuando hago una pausa, escucho al Espíritu decir «Pregúntales si tienen algún pecado no confesado». Pregunto, la persona confiesa algo y el problema físico desaparece. El dolor físico era un síntoma de una raíz espiritual: un pecado no confeso. He visto lo mismo con el dolor emocional, como la ansiedad o la depresión. Por supuesto, no todos los problemas físicos o emocionales tienen su raíz en el pecado. Pero algunos sí, y Dios siempre conoce las raíces y la cura.

No leas este capítulo y continúes viviendo con secretos. Por favor, por el bien de tu alma y tu libertad, saca todo tu pecado a la luz. Determina vivir tu vida en la luz con Dios y los demás. Haz una determinación firme de vivir sin secretos. Ten al menos otra persona que lo sepa todo sobre ti.

Determina vivir tu vida en la luz con Dios y los demás. Haz una determinación firme de vivir sin secretos.

Una última palabra de advertencia: cuando alguien está atrapado en un pecado, rara vez está listo para cambiar. En el fondo, está consciente de que salir a la luz puede romper la confianza en las relaciones y crear todo tipo de problemas adicionales. Pero si estás atrapado en un pecado secreto, no esperes hasta que te sorprendan. Responde a la convicción del Espíritu y ven a la luz con Dios y los demás. Si te sorprendieron, entonces comprométete a decir toda la verdad. No sombrees nada. La oscuridad siempre produce esclavitud.

Es hora de volver a casa. Arrepiéntete. El Padre espera tu regreso.

PASOS DE ACCIÓN ESPIRITUAL

- Dedica algo de tiempo a escribir en su diario. ¿Hay algún pecado no confesado en su vida? Pregúntele al Señor: «Examíname, oh Dios, y escudriña mi corazón; ponme a prueba y escudriña mis pensamientos. Fíjate si voy por mal camino, y guíame por el camino eterno» (Salmos 139:23, 24).
- ¿Hay alguna área en tu vida donde confesaste tu pecado, pero no sientes la liberación del perdón? ¿Has confesado esos pecados a otros también?
- ¿Dónde ves la tristeza mundana en tu vida en lugar de la tristeza de Dios?
- ¿Estás dispuesto a hacer una confesión de vida total con otra persona? ¿Traerás todos tus secretos a la luz para que puedas liberarte? Si es así, resuelve hacerlo y programa un tiempo para reunirte con otro compañero de viaje que esté dispuesto a acompañarte.

CUIDADO DEL ALMA - PRINCIPIO #3

VENCIENDO LOS PATRONES DEL PECADO DE FAMILIA

Cuando tenía un poco más de treinta años, después de un servicio dominical en la mañana, me senté en un automóvil con mi amigo Martin Sanders durante dos horas. Hablé con Martin sobre mi lucha con la lujuria. Desesperadamente quería ser un hombre de Dios, terminar bien y honrar el nombre de Jesús todos mis días. Pero la lujuria había sido una batalla.

Siempre he sido fiel a Jen, no había cuentos sórdidos que contar o secretos oscuros. No era adicto a la pornografía ni nada por el estilo. Pero sentía una atracción de mi alma hacia la lujuria de la que no podía deshacerme. Pude caminar en la victoria, pero la atracción todavía estaba allí.

Martin me escuchó mientras caminaba a través de mi lucha y habló de mi temor de que un día yo arruinaría mi vida si no podía conquistar esto. Había aprendido el valor de caminar en la luz. Estaba decidido a no pasar a la clandestinidad con la lucha, pero quería averiguar por qué estaba luchando con este tema por tanto tiempo.

La respuesta fácil y rápida que la gente me dio fue: «Es porque eres un hombre joven». Eso funcionó para mí en mi adolescencia y en mis veintes, pero ahora que ya estaba en mis treintas, ¿iba a seguir usando esta excusa? Había algo más profundo. Ahora estaba en el camino de resolver los problemas de mi alma, y una de las áreas que comencé a explorar, que estaba conectada con mi lucha contra la lujuria, era el poder de los patrones de pecado en la familia.

EL PODER DE LOS PECADOS DE FAMILIA: EJEMPLOS BÍBLICOS

Los patrones de pecado de la familia tienen una atracción inusual en nuestras almas; a menudo son los patrones de pecado más difíciles de romper. Piensa conmigo acerca de algunos ejemplos bíblicos. Mira al árbol genealógico de David y la inmoralidad sexual que lo atormentaba. David comete adulterio con Betsabé y tiene muchas esposas y concubinas. Su hijo Amnon viola a su hija Tamar. Su hijo Absalom se rebela contra su padre y duerme con las concubinas de su padre en público para que todos lo vean. Salomón se casó con muchas mujeres extranjeras y desviaron su corazón de Dios. Este pecado plagó a toda la familia; incluso parecía empeorar con el paso del tiempo.

Piensa en Abraham. Tenía problemas con la mentira cuando se sentía bajo presión. Mintió que su esposa era su hermana porque tenía miedo de que alguien lo matara y la tomara, ¡aunque era una mujer bastante mayor! ¿Crees que podría haber tenido algo de temor en su alma debajo de ese patrón mentiroso? Entonces Isaac ni siquiera se vuelve original con la mentira; él solo repite la misma mentira del anciano. Para cuando el patrón llega a Jacob, en realidad es apodado «el engañador». Esta no es una buena tendencia familiar.

Mientras estamos en esta familia patriarcal, veamos los efectos del favoritismo en este clan. Isaac es el hijo favorito de Abraham y Sara. Él es el niño prometido, pero el pobre Ismael es arrojado a la acera con su madre Hagar, a pesar de que fue la idea de Sara que Abraham durmiera con Agar para tener un hijo. Ella los saca de la casa no mucho después de que nació Isaac.

Isaac crece y se casa con Rebeca, y tienen a Esaú y Jacob. Isaac favorece a Esaú, y Rebeca favorece a Jacob. Rebeca y Jacob recurren al viejo patrón familiar de mentir para usurparle el derecho de nacimiento a Esaú, y con esto la bendición familiar. Jacob huye y se casa con un par de chicas, Raquel y Lea, pero no sin encontrarse con su padre tramposo, el cual termina engañando al «engañador».

Jacob juega a tener favoritos también. Su hijo favorito, de doce años, es José, pero todo este favoritismo que ha ido aumentando a lo largo de las generaciones finalmente llega a un punto crítico. Su padre escoge una túnica especial para José, para mostrar su favoritismo, y a los hermanos de José no les gusta para nada. Génesis 37: 3, 4 dice: «Ahora Israel (Jacob) amaba a José más que a ninguno de sus otros hijos, porque le había nacido en su vejez; y él hizo una túnica ricamente adornada para él. Cuando sus hermanos vieron que su padre lo amaba más que a ninguno de ellos, lo odiaron y no pudieron decirle una palabra amable».

El favoritismo había creado enemistad en el árbol genealógico; era tan fuerte que los motivó a vender a su hermano como esclavo. Ciertamente, reaccionaron de forma exagerada, pero la historia completa nos muestra cómo el patrón de pecado se multiplicó a lo largo de las generaciones. La buena noticia es que Dios redime el viaje hacia la esclavitud, en el cual Dios es tan bueno que puede redimir del mal, pero no pienses ni por un minuto que Dios lo aprueba. El favoritismo tiene efectos devastadores en una familia. Y no solo los hermanos mayores de José fueron afectados; también tuvo efectos duraderos en José. Dios tuvo que sanarlo de los efectos del favoritismo, pero hablaremos sobre eso más adelante.

HONRANDO NUESTRA FAMILIA EN VICTORIA

Los patrones de pecado familiar son devastadores en su poder y efecto. Las personas que son maltratadas a menudo juran no llegar a ser como sus padres, pero terminan siendo abusadores ellos mismos. Los hijos de alcohólicos juran que no serán como sus padres, y a menudo terminan repitiendo el ciclo familiar de adicción. En una cantidad trágicamente triste de ocasiones, me he sentado con alguien que ha caído en la cuneta del pecado de su familia, y con la cabeza inclinada por la vergüenza y los ojos llenos de lágrimas de pesar, me ha dicho: «He llegado a ser como mis padres. Me prometí a mí mismo que nunca lo haría». Esta es la atracción de un patrón de pecados familiares.

> Cuando la cultura del reino de Dios choca con mi cultura estadounidense o mi cultura de familia de origen, debo elegir la cultura del reino de Dios. Y es parte de la cultura del reino caminar en la luz con Dios y los demás para que podamos ser libres.

Es importante para nosotros explorar nuestros patrones de pecado en la familia porque al hacerlo podemos ayudarnos a estar conscientes de nosotros mismos y ser finalmente libres. La autoconciencia es la puerta de entrada a la libertad; no garantiza la libertad, pero no podemos llegar sin ella. En mi rol como profesor en el Seminario Teológico de la Alianza, tengo la oportunidad de trabajar con muchas culturas. Y a menudo, cuando hablo de este tema, las personas de culturas con una gran consideración por honrar a sus padres y ancianos me dicen: «No podemos hablar de esto. Deshonraría a nuestros padres y nuestros mayores».

Pero yo respondo: «Lo más honorable que puedes hacer es romper tus patrones familiares de pecado. No le da honor a tu familia si repites sus comportamientos pecaminosos». Cuando la cultura del reino de Dios choca con mi cultura estadounidense o mi cultura de familia de origen, debo elegir la cultura del reino de Dios. Y es parte de la cultura del reino caminar en la luz con Dios y los demás para que podamos ser libres. Podemos hacer esto de manera que honremos a nuestros mayores. Amo a mis padres y abuelos, y a mi familia extendida, y ellos me aman. Si no hablara sobre estas cosas, si repitiera los pecados sexuales que han estado en mi árbol genealógico, ¿cómo eso les traerá honor? Sería una desgracia para el apellido de mi familia y para el nombre de Jesús. Conquistar el patrón trae mucho más honor, y no podemos hacerlo sin admitir el patrón. No hablamos sobre los patrones de pecado de nuestra familia para culpar a nuestras familias o poner excusas para nuestras vidas. Hablamos sobre los patrones de pecado de nuestra familia para obtener la victoria y honrar el legado de nuestra familia.

Los patrones de pecado de la familia siempre nos afectan. Podemos obtener la victoria sobre ellos, pero no sin una pelea. Mientras estaba allí hablando con Martin ese día, revisé con él algo de la inmoralidad sexual que había sido parte de mi árbol genealógico. Conocía los antecedentes porque había hablado abiertamente con mi abuela sobre eso. Solía ir a visitarla regularmente, y ella me contaba historias. Ella era la guardiana de las leyendas de la familia y, a medida que envejecía, ella quería contarlas. Yo quería ser libre, y hablé con ella abiertamente sobre estos temas.

Le dije: «Abuelita, quiero caminar en libertad y honrar a Dios, pero la pureza sexual ha sido difícil para nuestra familia. Creo que me ayudaría si me contaras parte de la historia. Amo a nuestra familia, y lo más honroso que podría hacer es romper algunos de estos patrones que han plagado nuestro árbol genealógico».

Ella me amaba y quería que honrara a Dios, por lo que compartió las historias conmigo. Descubrí que había mucha inmoralidad sexual en el árbol genealógico. Hubo adulterio, tuvimos miembros de familia que fueron atacados sexualmente, e incluso hubo un anciano en nuestra familia que manoseó a algunas de sus nietas y su nuera. Fue una historia triste.

Mientras hacía preguntas y escuchaba, descubrí que el pecado sexual impregnaba nuestro árbol genealógico durante cuatro generaciones, hasta donde pude rastrearlo. No todos los pecados sexuales fueron cometidos por mis parientes consanguíneos; muchas veces fueron las personas que se casaron con nuestra familia. Pero había una larga historia de inmoralidad sexual, y no podía ser ignorada.

Era una historia terrible de escuchar, pero esa historia era parte del trasfondo de mi propia lucha, y si no la entendiera, tal vez nunca hubiera sido capaz de combatirla adecuadamente. Jesús contó una vez una parábola que decía que, si uno no conoce la fuerza de su enemigo, sería imprudente al combatir (Lucas 14:31). Cuando descubrí la larga historia de este patrón de pecado, supe que necesitaba prepararme para la batalla, porque este enemigo estaba atrincherado. A veces

Pero no hay victoria en la rebelión. En un reino espiritual no puede haber victoria por rebelión, solo en sumisión al rey.

vemos a nuestra familia pecar y nos rebelamos contra ella en un esfuerzo por superarla. Pero no hay victoria en la rebelión. En un reino espiritual no puede haber victoria por rebelión, solo en sumisión al rey. El reino de Dios es un reino espiritual que solo puede avanzar en sumisión al rey, no en rebelión. La rebelión solo conduce a diferentes formas de esclavitud.

Por ejemplo, conozco personas que crecieron en un hogar con un padre alcohólico, y determinaron que nunca beberían debido al dolor horrible de su crianza. Fieles a su palabra, nunca bebieron, pero tenían todo tipo de comportamientos compulsivos y adictivos. Es posible que hayan luchado con la adicción al trabajo, o adicciones a la pornografía, o a las relaciones codependientes, pero no habían superado su patrón de pecado familiar a través de su rebelión.

Tenemos que reconocer nuestra vulnerabilidad en estas áreas de nuestra vida; este es un primer paso esencial para obtener la victoria. Si nos rehusamos a examinar estas áreas en nuestro árbol genealógico, seguirán teniendo una atracción inusual sobre nosotros, y no estaremos preparados para la batalla que sobrevendrá.

Los patrones de pecado familiar a menudo operan en conjunto con otras áreas del cuidado del alma: mentiras, heridas, amargura, miedos y problemas demoníacos. Por ejemplo, toda una familia puede luchar con la mentira de que su valor individual depende del rendimiento. Las familias también tienen patrones de heridas similares. No es raro ver a una familia con generaciones de abuso físico en sus relaciones. El padre abusó de la madre, tuvieron una hija y la hija crece para casarse con un abusador. Estos son patrones comunes de pecado familiar que se repiten.

Las familias a menudo se quedan atrapadas en la amargura. La ira pasa de generación en generación. Las familias están afligidas por los mismos temores. Mencioné que Abraham tenía cierto temor subyacente al patrón de mentir; ese temor pasó de generación en generación. Debemos tomar conciencia de estas áreas antes de poder superarlas.

VENCIENDO LOS PATRONES DE PECADOS FAMILIARES

¿Por qué estas áreas son tan difíciles de superar? Una de las razones es simplemente porque han sido modeladas para nosotros, y fueron modeladas para nuestros padres antes que nosotros, y sus padres antes que ellos. Estos comportamientos a menudo han sido modelados y reforzados por muchas generaciones. Ellos están atrincherados.

Algunas veces estas áreas tienen un poder demoníaco reforzado. Deuteronomio habla de bendiciones y maldiciones, y dice que cuando un clan repite un pecado de generación en generación, se convierte en una maldición. Este es un patrón de comportamiento que tiene una fuerza reforzada demoníacamente aplicada. En el capítulo que trata sobre cuestiones demoníacas, hablaremos sobre maldiciones y cómo romper su fuerza.

Una de las razones es simplemente porque han sido modeladas para nosotros, y fueron modeladas para nuestros padres antes que nosotros, y sus padres antes que ellos.

¿Cómo puedes superar estos comportamientos? ¿Cómo romper estos patrones de pecado familiar y su fuerza inusual en tu vida? Hay varios principios que pueden ayudarte.

Admite los patrones de pecados de familia

Primero, comienza con la autoconciencia. Debes admitir completamente el patrón de comportamiento en tu familia y sus efectos sobre ti. No puedes sanar aquello que no admites. Tienes que traer estos patrones a la luz. Las familias tienden a guardar secretos. Existe un sentido enfermizo de lealtad familiar que puede mantener a una persona en cautiverio. Por ejemplo, algunos pueden decir: «No hablamos sobre las cosas que suceden en la familia». Pero cuando ocurre un abuso, y los abusadores utilizan este tipo de técnica para avergonzar y evitar que los niños hablen de ello, es una manera de control retorcido. Al honrar el secreto, damos fuerza a la esclavitud.

No puedes sanar aquello que no admites. Tienes que traer estos patrones a la luz.

Si honrar a un miembro de la familia significa honrar el secreto familiar y el patrón de pecado familiar, entonces, al honrar a la familia, la persona está eligiendo deshonrar a Dios. También nos impide encontrar la libertad, y permite a los miembros de nuestra familia permanecer en su pecado. Entonces debes comenzar admitiéndolo. Tienes que ser implacablemente honesto contigo mismo para encontrar la libertad.

He hablado con muchas personas que me cuentan su historia, y es obvio para mí que fueron abusados físicamente, pero nunca lo han admitido a sí mismos. No pueden obtener la libertad hasta que admitan la verdad. No hay victoria en la oscuridad.

A menudo es más fácil ver los defectos en los demás, en tus padres, en tus hermanos, antes de ver los defectos en ti mismo. Permíteme ilustrar esto. Mi padre tenía un temperamento agresivo cuando yo era pequeño. Esto fue antes de que él hubiera llegado a la fe, y mi padre ha cambiado mucho a lo largo de los años. Pero cuando yo era un niño, él tenía un temperamento agresivo. A mí no me gustaba que me gritaran, así que decidí que no iba a estar enojado. No fue una decisión consciente; solo fue la forma en que procesé mi infancia.

Más adelante en la vida, a veces me enojaba con Jen, pero nunca le decía nada, ni le gritaba ni la degradaba ni la menospreciaba. Me quedaba en silencio. A menudo ella me decía: «¿Estás enojado conmigo?». Yo le decía: «No, no estoy enojado. Solo estoy decepcionado», o, «Simplemente estoy molesto». Tenía más eufemismos para la ira que todos los que conocía porque no podía admitir mi enojo. Pero esta es la clave: no había superado la ira al negar su existencia. Simplemente canalizaba mi ira en una dirección diferente. En lugar de gritar, me encerraba en una pared y me callaba. Le hacía a Jen la ley del hielo, y ella sabía que estaba enojado y sentía los efectos de mi ira, pero no pude superar la ira hasta que lo admití.

Un día después de tener una de estas conversaciones con Jen donde negué mi ira, fui a mi estudio para estar a solas con Dios. El Señor me habló: «No solo estás enojado por este asunto. Eres un hombre enojado. Es hora de lidiar con eso».

Cuando recibes una sugerencia como esa, debes decidir si deseas obtener la libertad. Si quieres ser libre, debes elegir vivir en la luz con Dios y los demás. Bajé donde Jen estaba y le dije exactamente lo que Dios me había dicho, y le di permiso para que me confrontara cada vez que volviera a la ley del hielo.

Tomó alrededor de dos semanas. Íbamos en coche a Nueva York, y mientras conducíamos yo era como un muro de piedra. Ella dijo, con cierta timidez: «¿Estás enojado conmigo?». Le dije: «¡Sí! Sí, lo estoy». Ella preguntó: «¿Por qué?», así que le dije: «No tengo ni idea». Y en realidad no sabía. Había negado la ira tanto tiempo que no sabía por qué estaba enojado, pero sabía que debía estar enojado porque estaba en silencio. Podía sentir las paredes emocionales que ponía cuando estaba enojado. Estaba empezando a ponerme en contacto con algunos de los síntomas de mi enojo, pero todavía no estaba cerca de la enfermedad. Le dije: «Si me permites conducir en silencio por un tiempo, entraré, procesaré y lo resolveré. Entonces podemos hablar».

Manejamos en silencio durante dos horas mientras lo procesaba, pero después de dos horas dije: «Lo tengo. La mayor parte de mi enojo se debe a que tenía un objetivo egoísta, y tú no hiciste lo que yo quería. Eso es mi culpa, y eso es el 75 por ciento de eso. Pero la forma en que rechazaste mi pedido me dolió». Me hice responsable mi parte, ella tomó responsabilidad de su parte, y comencé a aprender a manejar mi ira de una manera saludable. Esa única victoria no eliminó toda la lucha, de ninguna manera, pero yo estaba creciendo en autoconciencia y comenzando a pasar por la puerta de la victoria.

Tómate el tiempo necesario para reflexionar sobre tu propia familia. ¿Cuáles son algunos de los patrones que ves? ¿Cómo te han afectado esos patrones de pecado? Acepta la verdad; es el único camino a la libertad.

No cedas

A medida que trabajes para superar los patrones de pecado de la familia, debes tener cuidado de no ceder. Debido a que la resaca de estos patrones es tan fuerte, debes tener cuidado de no ser arrastrado hacia el mar por la atracción de estos pecados.

Una vez estuve nadando en el océano en Cabo Hatteras, Carolina del Norte, y hubo una contracorriente. En ese momento, no entendía sobre las contracorrientes, o cómo romperlas. Estaba con un grupo de amigos, y estábamos corriendo olas. Habíamos estado allí todo el día, y estaba cansado. Decidí que montaría una ola más. Estábamos lejos, y estábamos en el agua esperando que llegara la siguiente ola. Pero me sentía demasiado cansado, así que decidí regresar nadando. Nadé por un momento, alcé la vista y me di cuenta de que estaba más lejos de la costa que cuando comencé. Bajé la cabeza y nadé más fuerte, pero no hice ningún progreso.

Empecé a entrar en pánico. Estaba atrapado en una marea. No te dejaré en suspenso: lo superé y volví a la orilla, pero cuando llegué a la orilla, me desplomé en la playa completamente exhausto. El efecto de la marea de estos patrones de pecado es tan fuerte que puede sacarte al mar. Incluso después de haber superado aparentemente una de estas áreas, si comienzas a incursionar nuevamente en los bordes, es posible que te pierdas en el mar.

Debes crear una política de tolerancia cero para estas áreas difíciles de tu vida. En la vida cristiana, hay algunas áreas grises. Pablo habla a la iglesia en Corinto acerca de la comida sacrificada a los ídolos (1 Corintios 8). Vivían en una cultura en la que, a menudo, la carne que compraban en el mercado había sido sacrificada a un ídolo antes de ir al mercado. Entonces, algunas personas no comían carne comprada en el mercado porque no estaban seguros si esa carne había sido ofrecida a un ídolo.

Pablo podía comer alimentos que compraba en un mercado sin que le molestara su conciencia. Pero entendió que esto era algo cuestionable para muchos. Y Pablo les dice a los corintios que en el asunto de cosas cuestionables deberían usar su conocimiento, pero limitarlo por amor. Una persona puede comer alimentos comprados en el mercado, otros no, porque su conciencia les molestará. Pero una persona que tiene libertad no debe usar esa libertad para hacer que otro tropiece (1 Corintios 8:9).

Creo que uno de los principios en este pasaje es que hay algunas cosas que son permisibles para otros cristianos que están fuera de los límites para ti. Hay algunas áreas de nuestras vidas que son áreas cuestionables para nosotros, pero que pueden ser perfectamente legales y aceptables para otros.

Por ejemplo, si tienes una larga historia de alcoholismo en tu familia y sabes que tienes un tipo de personalidad adictiva, no sería prudente que bebieras. Estas áreas susceptibles son lugares en tu vida donde no puedes permitirte el lujo de ceder. El ceder en estas áreas podría llevar a mayores consecuencias. Debes establecer mayores restricciones sobre ti mismo en estas áreas por el bien de tu libertad.

Es como una valla. Imagínate que vives en una calle concurrida con niños pequeños. Tienes miedo de que tus hijos se lastimen jugando cerca de la calle, así que levantas una valla. La valla está ahí para proteger a tus hijos. De hecho, les da más libertad para jugar, sin preocuparte, en el jardín. Es lo mismo con estos pecados familiares: es posible que tengas que poner algunas barreras en tu vida que te den más libertad.

Tómate unos momentos ahora mismo y examine tu vida. Mira tus patrones familiares. ¿Dónde tienes vulnerabilidades en los pecados de la familia que necesitan más medidas de protección? ¿Dónde puedes usar una política de no ceder? ¿Cómo puedes establecer unas vallas seguras que finalmente te den más libertad?

Busca ayuda

Al tratar de romper los patrones de pecado de la familia, es importante obtener ayuda. Usa todos los recursos humanos disponibles para que puedas abrirte paso. Lamentablemente, debido a que estas áreas a menudo se ven reforzadas por la vergüenza y el secretismo, las personas suelen ser reacias a buscar la ayuda que tanto necesitan.

> Con frecuencia, es útil trabajar en estas áreas con una guía espiritual sabia, para arrepentirse radicalmente, ser completamente honesto y orar a través de las fortalezas que te confrontan.

Me acerqué a Martin ese día en el automóvil porque estaba más preocupado con ser exitoso que con la reputación o la imagen. Con frecuencia, es útil trabajar en estas áreas con una guía espiritual sabia, para arrepentirse radicalmente, ser completamente honesto y orar a través de las fortalezas que te confrontan. Ese día Martin escuchó, oró y ofreció apoyo y consejo. Con los años, él continuó siendo un recurso invaluable mientras luchaba por mantenerme puro.

Como parte de mi plan de acceder a todos los recursos humanos que pude, también desarrollé algunos compañeros de oración con quienes decidí tener una política sin pretensiones ya que estaba buscando obtener la victoria. En los primeros días, determiné que, si estaba luchando con la lujuria, enviaría un correo electrónico a mi amigo Rich. Oraríamos el uno por el otro. Mantendría mis confesiones al día; no habría escondite. También hice un convenio con él y Jen que, si yo me sintiera emocionalmente atraído a otra mujer, les diría. No esperaría hasta que estuviera luchando con un apego emocional o la lujuria; les avisaría si estaba en peligro de desarrollar un vínculo. Si tenía muchas ganas de estar con una mujer porque disfrutaba de su compañía, sin tener nunca un pensamiento moralmente malsano sobre ella, aun así, les diría que sentía atraído a esa mujer, y solicitaría sus oraciones.

Sé que algunas personas me dirían: «Eso es exagerado». Quizás para otra persona, pero no para mí. Sé que el estrago del pecado sexual ha afectado a mi familia, y sé lo que ha tenido en mi alma. No iba a arriesgarme para nada.

Si es que tengo que luchar contra un gigante, sé esto: ¡No lo haré solo! Los patrones de pecado familiar son gigantes que amenazan tu libertad. Obtén toda la ayuda que puedas. No dejes que tu orgullo te paralice y permitas que los gigantes se apoderen de la tierra.

Lidia rigurosamente con tus patrones de pecado

Jesús dijo en Mateo 5:27–30:

> Ustedes han oído que se dijo: "No cometas adulterio". Pero yo les digo que cualquiera que mira a una mujer y la codicia ya ha cometido adulterio con ella en el corazón. Por tanto, si tu ojo derecho te hace pecar, sácatelo y tíralo. Más te vale perder una sola parte de tu cuerpo, y no que todo él sea arrojado al infierno. Y, si tu mano derecha te hace pecar, córtatela y arrójala. Más te vale perder una sola parte de tu cuerpo, y no que todo él vaya al infierno.

Obviamente, Jesús estaba usando la hipérbole. No esperaba que literalmente nos sacáramos un ojo cuando luchamos con la lujuria. Este era el punto de Jesús: necesitamos lidiar radicalmente con el pecado antes de que nos afecte radicalmente.

Esto es especialmente cierto cuando se trata de liberarse de patrones de comportamiento reforzados generacionalmente. ¿Cómo se ve esto prácticamente? Aquí hay un ejemplo. Cuando Jen y yo nos casamos, le dije: «No quiero tener TV por cable. He luchado con la lujuria. Este ha sido un patrón de familia. (Aunque no sabía entonces qué tan profundo corría, sabía que estaba allí). Y no quiero caer preso de eso. ¿Estarías dispuesta a vivir sin cable para la televisión?».

Ella estaba dispuesta, y durante mucho tiempo no teníamos televisión, y durante la mayor parte de nuestro matrimonio no teníamos cable. Sabía que, si estuviera en la casa, estaría tentado de ver cosas en la televisión que no serían beneficiosas para mi alma y me harían tener deseos impuros. Yo quería ser un hombre de Dios.

Pero si estás luchando por tu alma, es mejor admitir tu debilidad y dar un paso radical que te ayude a luchar por la libertad que actuar como si fueras fuerte y terminar atrapado en la marea del pecado de tu familia.

Conozco personas religiosas que dirían: «Bueno, simplemente no hagas eso». Un gran consejo, y lo aprecio. Pero si estás luchando por tu alma, es mejor admitir tu debilidad y dar un paso radical que te ayude a luchar por la libertad que actuar como si fueras fuerte y terminar atrapado en la marea del pecado de tu familia.

Ahora tenemos un televisor y tenemos cable, pero no lo vi durante tanto tiempo que ya no tiene ningún atractivo para mí. Viajo bastante y paso muchas noches en habitaciones de hotel. En los últimos años, encendí el televisor en la habitación de un hotel una o dos veces para ver un juego de postemporada de béisbol. Tratar estrictamente con el patrón de pecado fue uno de los pasos importantes que di hacia la victoria.

Reflexiona sobre tu propia vida. ¿Qué patrones de pecado de la familia tienen suficiente fuerza en tu alma que te exigen que te encargues de ellos drásticamente? ¿Qué pasos estrictos puedes dar para lidiar con este patrón de pecado?

Practica las disciplinas espirituales

Otra herramienta para ayudarte a vencer los patrones de pecado de tu familia es practicar disciplinas espirituales que contrarresten el pecado de tu familia. Participar en ciertas disciplinas te ayudará a contrarrestar ciertos patrones de pecado de manera más efectiva. Por ejemplo, si estás luchando con un comportamiento adictivo, ya sea que tu adicción sean las drogas, el alcohol, la comida o la lujuria, puedes intentar ayunar.

Participar en ciertas disciplinas te ayudará a contrarrestar ciertos patrones de pecado de manera más efectiva.

Las adicciones tienen un par de cosas en común: están enraizadas en la vergüenza y son narcisistas. Debido a que las adicciones se centran en la autogratificación, la práctica de una disciplina espiritual que se centra en la abnegación contrarresta el comportamiento. Es posible que quieras ayunar más tiempo, durante un par de semanas, para abrirte paso, y luego agregar ayuno a tus prácticas espirituales regulares. Por supuesto que también hay poder espiritual en el ayuno, pero el solo hecho de usar una disciplina que contrarreste tus tendencias autogratificantes tiene poder para ayudarte a vencer.

También puedes considerar las acciones hechas en secreto. Nuevamente, no hay gratificación allí. Si le das a alguien un regalo secreto, y no se lo cuentas a nadie, me refiero a absolutamente nadie, no hay gratificación en él, pues no hubo la aprobación de la gente, ni el verse bien. Has hecho la obra por puro deseo de hacer una buena acción. Todos los actos de abnegación ayudan a romper el patrón de autogratificación.

Digamos que luchas con la codependencia o con agradar a la gente. Intenta pasar tiempo a solas y en silencio. Escucha los susurros del Espíritu, la voz de amor del Padre en tu tiempo de silencio. Su afirmación romperá tu necesidad de tener la aprobación popular. Si no sabes cómo escuchar la voz de Dios, escribí un capítulo sobre esto en mi libro *River Dwellers*, que proporciona ayuda muy práctica. Estar a solas te impedirá tratar de complacer a los demás. Y en la aprobación del Padre, descubrirás la libertad.

Si tu familia es orgullosa y pretenciosa, participa en una confesión de vida total y actualice tus confesiones con regularidad. Deja de defenderte cuando alguien te indique tu fechoría. Ve a solas con Dios, escucha y honestamente reflexiona sobre lo que te ha dicho. Luego, aprovecha cada oportunidad que puedas para disculparte y admitir cuando te equivocas. Un estilo de vida confesional comenzará a romper los muros de orgullo que se han fortalecido a lo largo de las generaciones.

También es posible que desees involucrarte en actos secretos de bondad; una vez más, no hay crédito que se pueda obtener, por lo que los actos de secretismo son solo para ti y para Dios.

Piensa en tus propios patrones de pecado de familia y tu lucha con ellos. ¿Qué disciplinas espirituales podrían ayudarte a contrarrestarlas? Si no estás seguro, puedes pedirle orientación al Espíritu. También puedes leer un libro sobre disciplinas espirituales. Recomiendo el libro Celebración de la Disciplina de Richard Foster.

Medita en las Escrituras

Considera meditar en las Escrituras que se enfocan en la virtud que quieres construir en tu vida. Enfócate en la virtud que es opuesta al vicio contra el que estás luchando. La meditación mueve la verdad de tu cabeza a tu corazón. Incrusta la verdad de la Palabra de Dios en tu corazón como un valor central, y del desbordamiento del corazón hablamos y actuamos (Mateo 12:34; 15:18, 19; Lucas 6:45).

La meditación mueve la verdad de tu cabeza a tu corazón. Incrusta la verdad de la Palabra de Dios en tu corazón como un valor central, y del desbordamiento del corazón hablamos y actuamos.

A menudo no me doy cuenta de las cosas. Puedo caminar a través de una habitación en nuestra casa donde las cosas están fuera de lugar y ni siquiera notar el desorden. También he tenido que luchar contra las tendencias egoístas. Esta es una mala combinación para el matrimonio. Jen se siente más amada cuando lo noto y cuando ayudo. Soy bueno para expresarle palabras de afirmación y expresarle mi corazón, pero ella necesita que lo note y que sea atento.

La lujuria alimenta el egocentrismo; todo trata de uno mismo. Deshumanizamos a las personas y las usamos para nuestra propia satisfacción egoísta. Finalmente me di cuenta de que mi propio egoísmo y el patrón de pecado de mi familia contribuyeron a mis problemas matrimoniales. Para ayudarme a superarlo, comencé a meditar en Filipenses 2:3, 4. Pablo escribe: «No hagan nada por ambición egoísta o vana presunción, sino con humildad consideren a los demás mejor que ustedes mismos. Cada uno de ustedes debe mirar no solo a sus propios intereses, sino también a los intereses de los demás».

Escribí estos versículos. Los memoricé. Durante una temporada de mi vida, medité en ellos todas las mañanas y mientras pasaba el día. Noté que comencé a conducir de manera diferente, era menos agresivo y más amable. Jen también se dio cuenta. Ayudaba más en la casa y ella me dijo un día: «¿Qué te ha pasado? Eres más cooperador». Le dije que había estado meditando sobre este versículo. Solo meditar sobre la virtud que quería incorporar a mi vida me ayudó a liberarme del egoísmo de mi alma.

¿Qué virtudes necesitas incorporar en tu vida, dados tus pecados familiares? ¿En qué Escrituras puedes comenzar a meditar y orar en tu vida?

JOSÉ: LIBERÁNDOSE DEL FAVORITISMO

Permítanme terminar este capítulo volviendo a José. José se vio muy afectado por el pecado familiar del favoritismo. No era solo que sus hermanos lo odiaran. Desarrolló una actitud de orgullo y tenía problemas de comparación hacia los demás. Esto es típico de alguien que ha experimentado favoritismo en su crianza. Son competitivos y comparativos; siempre buscan establecer su jerarquía, temerosos de que su lugar en la vida se pierda.

Al comienzo de la historia, dice que José «trajo un mal informe» acerca de sus hermanos (Génesis 37:2). No veo ningún indicio de que sus hermanos fueran perezosos o buenos para nada. Trajo un mal informe sobre ellos porque el favoritismo de su padre había creado una batalla comparativa entre él y sus hermanos. La única forma en que José podía mantenerse en la cima era ser mejor que los demás. Entonces él los derribó para mantener su posición como el favorito y para asegurarse de que él era realmente mejor que ellos.

Así es como funciona el favoritismo. No te sientes seguro en tu posición favorita; tienes que luchar para mantenerla. El favoritismo crea animosidad entre los hermanos, celos en las filas, división entre los miembros de la familia, orgullo y vergüenza tóxica.

José tuvo dos sueños; eran sueños sobre su destino profético. Pero en ambos sueños, sus hermanos se inclinaron ante él. En su orgullo, él imprudentemente les contó los sueños a sus hermanos, para alterarlos un poco, sin duda. Estaban más que un poco alterados. Creo que es justo decir que reaccionaron de forma exagerada y lo vendieron como esclavo.

A menudo me he preguntado por qué Dios le dio estos sueños a este insolente y orgulloso jovencito de diecisiete años. Obviamente no podría manejarlos emocionalmente. Creo que la respuesta es que antes de que Dios te encuentre en tus lugares dañados y te libere de tu disfunción, a menudo te da una idea de lo que puedes llegar a ser. La imagen profética puede estabilizarte en el proceso de ruptura, curación y reconstrucción que está por venir para que puedas alcanzar su potencial.

José terminó en la casa de Potifar, y el Señor estaba con él y le dio éxito (Génesis 39). El favor de Dios estaba sobre él. José no estaba en esclavitud porque Dios estuviera enojado con él por su orgullo; esto no fue un castigo. Sí, era un joven impetuoso, orgulloso e imprudente, pero Dios lo amaba, tal como era. Esta experiencia fue sobre formar; no se trataba de condenar.

Irónicamente, lo que Dios usó para sanar el favoritismo de la disfunción familiar de José fue el favor del Padre. El favoritismo influyó negativamente en José y lo enorgulleció, pero el favor de Dios lo humillaría, y en su humildad, José descubriría tanto sanación como seguridad. Dios no estaba tratando de rebajarlo; Dios estaba restaurando a un hombre que había sido dañado por un sistema de familia arraigado en generaciones de favoritismo.

Dios sanó el alma de José con Su favor inmerecido, no el favor debido a la posición de nacimiento de José, o por ser el hijo de la esposa favorita de Jacob; no era un favor basado en lo que José hizo o lo que tenía. Es una revelación del favor inmerecido de Dios que cura a los orgullosos y sana el alma.

Es una revelación del favor inmerecido de Dios que cura a los orgullosos y sana el alma.

Potifar notó la mano de Dios sobre José y lo promovió a una posición de liderazgo. Tristemente, Potifar no fue el único que lo notó. Su esposa también lo notó. ¡José era un joven apuesto, alguien que tenía confianza por el favoritismo que le había sido otorgado, y que sabía vestirse bien! Esta mujer intentó seducirlo, y José terminó en la cárcel porque fue falsamente acusado.

Observe lo que sucedió. Al principio de la historia, el autor nos dijo que Jacobo vistió a José con una túnica ornamental, y José trajo un mal informe acerca de sus hermanos. Pero, ahora, mientras huía de la esposa de Potifar, ella agarró su túnica y José se desvistió; ¡ella creó un mal informe sobre él! Dios le dio la vuelta al joven.

Nuevamente, esto no fue punitivo; más bien, fue de desarrollo. Para restaurarlo, Dios tuvo que romper el daño del patrón de pecado de familia. Él tuvo que desnudar a José de su orgullo y autosuficiencia. José no tendría el carácter necesario para alcanzar su destino con integridad a menos que lidiara con la esclavitud de los pecados de su familia.

José fue a prisión, pero una vez más, encontró el favor de Dios allí. Génesis 39:20, 21 dice: «Mientras José estaba en la cárcel, el SEÑOR estaba con él; le mostró bondad y le otorgó el favor ante los ojos del guardián de la prisión». Una vez más, José fue promovido a un puesto de liderazgo.

José comenzó a aprender una lección importante. No fue favorecido porque era mejor que otros. No fue favorecido por lo que hizo o lo que tenía o lo que vestía o incluso por lo que su padre pensaba de él. Él fue favorecido porque Dios estaba con él; era el favor inmerecido de Dios, la gracia de Dios, que estaba curando el patrón de pecado del favoritismo en su alma. Dios debe encontrarnos cuando nuestra alma dañada no haya sido quebrantada, o rendida antes de que Él pueda elevarnos a nuestro más grande potencial en el reino.

Mientras José estaba en la cárcel, dos de los hombres del rey encarcelados tuvieron sueños: el copero y el panadero. Esto, por supuesto, debe haberle recordado a José sus sueños. Estaban molestos porque no había nadie allí para interpretar sus sueños, pero José se ofreció a interpretarlos. Me encanta esto, porque nos revela que José no estaba endurecido, ni se había vuelto escéptico a pesar de su dificultad. Todavía estaba aferrándose a sus sueños. El favor de Dios fue recibido en su alma, y mantuvo su corazón blando.

José interpretó los sueños de estos hombres y le pidió al copero, que fue restaurado como lo predijo José, que lo recordara cuando regresara al poder. ¡Pero el hombre lo olvidó! Dos años más tarde, Faraón tuvo un sueño que lo perturbó, y el copero repentinamente se acordó de José.

La historia continúa: «Entonces Faraón envió a buscar a

José, y rápidamente lo trajeron de la mazmorra. Cuando se había afeitado y cambiado de ropa, se presentó ante Faraón. Faraón le dijo a José: "Tuve un sueño, y nadie puede interpretarlo. Pero he oído decir de ti que cuando escuchas un sueño puedes interpretarlo". "No puedo hacerlo", respondió José a Faraón, "pero Dios le dará a Faraón la respuesta que desea"» (Génesis 41:14–16).

Observe el patrón: Jacob vistió a José con una túnica ornamental al comienzo de la historia, y José dio un mal informe acerca de sus hermanos. La esposa de Potifar desvistió a José, y ella dio un mal informe sobre él en el medio de la historia. Y ahora, al final, José es vestido nuevamente, y se comparte un buen informe sobre él. Todos estos años en la esclavitud, en la prisión, todos estos años de haber sido olvidados, todos estos años bajo el favor de Dios, lograron algo en el corazón de José que nadie notó. Nadie más que Dios.

El hombre intacto se rompió. El hombre que ganó su sentido de valía debido a su superioridad se volvió humilde. El hombre que basaba su identidad en la comparación y el favoritismo ahora era un hombre que tenía una identidad enraizada en el favor inmerecido de Dios. Su alma había sido profundamente sanada, y ahora estaba listo para el destino que Dios le había creado desde el principio.

La persona cuya seguridad está enraizada en ser mejor que otra nunca es segura, por temor a que aparezca una persona mejor. Pero la persona cuya seguridad está enraizada en la gracia de Dios es segura, porque la gracia de Dios es una fuente inagotable. El favor de Dios produjo un cambio en el corazón de José, y cuando el Faraón elogió su capacidad para interpretar los sueños, José respondió: «Yo no puedo hacerlo, pero Dios lo hará». Ya no era orgulloso, ya no era autosuficiente, este hombre humilde y seguro estaba listo. José ahora fue promovido, y el sueño se cumplió.

Sin importar lo oscura que sea la disfunción de tu familia,

sin importar lo fuerte que sea la contracorriente de tus patrones de pecado, Dios puede liberarte. No hay alma en la esclavitud fuera del alcance redentor de Dios; no hay daño por el pecado que esté fuera del alcance de la presencia reparadora de Dios. Dios quiere encontrarte en los lugares dañados de tu alma que no hayan sido quebrantados o rendidos, y al hacerlo, Él puede elevarte a tu más grande potencial en el reino.

PASOS DE ACCIÓN ESPIRITUAL

- ¿Cuáles son los patrones de pecado en tu familia? Es posible que desees tomarte un tiempo para hacer un genograma. Este es un diagrama de árbol genealógico que muestra el historial de pecados de tu familia para que puedas ver los patrones y crecer en la autoconciencia. Puedes encontrar ayuda para crear un genograma a través de la Internet.
- ¿Cómo se manifiestan esos patrones familiares de pecado en tu vida? Sé honesto.
- ¿Qué acciones debes tomar para superarlas? ¿Qué compañeros de oración pueden ayudarte? ¿Qué disciplinas espirituales serían más importantes para ti? ¿En qué Escrituras necesitas meditar?

CUIDADO DEL ALMA - PRINCIPIO #4

PERDÓN

Cuando me gradué del seminario, me convertí en pastor asistente de una iglesia en Nueva Inglaterra. Solo había estado allí alrededor de un mes cuando la secretaria vino a verme y me preguntó: «¿Conoces a John Smith?». Le dije: «No. No creo que lo haya conocido». Ella dijo: «Lo vi en el desayuno esta mañana, y él me dijo que estabas en una aventura amorosa». Le dije: «¿John *quién*?». Ni siquiera conocía a John ¡Pero ahora quería conocerlo! Le dije a la secretaria: «Nunca me he acostado con nadie más que con mi esposa. ¿Quién es esta persona?».

Pasaron un par de semanas y alguien más vino a verme y me preguntó: «¿Conoces a John Smith?». «No», respondí, «pero estoy empezando a conocerlo. ¿Por qué?». Ellos dijeron: «Estaba hablando con él el otro día, y me dijo que robaste dinero de la iglesia». Le expliqué que ni siquiera tenía acceso a las finanzas.

Un par de semanas más pasaron. Todavía no había conocido a John, pero llegaron más personas y me informaron que estaba difundiendo mentiras sobre mí. Estaba furioso.

Un poco después, el superintendente del distrito me llamó. «¿Conoces a John Smith?». Dije: «¡No realmente, pero he oído mucho sobre él!». Dijo: «Bueno, llamó a la oficina del distrito y me dijo que estás en una aventura amorosa y que has robado dinero de la iglesia. Sé que no es cierto, pero te estoy llamando para pedirte que tengas cuidado. Por alguna razón, este tipo intentará encontrar evidencia en tu contra. Y no eres el primer pastor que ha difamado». Le di las gracias por la advertencia.

Traté de concertar una reunión con John para poder enfrentarlo de acuerdo con Mateo 18. También traté de hablarlo con los líderes de la iglesia, pero no quisieron abordarlo con él. John no estaba dispuesto a reunirse conmigo, y nunca se arrepintió. Cada domingo por la mañana venía y me estrechaba la mano con una gran sonrisa falsa y decía: «Me alegro de verte hoy, pastor». ¡Quería sacar mi pie y hacerlo tropezar!

¿Qué haces cuando las personas te han lastimado profundamente? ¿Qué pasa si ellos no lo admiten, y no se arrepienten? La respuesta es igualmente clara e incómoda en las Escrituras: los perdonas.

LA MARCA DEL PADRE

Jesús dijo: «Has oído que se dijo: "ama a tu prójimo y odia a tu enemigo". Pero yo te digo, ama a tus enemigos y ora por aquellos que te persiguen, para que sean hijos de tu Padre en el Cielo"» (Mateo 5:43–45).

En Mateo 6, Jesús nos enseñó a orar: «Perdónanos nuestras deudas, como también nosotros perdonamos a nuestros deudores» (v. 12). Continuó diciendo: «Porque si perdonas a otros cuando pecan contra ti, tu Padre celestial también te perdonará. Pero si no perdonas a los demás sus pecados, tu

Padre no perdonará tus pecados» (Mateo 6:14, 15).

No recibimos ningún crédito, según Jesús, por amar a nuestros amigos, incluso los paganos hacen eso. Pero cuando amamos a nuestros enemigos, estamos marcados por el amor del Padre. El mayor indicador de que hemos sido infectados con el amor divino es nuestra capacidad de amar a nuestros enemigos. Es la marca del Padre en nuestras vidas.

El mayor indicador de que hemos sido infectados con el amor divino es nuestra capacidad de amar a nuestros enemigos. Es la marca del Padre en nuestras vidas.

Efesios 4:26, 27 dice: «Si se enojan, no pequen. No permitan que el enojo les dure hasta la puesta del sol, ni den cabida al diablo». La palabra griega para cabida es topos: un lugar habitado. Pablo nos estaba advirtiendo que lidiáramos con nuestra ira rápidamente, no fuera que Satanás empieza a ganarse nuestras almas. Si no hacemos lo correcto y somos la mejor persona y perdonamos, Satanás tomará albergue en nuestras almas.

Albergar la falta de perdón es como poner un signo de bienvenida en nuestras almas para que el enemigo entre y cause estragos, y él nunca rechaza tal invitación. Pablo no estaba diciendo que sea un pecado estar enojado. Nos estaba recordando que cuando estamos enojados, somos más propensos a pecar. Nuestro enojo puede llevarnos fuera del río de la presencia de Dios y a lugares muy oscuros, así que debemos tener cuidado. Necesitamos lidiar con nuestra ira rápidamente para que no desarrollemos ninguna raíz de amargura.

Pablo continuó diciendo: «Sean amables y compasivos unos con otros, perdonándose unos a otros, como en Cristo Dios los perdonó» (Efesios 4:32). Perdonar a los demás es vital para nuestro bienestar espiritual. Jesús habló sobre eso a menudo porque a menudo nos lastimamos en las relaciones. Nos ofenden en casa nuestros cónyuges, hijos, padres y hermanos; nos lastiman en el lugar de trabajo nuestros compañeros de trabajo, clientes y jefes. Nos molestamos con amigos desconsiderados y vecinos groseros. La vida en un mundo caído está llena de oportunidades para el conflicto.

Nuestra parte y la parte de Dios

En Lucas 17, Jesús tuvo uno de Sus muchos diálogos con Sus discípulos sobre ofensas. Lucas 17:1–3 dice: «Luego dijo Jesús a sus discípulos: "Los tropiezos son inevitables, pero ¡ay de aquel que los ocasiona! Más le valdría ser arrojado al mar con una piedra de molino atada al cuello que servir de tropiezo a uno solo de estos pequeños. Así que, ¡cuídense!"». Jesús simplemente estaba declarando lo obvio. La gente peca, y otros sufren los efectos negativos. Pecamos, y otros quedan en el escombro de nuestras malas decisiones. El pecado tiene consecuencias en las relaciones. El pecado es malo, pero pecar de tal manera que hace pecar a los demás es peor.

Jesús nos advirtió que tengamos cuidado de no influenciar a otros en el camino del pecado; debemos tener cuidado. Pero Su enseñanza lo lleva a dar un salto en la lógica, porque anticipa la respuesta de Su discípulos. Él inmediatamente cambia la conversación de cuando pecamos y su efecto en los demás a cuando ellos pecan y cómo eso nos afecta. En ambos casos, Jesús mantiene el enfoque en nuestra responsabilidad, porque es lo único que podemos controlar.

En Lucas 17:3, 4, Jesús dice: «Si tu hermano peca, repréndelo; y, si se arrepiente, perdónalo. Aun si peca contra ti siete veces en un día, y siete veces regresa a decirte "Me arrepiento", perdónalo».

Jesús dice que debemos perdonar cuando las personas pecan contra nosotros, incluso si son infractores reincidentes. Esto se está poniendo difícil para que los discípulos lo acepten.

Se ponen preocupados y le preguntan sobre eso. En el siguiente versículo, los apóstoles le dijeron al Señor: «¡Aumenta nuestra fe!». Jesús respondió: «Si tienes fe tan pequeña como un grano de mostaza, puedes decirle a este monte: "Sé desarraigado y plantado en el mar, y te obedecerá"» (v. 6).

Los apóstoles le decían a Jesús: «¡No podemos hacer esto! ¡Esto es muy difícil! Tienes que aumentar nuestra fe». ¡Estaban tratando de desviar la responsabilidad de esto de ellos mismos hacia Dios! Una de las partes más difíciles de caminar con Jesús es separar nuestra parte de la parte de Dios. Y a veces, cuando seguir a Jesús se siente muy difícil, queremos que Dios se haga responsable; es por eso por lo que los discípulos dicen: «¡Aumenta nuestra fe!».

La respuesta de Jesús nos hace pensar. Él les dice que, si tienen fe tan grande como una de las semillas más pequeñas conocidas en ese tiempo, pueden desarraigar un árbol y arrojarlo al mar. La menor cantidad de fe en el Dios de lo imposible es más que suficiente para hacer todo lo que Dios requiere de ti. Pero el perdón no se trata de fe. Entonces, ¿de qué se trata?

La menor cantidad de fe en el Dios de lo imposible es más que suficiente para hacer todo lo que Dios requiere de ti.

Jesús terminó la conversación con una parábola:

> Supongamos que uno de ustedes tiene un siervo que ha estado arando el campo o cuidando las ovejas. Cuando el siervo regresa del campo, ¿acaso se le dice: «Ven en seguida a sentarte a la mesa»? ¿No se le diría más bien: «Prepárame la comida y cámbiate de ropa para atenderme mientras yo ceno; después tú podrás cenar»? ¿Acaso se le darían las gracias al siervo por haber hecho lo que se le mandó? Así también ustedes, cuando hayan hecho todo lo que se les ha mandado, deben de-

cir: «Somos siervos inútiles; no hemos hecho más que cumplir con nuestro deber» (Lucas 17:7–10).

El perdón es una cuestión de obediencia, no una cuestión de más fe. El perdón es *tu* responsabilidad y elección, no la responsabilidad de Dios. El perdón es el deber de un seguidor fiel hecho posible por la gracia que él o ella ha recibido. Tienes que elegir perdonar. Tienes que resolver liberar a las personas de su deuda. Debes decidir no desquitarte, no guardar rencor. Es un deber del siervo de un Salvador que lleva la cruz.

¿POR QUÉ DEBERÍAMOS PERDONAR?

Algunos pueden objetar y decir: «Pero si supieras lo que me hicieron, nunca me pedirías que perdonara. ¿Por qué debería perdonar a esta persona después de lo que me hicieron?». Déjame proporcionarte algunas motivaciones sobre por qué debes perdonar antes de explorar cómo perdonar.

Perdona porque has sido perdonado

Primero, debes perdonar a los demás porque Dios te ha perdonado. Aquí es donde comienza y termina la discusión. En otra conversación que Jesús tuvo con sus discípulos sobre este tema dolorosamente difícil del perdón, Pedro le preguntó al Señor: «¿Cuántas veces tendré que perdonar a alguien que peca contra mí? ¿Hasta siete veces?» (Mateo 18:21).

¡Parecía una oferta bastante generosa de Pedro! Siete era el número perfecto, y la regla de oro para el día era perdonar a alguien tres veces, por lo que estaba duplicando eso y agregando uno. ¡Creo que Pedro se sintió muy bien con esto, incluso magnánimo! Pero Jesús rápidamente apaga cualquier sentimiento bueno con una respuesta que entumece la mente: «Te digo, no siete veces, sino setenta y siete veces» (Mateo 18:22). Algunas traducciones dicen siete veces setenta, pero escucha, si el número que Jesús dijo tenía setenta y siete o cuatrocientos noventa, creo que su punto es claro: ¡deja de contar!

Para sellar el acuerdo sobre esta enseñanza, Jesús cuenta otra historia:

> Por eso el reino de los Cielos se parece a un rey que quiso ajustar cuentas con sus siervos. Al comenzar a hacerlo, se le presentó uno que le debía miles y miles de monedas de oro. Como él no tenía con qué pagar, el señor mandó que lo vendieran a él, a su esposa y a sus hijos, y todo lo que tenía, para así saldar la deuda. (Mateo 18:23–25).

Esta es una parábola de cómo es el reino de Dios. Así es como es la gente del reino, porque así es el Rey, y si sigues al Rey, te comportas como el Rey.

La historia involucra a un tipo que tenía una deuda que era aproximadamente veinte años de su salario. Ahora, piense en su salario, o en su ingreso familiar, multiplícalo por veinte y visualízate con ese tipo de deuda del consumidor. La única forma de llegar a ese nivel de deuda sería un comportamiento imprudente sin control. Ese es el contexto.

El amo le dijo que vendiera sus posesiones y su familia para pagar la deuda; era hora de liquidar cuentas. Esta era una práctica común en el Imperio romano. La práctica de la esclavitud del primer siglo no era de naturaleza racial, era económica.

Este hombre no tenía ningún recurso. No había nadie que pudiera ayudarlo a manejar esta deuda. No había forma de que él pudiera conseguir el dinero por su cuenta. No tenía ninguna posibilidad de salir de la difícil situación en la que se encontraba por culpa de nadie más que la suya.

Entonces se arrojó sobre la misericordia del maestro. «El siervo se postró delante de él. "Tenga paciencia conmigo —le rogó—, y se lo pagaré todo". El señor se compadeció de su siervo, le perdonó la deuda y lo dejó en libertad» (Mateo 18:26, 27).

Pausa aquí. El amo canceló una deuda por valor de veinte años de salario debido a un pedido de clemencia. ¿Qué te dice esto sobre el maestro? ¡El tipo ni siquiera estaba pidiendo la cancelación! Él estuvo pidiendo algo de tiempo con la promesa de que lo devolvería, pero el amo sabía que ninguna cantidad de tiempo le daría la oportunidad a este hombre para pagar esta deuda acumulada imprudentemente. Entonces, en su enorme magnanimidad, el amo cortó las cadenas de la deuda del alma de este hombre y lo liberó. La deuda fue cancelada: no fue vendido como esclavo, y su familia se libró de las consecuencias de su comportamiento irresponsable. A pesar de que la deuda tenía un precio, si él nunca podía pagarla, se convirtió en un gesto de liberación invaluable. La única respuesta apropiada sería pura alegría, vertiginosa y abundante gratitud, una deuda de amor para toda la vida.

Pero ahí es donde la historia toma un giro oscuro. Jesús continúa contando.

> Al salir, aquel siervo se encontró con uno de sus compañeros que le debía cien monedas de plata. Lo agarró por el cuello y comenzó a estrangularlo. «¡Págame lo que me debes!», le exigió. Su compañero se postró delante de él. «Ten paciencia conmigo» —le rogó— «y te lo pagaré». Pero él se negó. Más bien fue y lo hizo meter en la cárcel hasta que pagara la deuda. Cuando los demás siervos vieron lo ocurrido, se entristecieron mucho y fueron a contarle a su señor todo lo que había sucedido (Mateo 18:28–31).

Este siervo, que afortunadamente escapó de ser vendido en esclavitud junto con su familia debido a su comportamiento imprudente, se encontró con otro sirviente que le debía cien días de salario. Toma tu salario y multiplícalo por 0.274, y eso es lo que alguien te debería, si ganaran la misma cantidad que tú. Es una gran cantidad de dinero. Si ganó $100,000 el año pasado, la persona le debería

$27,400. También me gustaría que me devolviera ese dinero si lo hubiera prestado.

El compañero sirviente del hombre suplicó las mismas palabras que él mismo había usado anteriormente con el amo: «Ten paciencia conmigo, y yo te devolveré el dinero». La única diferencia es que esta vez el hombre que estaba rogando realmente *podría* devolverle el dinero. Tomaría tiempo. Exigiría sacrificio y trabajo duro, pero era posible pagar esta deuda. Si ganaba $100,000 y debía $27,400, sería similar a pagar un préstamo de automóvil. Pero el sirviente que escapó por poco de la esclavitud de por vida no tuvo piedad de su compañero sirviente. Incluso cuando el compañero sirviente cayó de rodillas y usó las mismas palabras que él mismo había hablado con el maestro, ni su conciencia ni su corazón se conmovieron, y sacudió al hombre, exigiéndole el pago de su deuda. La misericordia de su amo no lo había conducido a convertirse en un hombre misericordioso; él arrojó a su compañero en la cárcel. Es una escena oscura e incomprensible que Jesús pinta. Pero empeora, porque un grupo de sirvientes fue y le dijo al amo lo que acababa de suceder.

> Entonces el señor mandó llamar al siervo. «¡Siervo malvado!» —le increpó—. «Te perdoné toda aquella deuda porque me lo suplicaste. ¿No debías tú también haberte compadecido de tu compañero, así como yo me compadecí de ti?». Y, enojado, su señor lo entregó a los carceleros para que lo torturaran hasta que pagara todo lo que debía. (Mateo 18:32–34).

Es una parábola solemnizadora.

La pregunta clave persiste en cada alma tocada por la gracia de Dios: ¿no deberías tener piedad de tu compañero sirviente tal como él lo hizo contigo? El objetivo de la parábola es simplemente esto: es completamente absurdo que mantengamos a alguien en deuda a la luz del extraordinario perdón que Dios nos ha ofrecido. Él ha cancelado toda una vida de

> Es completamente absurdo que mantengamos a alguien en deuda a la luz del extraordinario perdón que Dios nos ha ofrecido.

pecado contra nosotros, por el bien de su nombre misericordioso, a costa de su preciosa sangre. ¿Quiénes somos nosotros para guardar rencor? Cuando la misericordia del Maestro no te mueve a convertirte en una persona misericordiosa, hay algo terriblemente mal con tu alma. Hay una desconexión entre tu cabeza y tu corazón. Tienes verdades en tu cabeza que no han penetrado en tu corazón; tienes doctrinas que defiendes que no han sido experiencias transformadoras.

A veces deseo que Jesús hubiese dejado las cosas sin decir. Ojalá hubiera terminado la parábola allí, como si eso no fuera lo suficientemente pesado. Pero no lo hace. Continúa haciendo una última indagación en nuestras almas con estas palabras: «Así es como mi Padre celestial los tratará a cada uno de ustedes a menos que perdonen a un hermano o hermana de corazón» (Mateo 18:35). Ay. Seremos entregados a los torturadores si nos negamos a perdonar. Eso me lleva a mi próxima razón motivadora para liberar a otros.

Perdona para que Satanás no gane ventaja

Debes perdonar porque la amargura le da a Satanás un lugar en tu vida. Le da un terreno de topos, un lugar habitado (Efesios 4:26, 27). Te entregarán al carcelero para que te torture.

Creo que los conceptos de los que hablan Pablo y Jesús son muy similares. Cuando mantienes a alguien en deuda contigo, el enemigo obtiene una fortaleza en tu vida. La fortaleza del enemigo le da acceso a tu alma, y él te atormenta; él te tortura. Algunas veces la amargura que está ahí conduce a la depresión. La depresión es a menudo (no siempre) en parte el resultado de una ira no procesada dirigida hacia adentro. A veces, el dolor del alma que está debajo de la raíz de amargura te lleva a recurrir a un patrón de alivio del pecado. Intentas adormecer el dolor con beber, o comer, o con medicamentos recetados, o televisión, o pornografía.

Entonces el enemigo te atormenta aún más avergonzándote por tus elecciones. Es un círculo vicioso: te tienta a que seas amargado, aceptas y te atormenta con los efectos de la amargura. Luego te tienta a que actúes de alguna manera que te consuele del dolor en tu alma que tu amargura ha enterrado. Tú lo aceptas de nuevo, y él te golpea con la condenación porque has pecado. Te han entregado al torturador, y él te está atormentando.

Hasta que perdones, estás bajo su control. No hay otra puerta que conduzca fuera de esta prisión, aparte de perdonar como se te ha perdonado.

Perdona porque la amargura es corrosiva

Finalmente, debes perdonar porque la amargura es un veneno para tu alma. Hay un antiguo aforismo que dice: «La amargura arruina el alma». Alguien dijo una vez: «El resentimiento es como beber veneno y esperar que la otra persona muera». La única persona que muere es la persona que consume el veneno. Entonces debes perdonar por tu propio bien. Debes perdonar por el bien de Dios, que ha tenido misericordia de ti y es digno de tu obediencia. Debes perdonar por el bien de tu libertad y tu plenitud en Cristo. Debes perdonar para no darle acceso al torturador a tu vida.

El no perdonar no es solo autodestructivo; también es corrosivo para la comunidad. Hebreos 12:15 dice: «Asegúrense de que nadie deje de alcanzar la gracia de Dios; de que ninguna raíz amarga brote y cause dificultades y corrompa a muchos». La amargura hace que tengamos fugas. Dañamos a otros, chismeamos contra ellos y derramamos ira. No solo lastima nuestra alma, se convierte en una enfermedad infecciosa en la comunidad de creyentes. Al final, causamos que otros tropiecen, algo contra lo que Jesús advirtió. Debemos procesar nuestra ira y perdonar.

¿CÓMO PUEDES PERDONAR?

Hay algunos pasos muy prácticos que puedes tomar para perdonar a los demás. Estos son los pasos que he tomado y que han demostrado ser efectivos en mi jornada. No son simplemente conceptos teóricos; he avanzado con dificultad en estos pasos y puedo testificar que este es un camino probado y verdadero hacia la libertad. Oro para que te ayuden, ya que me han ayudado a mí y a muchos otros que han asistido a clases y conferencias sobre el cuidado del alma.

Recuerda la gracia de Dios

Comienza recordando la gracia de Dios para contigo. Cuando estás herido y luchando con la falta de perdón, cuando te encuentras teniendo conversaciones imaginarias con la persona que te lastimó y revives la ofensa en tu mente, entonces es hora de recordar la gracia de Dios.

El siervo despiadado no dio este paso. Recordó la ofensa de su consiervo y sus propias pérdidas, pero no recordó la gracia del amo para él. No puedes revivir tu dolor y recordar la gracia de Dios al mismo tiempo.

Para ayudarme a recordar la misericordia de Dios, a menudo escucho música de adoración que se centra en la gracia de Dios. Yo canto las canciones. Me empapo en ellas. Medito sobre las Escrituras que proclaman con audacia el corazón misericordioso del Padre. Puedo leer los relatos de la muerte de Jesús en la cruz por mí y contemplar el precio que pagó Jesús por mi rescate. Puedo volver a esta parábola en Mateo 18 del siervo inmisericorde o quizás leer el pasaje en Lucas 17:1–10.

Pongo mi corazón en la gracia de Dios.

A veces saco mi diario, y comienzo a escribir todos los pecados que he cometido que Dios ha perdonado, y recuerdo la misericordia de Dios con un corazón agradecido. Por lo general, cuando llego a la segunda página, me siento más benévolo. Pon tu corazón en la gracia de Dios.

Ora las bendiciones

Segundo, ora bendiciones sobre aquellos que han pecado en contra tuya. En Lucas 6:27, 28, Jesús dijo: «Pero a ustedes que me escuchan les digo: "Amen a sus enemigos, hagan bien a quienes los odian, bendigan a quienes los maldicen, oren por quienes los maltratan"».

Comencé el capítulo con la historia del hombre que habló mentiras sobre mí a mis espaldas. Un día estaba furioso por lo que este hombre había hecho; acababa de escuchar del superintendente de distrito y estaba enojado. Estaba hablando con Dios al respecto, y escuché el susurro del Espíritu. Él me incitó a leer este versículo de Lucas 6. Conocía el versículo, pero no quería leerlo.

Dije: «Señor, no quiero leer ese versículo. ¿Qué tal algunos de los Salmos, esos salmos imprecatorios de David, donde David ora para que persigas a sus enemigos? ¿Qué tal si leemos esos?». Él permaneció inmóvil e implacable; Él es un Maestro misericordioso, no solo para mí, sino también para mis enemigos.

Dije: «Señor, conozco ese versículo. Sé lo que dijiste, pero en realidad no quisiste decir eso». Tan pronto como dije eso, pensé en lo que dijo Jesús sobre sus enemigos en la cruz: «Padre, perdónalos, no saben lo que hacen».

Yo dije: «Está bien, Señor, lo decías en serio. Pero realmente no esperas que ore bendiciones sobre este hombre, ¿verdad?». Sabía la respuesta en lo profundo de mi alma: absolutamente sí lo esperaba. Él decía cada palabra en serio. Así que cedí. Yo dijeÑ «Señor, está bien. Oraré bendiciones, pero no por su bien, lo haré para obedecerte, porque te amo. Pero necesitas saber, nada de lo que digo será en serio. Estoy dispuesto a decirlo, pero no puedo cambiar mi corazón. Puedo obedecer, así que obedeceré».

Y con eso, comencé a orar bendiciones. No sonaron muy sinceras, pero hice lo mejor que pude en ese momento. Oré: «Señor, oro para que bendigas a John. Oro para que le caiga bien a su esposa, si eso es posible. ¡Ojalá sus hijos no resulten ser como él, de alguna manera!». Seguí orando bendiciones así, y continué haciéndolo todos los días. Día tras día, seguí orando.

Lo veía en la iglesia el domingo, y él sonreía y decía: «Es tan bueno verte». Pero sabía que todavía estaba hablando mentiras sobre mí. Seguí orando bendiciones sobre él. Con el tiempo, mis oraciones comenzaron a sonar más sinceras: «Señor, oro para que conozca tu amor. Él conocería tu paz. Te pido que lo ayudes a arrepentirse para que no tenga que vivir con esta amargura en su alma».

Un día vino a mi lado en la puerta de entrada un domingo por la mañana, me estrechó la mano y me dijo: «Es bueno verte» con su falsa sonrisa. Le estreché la mano y le dije: «Es bueno verte», y lo dije en serio. Sentí que el amor surgía de lo profundo de mi espíritu, y supe que era Dios. No fui yo; fue Cristo en mí amando a través de mí. Fue un milagro.

> Si haces lo que Dios te pide que hagas, Él hará lo que no puedas hacer: cambiará tu corazón.

Ese fue el día que aprendí una valiosa lección: si haces lo que Dios te pide que hagas, Él hará lo que no puedas hacer: cambiará tu corazón. A menudo esperamos que Dios nos cambie antes de obedecer. Oramos: «Dios, necesitas cambiar mi corazón para que pueda obedecer». Es como si los discípulos dijeran: «Aumenta nuestra fe». Pero esa no es la forma en que funciona. Dios nos llama a obedecerle, incluso cuando nuestros corazones aún no están alineados con Él. Y a medida que avanzamos en la fe, con nuestros ojos fijos en Él, encontramos que Dios hace un trabajo profundo en el corazón.

Cuando oro bendiciones a los que pecan en mi contra, simplemente oro por ellos todas las cosas buenas que quiero en mi vida. Quiero conocer el amor de Dios, la paz y la alegría, así que oro por ellos. Quiero que mi familia experimente el favor de Dios, así que oro eso para ellos.

Tu espíritu ya ha sido cambiado; ya ha sido perfeccionado. Cuando mantienes tus ojos en Jesús y sales en fe para obedecerle, el trabajo que se ha logrado en tu espíritu se activa en tu alma. Bendice a los que te maldicen. Continúa bendiciéndolos para que Dios pueda obrar el cambio dentro de ti.

Mirate a ti mismo como a tu ofensor

Una tercera forma de extender el perdón es verse a sí mismo más como que diferente a su ofensor. Me encanta la sabiduría del escritor de Eclesiastés cuando dice: «No prestes atención a cada palabra que diga la gente, o puedes escuchar a tu siervo maldiciéndote, porque sabes en tu corazón que muchas veces tú mismo has maldecido a otros» (Eclesiastés 7:21, 22). Es como si dijera: «No te tomes a ti mismo tan en serio, y deja de enojarte tanto con lo que otros dicen y hacen contra ti. Sabes que has hecho lo mismo».

Cuando me han lastimado las palabras o las acciones de otra persona, trato de ponerme en su lugar e intento pensar: «Si creciera en su casa y tuviera su vida, podría haber sido como ellos, y podría hacer lo mismo que están haciendo». No los excusa a ellos, ni a mí, de nuestro mal comportamiento; simplemente ayuda a suavizar mi corazón y me prepara para perdonar.

Mírate a ti mismo más como ellos. Te ayudará a acceder al perdón.

Ofrece perdón al nivel de la ofensa

En cuarto lugar, ofrece perdón al nivel de la ofensa. Al principio de mi relación con Jen, ella mencionó un dolor de nuestros años de noviazgo. No fue la primera vez que lo discutimos; esto había aparecido varias veces antes. Le dije: «Cariño, hablamos sobre esto, y pedí tu perdón, y me perdonaste». Ella dijo: «Lo sé». Le dije: «¿Por qué seguimos volviendo a eso?». Jen dijo: «Yo no sé».

Entonces, una noche hablamos de eso otra vez. Ella en realidad me gritó, lo que puede haber sido la única vez en nuestro matrimonio que me gritó. Esta vez, cuando habló de su dolor, lo entendí. Me atravesó el corazón y me puse de rodillas y le pedí que me perdonara con lágrimas. Ella me perdonó, y fue la última vez que discutimos el tema.

El problema era que seguía ofreciéndole el equivalente a una taza de disculpas, pero tenía una ofensa de cinco galones. (Estoy en deuda con Roger Barrier por esta ilustración). No pudimos resolver el problema hasta que le ofrecí una disculpa de cinco galones, y ella me ofreció cinco galones de perdón.

Aprender a escuchar es de vital importancia si va a perdonar al nivel de la ofensa. A menudo las personas practican lo que llamo «escuchar el contenido». Escuchar el contenido es cuando tu cónyuge te dice: «Necesito que ayudes más en la casa». Y tu respondes repitiendo el contenido con tus propias palabras: «Entonces, te sentirías más respaldado si ayudara más en la casa». Simplemente nos aseguramos de que nos entendamos mutuamente con el contenido de lo que se transmite.

Pero hay un nivel de escuchar mucho más profundo. Es lo que llamo «escuchar las emociones». Ahora, no solo estoy escuchando el contenido de lo que estás comunicando, también estoy escuchando el tono emocional y el peso detrás de tus palabras. Estoy captando el intento.

No podía ofrecerle a Jen una disculpa de cinco galones

cuando solo estaba escuchando el contenido porque no sabía que había una herida de cinco galones. Necesitaba escucharla en un nivel más profundo. Tenía que entender cuán profundamente estaba herida. Necesitaba escuchar su corazón.

A veces nos apresuramos a disculparnos, y esto nos impide escuchar a niveles más profundos. No me malinterpreten: no estoy diciendo que debemos ser lentos para pedir disculpas y rápidos para defendernos. De ningún modo. Estoy diciendo que a veces nos disculpamos rápidamente porque nos sentimos incómodos con la luz que se le está ofreciendo a nuestra alma.

Imagina que alguien viene a ti y te dice: «Cuando dijiste esto, me sentí herido». Podrías decir: «Lo siento mucho. Lo siento mucho». Es una buena persona; ha sido entrenado en la bondad cristiana, y entonces dice: «Está bien. Te perdono». Pero estás ofreciendo una disculpa equivalente a una copa, y la persona te está ofreciendo perdón equivalente a una copa.

El problema es que hay una ofensa de cinco galones, y la rápida disculpa ha llevado a una pseudoreconciliación. Sería mejor si nos tomáramos tiempo para escucharnos unos a otros en un nivel más profundo, si le diéramos a las personas espacio para compartir su corazón y su dolor. Sería mejor preguntar: «Ayúdame a comprender cómo te hizo sentir eso. ¿Hay algo más que quieres decir?».

Solo cuando hayamos sentido el dolor de nuestra ofensa podemos ofrecer una disculpa adecuada que se adapte al nivel de dolor que la persona está sufriendo.

Escoge el perdón

El perdón es un acto de la voluntad que debemos elegir. El perdón es un regalo ofrecido por la parte ofendida. Nunca es merecido o ganado. Por lo tanto, puedes perdonar a alguien unilateralmente; no necesitan disculparse. Este es un regalo de Dios; de lo contrario, estarían sujetos a la amargura por la falta de voluntad de alguien de asumir su parte y arrepentirse. Afortunadamente, esto no es verdad; puedes perdonar a alguien, aunque nunca se disculpe. Puedes perdonar a alguien incluso si ha muerto y nunca te pidió disculpas.

Sin embargo, hay una diferencia entre el perdón y la confianza. El perdón es un regalo otorgado por la parte ofendida. La confianza se gana. Y aunque el perdón es unilateral, la reconciliación es bilateral; requiere que ambas partes participen plenamente.

El perdón es un regalo otorgado por la parte ofendida. La confianza se gana. Y aunque el perdón es unilateral, la reconciliación es bilateral; requiere que ambas partes participen plenamente.

Para que se produzca la reconciliación, la parte ofendida debe perdonar por completo el nivel de la ofensa: si hay una ofensa de cinco galones, debe haber cinco galones de perdón. Y el ofensor debe arrepentirse por completo al nivel de la ofensa: él o ella debe ofrecer una disculpa de cinco galones. Solo entonces puede restablecerse la confianza y reconciliarse la relación. Cuando alguien no está dispuesto a arrepentirse, todavía puedes perdonarlos por completo, pero la relación será superficial en el mejor de los casos.

El perdón es una opción para liberar a la persona de su deuda. Resuelve no guardar rencor o revivir la ofensa. Intento controlar mi conversación interna y lo que fluye por mi mente. Si encuentro que tengo una conversación imaginaria con alguien que me ha lastimado, o si estoy pensando en el incidente, utilizo esto como desencadenantes para recordarme que debo bendecir a la persona. Tan pronto como veo mi pensamiento a la deriva por estos caminos, reafirmo mi decisión de perdonarlos y liberarlos de mi deuda, y empiezo a orar bendiciones sobre la persona. ¡El enemigo es bastante reacio a no hacerme recordar continuamente el daño si eso me inspira a orar para bendecir a mi enemigo! Debes elegir ofrecer el regalo del perdón.

Procese el perdón

El perdón puede sentirse como un proceso. A veces es como una cebolla, y sale en capas. Puede ser un poco desalentador para alguien que piensa que ha trabajado a través del perdón solo para sentir que el resentimiento vuelve a surgir. Pero no te desanimes. Sigue afirmando la decisión que has tomado, y sigue orando bendiciones sobre la persona que ha pecado contra ti. Sigue trabajando en el proceso del perdón.

A veces, el perdón se siente como un proceso porque no se sabe cuán profundo es el daño. Estás ofreciendo perdón equivalente a una copa, pero hay mucho más dolor en tu alma. Tienes que seguir el proceso hasta que hayas perdonado por completo.

A veces, el perdón se siente como un proceso porque está en una relación con alguien que te sigue lastimando y no se arrepiente ni ofrece una disculpa acorde con la ofensa.

Debes establecer claramente los límites apropiados. Hay una diferencia entre un escudo y un límite. Un escudo es algo que recojo para protegerme. Puedo tomar la actitud defensiva, la ira, la retirada o el silencio como un escudo, y puedo usar ese escudo para mantener al delincuente alejado de mí y protegerme. No protege mi dignidad ni la dignidad de la otra persona.

Pero un límite se usa para preservar mi dignidad y la dignidad de la otra persona. Cuando establezco un límite saludable, no me rebajo al nivel de la disfunción de la otra persona, y exhorto a la otra persona para que viva a un nivel más alto también, y esto preserva la dignidad para ambos.

Por ejemplo, digamos que alguien se encuentra conmigo

en la oficina y está enojado conmigo por algo. Imagínese que empieza a gritarme y llamarme nombres (lo que me ha pasado antes). Simplemente le digo a la persona: «Quiero escuchar lo que tienes que decir. Pero debes tratarme con dignidad y respeto. Así es como te trato. Si puedes replantear lo que estás tratando de decir sin llamarme nombres, y sin gritarme, estaría feliz de escuchar. Si no, te pediré que te vayas».

En realidad, estoy estableciendo un límite saludable que preserva su dignidad, así como la mía. Me complace escucharlos si me tratan con respeto, y los estoy llamando a vivir en un nivel más alto y más maduro.

Necesitamos límites cuando las personas nos están atacando. Pero los escudos son realmente peligrosos. El problema con los escudos es que son indiscriminados. No solo bloquean a la persona que trata de lastimarnos, sino que también bloquean a Dios e impiden que pueda sanarnos. Necesitamos bajar nuestros escudos defensivos que son intentos de autoprotección y establecer límites sanos que surgen del deseo de preservar la dignidad de las personas por las cuales murió Cristo.

Los límites saludables provienen de una identidad saludable. Cuando tú sabes que Dios te ama profundamente, no permites que las personas te atropellen, pero tampoco pretendes controlar a los demás. Tratas a los demás con dignidad y respeto, y también les pides que te traten con dignidad y respeto.

Piensa en los límites como una valla. Cuando se violan nuestros límites es como si saltáramos al patio de otra persona y tratáramos de asumir la responsabilidad de su vida, o les permitiéramos saltar a nuestro patio para asumir la responsabilidad de nuestra vida. Para tener límites saludables, necesitamos un yo claramente diferenciado. Necesitamos saber quiénes somos, cuál es nuestra responsabilidad y cuál es la responsabilidad de los demás. Soy el único responsable de mí.

Con demasiada frecuencia las personas luchan con la codependencia y tratan de asumir la responsabilidad de la vida de otra persona. Un ejemplo clásico es cuando alguien es un adicto; el cónyuge a menudo trata de asumir la responsabilidad de la sobriedad de la otra persona. Están saltando vallas. Quédate en tu propio patio y asume la responsabilidad de tu propia vida.

Establecer límites saludables es parte del proceso de aprender a perdonar. De lo contrario, terminas lastimándote una y otra vez en la misma dirección porque la gente sigue saltando por encima de las vallas de tus límites.

Recuerda que Dios es redentor

Cuando trabajas para perdonar a los demás, siempre es útil recordar que Dios es redentor. Pablo nos recuerda que Dios puede usar cualquier cosa que entre en nuestras vidas para hacernos más como Jesús (Romanos 8:28, 29). Él puede redimir incluso las heridas que sufrimos a manos de nuestros enemigos y usar ese dolor para hacernos más como Jesús. Esto siempre es esperanzador para mí.

Cuando estoy herido, recojo esta promesa, y luego oro para que Dios redima esta circunstancia en mi vida para hacerme más como Jesús. De nuevo, esto tiende a ablandar mi corazón; da propósito al evento en mi vida. No excusa la ofensa de la persona, pero me da esperanza y propósito en medio de las dificultades.

Invita al Espíritu Santo a venir y curar las heridas que han resultado de las manos de tus enemigos. (Discutiremos esto más adelante). A medida que Dios sana tus heridas, y experimentas su amor y su trabajo redentor, facilita el extender el perdón a los demás.

Un día estaba luchando porque algunas personas escribieron cosas negativas sobre mí en línea. Me sentía herido, enojado y luchando por no revivir la ofensa. Pero lo traje al

Señor y oré bendiciones. El Señor me condujo a este pasaje del Sermón del Monte de Jesús: «Bendito eres cuando la gente te insulta, te persigue y dice falsamente todo tipo de mal contra ti por mi culpa. Alégrate y regocíjate, porque grande es tu recompensa en el Cielo, porque de la misma manera persiguieron a los profetas que estaban antes de ti».

Mientras leía ese pasaje, fue como si hubiera visto lo que decía por primera vez. Soy bendecido cuando la gente me insulta por lo que hago por Jesús. Soy bendecido porque han aumentado mi recompensa en el Cielo («grande es tu recompensa en el Cielo»). ¡Realmente están ayudando mi causa! Mi recompensa eterna está mejorando gracias a esta gente. Les debo una deuda de gratitud. Y no solo eso, sino que me elevan al estado de los profetas («porque de la misma manera perseguían a los profetas que fueron antes que ustedes»). El Espíritu cambió mi actitud sobre este tipo de ataques en mi contra ese día. Miré lo que estaba escrito en mi contra con una actitud completamente nueva. El Señor lo tomaría y redimiría, no solo en el aquí y ahora, sino por toda la eternidad. No es de extrañar que puedes regocijarte y alegrarte cuando la gente te ataque.

Lamenta sus daños y pérdidas

Para atravesar el proceso del perdón, ayuda el lamentar las heridas y pérdidas que has sufrido. Muchas personas solo asocian el duelo con la muerte. Pero el lamento tiene que ver con pérdida. Debes llorar tus pérdidas en la vida: pérdida de la relación, pérdida de un sueño, pérdida de reputación, pérdida de oportunidad, pérdida de la inocencia, pérdida de amor y pérdida de un ser querido. Si lamentas tus pérdidas, evitas que tu corazón se llene de oscuridad. A veces tus afectos se marchitan por el espacio que el dolor ocupa en tu alma, y no puedes volver a capturar tus afectos hasta que lamentes tus pérdidas. Y sin afligirnos por nuestras pérdidas, es increíblemente difícil trabajar a través del perdón. Los dolores no procesados producen raíces amargas.

Tus expectativas y tus desilusiones están unidas. Cuanto más te lastimen, más se levantarán tus desilusiones. Pero a medida que tus decepciones aumentan, tus expectativas caen. Es como si estuvieran en un subibaja. Cuando un lado sube, el otro lado baja. A menos que lamentes tus decepciones, no puedes recuperar tus expectativas. A menudo, lo que evita que lamentes tus decepciones es una raíz de amargura. Tienes que abordar la raíz de amargura y luego lamentarte por la desilusión para poder liberarte.

El problema es que tus pasiones están ligadas a tus expectativas y esperanzas. Y cuando aumentan tus decepciones y tus expectativas caen, tus pasiones se desplazan. Aún tienes pasión dentro de ti. Pero ya no se dirige a los lugares de tus expectativas, esperanzas y sueños anteriores. El resultado es que terminas con pasiones nuevas e insalubres. Ya no tienes pasión por tus esperanzas, sueños y expectativas saludables. Por lo contrario, esas pasiones desplazadas han sido detenidas por la amargura y la ira. A menudo corremos hacia pasiones impías para adormecer el dolor, el sufrimiento, la desilusión y la amargura que se han acumulado en el sótano de nuestra alma. Una vez más, la opción saludable es afligirse por tus desilusiones para que puedas desalojar esas pasiones desplazadas de amargura y recuperar tus pasiones saludables por los sueños que Dios te ha dado.

Tus pasiones poco saludables pueden llevarte hacia la amargura y el juicio y la envidia contra los demás. Tus pasiones enfermizas pueden destinarte a gastar dinero y vivir la buena vida, conformándote con los placeres de esta vida. O tus pasiones enfermizas pueden llevarte a placeres ilícitos que ayudan a adormecer tu alma, como los pecados sexuales. Debes procesar tus decepciones para volver a encender tus expectativas y canalizar nuevamente tus pasiones a los lugares saludables.

Orar los salmos puede ser extremadamente útil para procesar la pena. Los enemigos de la vida real que le causaron angustia a menudo persiguieron a David. Muchos de sus salmos implican el procesamiento de estas oscuras emociones de sufrimiento, traición, lamento, pérdida y dolor, por lo que orar esos salmos puede ayudarte a procesar tus propias pérdidas.

Debes procesar tu dolor y lamento para que tu alma esté sana. Si atrapas estas emociones en tu interior, el problema no es solo que tiene emociones negativas como la ira, sino que tus emociones positivas comienzan a cerrarse también sobre ti: sientes menos alegría, menos amor, menos paz. También puedes comenzar a participar en los pecados de la comodidad para ayudarte a sobrellevar el dolor interno que no estás reconociendo.

Ya sea que lo reconozcas o no, el dolor está ahí, y tu alma clama por alivio. Piense en tu alma como una maleta. Si tu maleta está llena de un montón de camisetas y sudaderas con el nombre de dolor, heridas, decepción, pena y cosas por el estilo, entonces no hay lugar en la maleta para camisetas y sudaderas como *alegría, amor, paz y plenitud* de Dios. Debes desempacar la maleta antes de que puedas crear espacio para la libertad y la plenitud de Dios. Con demasiada frecuencia tienes una maleta cuyas tres cuartas partes está llena de fango del alma, y queda muy poco espacio para la plenitud de Dios. Si la maleta de tu alma está llena de dolor y enojo, no hay lugar para el gozo y la paz. Tienes que lamentarte y perdonar para abrir espacio en la maleta de tu alma.

La tentación de la comodidad en medio de ese dolor del alma puede ser abrumadora. Estuve hablando en una conferencia un día y una mujer se acercó a mí. Era tarde en la noche y ella era la última persona en la línea de oración. Su línea de apertura fue franca, si no impactante: «Odio a todos».

Era una mujer mayor bien vestida que había asistido a la

iglesia toda su vida. Continuó explicando: «Odio a mi esposo. Odio a mis hijos. Odio a mi pastor». Al oír esto retrocedí un poco, por si las dudas. Pero ella continuó. «Y estoy bebiendo en secreto. Nadie lo sabe». La amargura y el dolor habían llenado su alma. Necesitaba algo para consolar su alma empapada de dolor, por eso tomaba alcohol.

Tristemente, muy a menudo en la iglesia solo nos enfocamos en los comportamientos. Decimos: «Paren eso. No hagas eso. Haz esto». Muy a menudo, el comportamiento no es el problema. Y las conversaciones religiosas que se centraban en los comportamientos no podían ayudar a esta mujer. Los problemas con los que luchó estaban en su alma.

Solo había una pregunta que podría ayudarla. Simplemente le pregunté: «¿Por qué no me habla de su dolor?». Ella continuó y habló de las pérdidas en su vida, las heridas, las angustias y los dolores. Ella había sufrido toda una vida de pérdidas y daños, y siguió levantándose y haciendo lo correcto, caminando penosamente como un buen soldado, porque eso era lo que ella pensaba que debía hacer. Todo este dolor se llenó dentro. Su corazón no podría aguantar más.

Le dije: «¿Estás lista para darle a Jesús acceso a tu corazón y a tu dolor?». Ella asintió con la cabeza, y oré: «Señor Jesús, ven. Y drena el dolor que está encerrado dentro de su corazón».

La presencia de Dios vino y tocó el núcleo intocable de dolor que había sido enterrado en su alma. Ella comenzó a llorar. Ella lloró por más de treinta minutos, lágrimas que tenía guardadas por mucho tiempo. Fue el comienzo de una travesía hacia el perdón y la sanación. Pero tenía que comenzar con lamento. Ella tuvo que desempacar la maleta para dejarle espacio a Dios. Ella tuvo que lamentar y perdonar para liberarse y experimentar la plenitud de Dios.

Tú debes reconocer tu dolor en la presencia de Dios para que puedas acceder a su amor sanador. Fenelon dijo: «Pronto el tiempo dará paso a la eternidad y nuestro sufrimiento habrá terminado. Pronto Dios secará nuestras lágrimas con su propia mano».[4] Nos afligimos con esperanza en un Dios compasivo que sana a los quebrantados de corazón.

Nos afligimos con esperanza en un Dios compasivo que sana a los quebrantados de corazón.

ESCOGIENDO EL PERDONAR

Cuando tenía veintitantos años, asistí a una conferencia de John Maxwell. Él dijo: «Moriré sin enemigos. Hay personas a las que no les caigo bien, pero el sentimiento no es mutuo». Ese día hice una elección consciente. En lo profundo de mi alma hice una firme determinación de que moriré sin enemigos. Por lo tanto, he decidido bendecir a todos los que me maldicen. He decidido no guardar rencor, no alimentar heridas, no alimentar ninguna desilusión ni aferrarme a ningún resentimiento. Procesaré mi ira y mi dolor a toda costa, y perdonaré a mis enemigos. Esa decisión me ha salvado de incontables horas de angustia y tormento internos en mi vida.

Hay personas que no me quieren, pero el sentimiento no es mutuo. John Maxwell dijo ese día que la única razón por la cual él no les caía bien a algunas personas —o tú o yo no les caemos bien— es porque no tienen discernimiento. Me encanta esa línea. Me adueñé de esa frase y le agregué algo. Digo: «La única razón por la cual a las personas no les caigo bien es porque carecen de discernimiento... porque mi Padre me quiere y Él tiene un discernimiento perfecto».

Tristemente, muchas veces las personas no eligen perdonar.

4. Francois Fenelon, *Let Go* (New Kensington, PA: Whitaker House, 1973), p. 39.

Llegan a este borde de la decisión y se van con una amargura que cubre las paredes de su alma. Simplemente se niegan a dejarlo ir. No hay libertad allí. Si permaneces en la amargura, tu alma se enfermará. Corrie ten Boom dijo: «El perdón es la llave que abre la puerta del resentimiento y las esposas de la amargura».[5]

Tienes que elegir conscientemente perdonar a los que pecan contra ti. Negar tu dolor y enojo no te llevará a la libertad y al perdón. Tienes que caminar conscientemente por estos pasos para perdonar a aquellos que pecan contra ti. Debes decidir perdonar, renunciar al control y liberarte del resentimiento. Debes dejar a la persona libre, entrégalos a ellos y a ti mismo a las manos de Dios.

PASOS DE ACCIÓN ESPIRITUAL

- Aquieta tu corazón ante el Señor. Pídele al Espíritu Santo que te muestre los nombres de las personas que necesitas perdonar. A medida que los nombres aparecen, escríbalos. Incluso si crees que es una persona a la que ya has perdonado, anota ese nombre. No lo evites.
- Conscientemente elije liberar a estas personas de tu deuda. Sigue los pasos del perdón enumerados en este capítulo.
- Comprométete a orar bendiciones sobre cada uno hasta que sientas que estás libre de resentimiento.
- Comprométete a morir sin enemigos, y resuelve amar a tus enemigos, perdona a los que pecan contra ti y bendice a los que te maldicen.

5. Corrie ten Boom, *Tramp for the Lord* (Fort Washington, PA: CLC Publications), p. 182.

CUIDADO DEL ALMA - PRINCIPIO #5

SANANDO HERIDAS

¿Alguna vez has tenido una astilla infectada? Si tuvieras una astilla en el pulgar que estuviese infectada y golpearas accidentalmente tu pulgar, tendrías una reacción desproporcionada al impacto. Incluso si apenas tocaras tu pulgar, saltarías del dolor debido a la infección.

Todos tenemos astillas en nuestra alma que se infectan. ¿Alguna vez alguien te ha dicho: «Estás reaccionando de forma exagerada», o, «¿Por qué estás tan molesto por esto?», o, «Estás exagerando»? Lo más probable es que tenían razón.

Cuando tienes heridas del pasado que se infectan en tu alma y alguien choca con ellas, tienes una reacción desproporcionada. Estas heridas son como astillas infectadas en el alma.

Todos tenemos algún tipo de bagaje de nuestro pasado. Es solo parte de crecer en un planeta caído y manchado de pecado. Pero algunas personas llevan más resentimientos, heridas y golpes que otras. No todos están heridos por igual o de la misma manera.

Cuando me reúno con personas que buscan ayuda, lo primero que hago es pedirles que me cuenten su historia. He escuchado miles de historias de todo el mundo, todas diferentes culturas y todas diferentes circunstancias. Todos estamos cargando algunas heridas, algunos golpes y moretones emocionales. A menos que estas heridas se curen, pueden influir negativamente en nuestras reacciones, nuestras decisiones, nuestros comportamientos y nuestras relaciones, y son limitaciones en nuestras vidas. Tristemente, a veces estos daños están protegidos por mecanismos de defensa que nos impiden acceder a ellos. La fortaleza no es refugio sanador. Las paredes deben caer, y debemos dejar que Jesús entre en nuestros lugares dolorosos, porque solo Él es el Sanador.

DIOS REDIME TU DOLOR

La buena noticia es que Jesús murió en la cruz, no solo para tomar nuestros pecados, sino también para sanar nuestras heridas. Él quiere hacernos completos. Una de las profecías más famosas del Antiguo Testamento acerca de Jesús se encuentra en Isaías 53. El pasaje predice el trabajo expiatorio de Jesús en la cruz, pero ese trabajo incluye más que solo perdonar nuestros pecados. La redención implica hacernos completos.

Isaías 53:4, 5 dice: «Ciertamente él cargó con nuestras enfermedades y soportó nuestros dolores, pero nosotros lo consideramos herido, golpeado por Dios, y humillado. Él fue traspasado por nuestras rebeliones, y molido por nuestras iniquidades; sobre él recayó el castigo, precio de nuestra paz, y gracias a sus heridas fuimos sanados».

Jesús tomó nuestro dolor en la cruz. Esa palabra hebrea para el dolor se usa a lo largo de los salmos, y se refiere en diferentes momentos al dolor físico, dolor emocional y dolor espiritual. Jesús tomó nuestros pecados y todos los efectos dolorosos del pecado en la cruz. Él soportó nuestro sufrimiento, sí, murió en nuestro lugar y sufrió en nuestro nombre a causa de nuestro pecado, para que pudiéramos ser justificados ante Dios. Pero también soportó el sufrimiento que causa el pecado. Él tomó tu dolor en la cruz.

El castigo que Jesús sufrió en la cruz en nuestro nombre nos trajo la paz, y eso ciertamente incluye la paz con Dios porque estamos perdonados. Pero la palabra hebrea para paz es *shalom*, que también incluye una sensación de plenitud o bienestar. La muerte de Jesús nos dio acceso a la sanación y la integridad, una profunda paz interna del alma. Es por causa de Su herida que somos sanados.

Dios puede redimir el dolor de nuestras vidas para hacernos más como Jesús. Cuando reflexiono sobre mi vida, puedo decir que aprendí más del fracaso que del éxito; he crecido más en el dolor que en la prosperidad. Hay pocas cosas que nos hacen madurar tanto como una respuesta de confianza a un Dios redentor en tiempos de sufrimiento.

> Hay pocas cosas que nos hacen madurar tanto como una respuesta de confianza a un Dios redentor en tiempos de sufrimiento.

En Romanos 8:28, 29, Pablo escribe: «Ahora bien, sabemos que Dios dispone todas las cosas para el bien de quienes lo aman, los que han sido llamados de acuerdo con su propósito. Porque a los que Dios conoció de antemano, también los predestinó a ser transformados según la imagen de su Hijo, para que él sea el primogénito entre muchos hermanos». Dios puede tomar todo, incluso las cosas más trágicas y dolorosas en nuestras vidas, para hacernos más como Jesús.

Esto no significa que Dios ordenó que estas cosas malas

sucedieran en nuestra vida. Dios no es malo, y no tiene maldad para dar. Él no causa personas u ordena personas que sufran algún mal como una violación, abuso sexual o abuso físico. Pero Dios es tan bueno que puede redimir incluso estas horribles cosas malvadas.

Santiago 1:5 añade a esto: «Si a alguno de ustedes le falta sabiduría, pídasela a Dios, y él se la dará, pues Dios da a todos generosamente sin menospreciar a nadie». A menudo citamos este versículo cuando nos enfrentamos a una gran decisión en nuestras vidas. Podemos estar a punto de casarnos o cambiar de carrera, y mientras buscamos la dirección de Dios, citamos a Santiago 1:5.

Podemos citar este versículo en esos momentos de toma de decisiones y confiar en Dios para que nos dé sabiduría, pero ese no es el contexto de este versículo. El contexto es: «Cada vez que enfrentas pruebas de muchos tipos» (Santiago 1:2). Santiago dice que cuando estamos atravesando dificultades, luchas y pruebas, y no sabemos cómo Dios puede redimirlos para hacernos más como Jesús; pídele que te redima. Él nos dará sabiduría. Él nos mostrará cómo puede redimir estas circunstancias para madurarnos.

Él transforma las flechas del enemigo que tenían la intención de destruirnos en el bisturí del Gran Médico destinado a sanarnos.

Es importante para nosotros creer que Dios puede redimir el dolor en nuestras vidas. No es que Dios lo envió, sino que Dios puede redimirlo. Él transforma las flechas del enemigo que tenían la intención de destruirnos en el bisturí del Gran Médico destinado a sanarnos. Nos da esperanza en cada circunstancia.

Es igualmente importante no asociar a Dios con las cosas malvadas que se nos hacen. No queremos culpar a Dios por el mal; Dios es bueno. He escuchado a la gente decir: «Dios trajo este abuso a mi vida por una razón». Dios no introdujo abuso en sus vidas; alguna persona perpetró un acto malvado contra ellos. Pero Dios puede redimirlo.

Más allá del perdón

En el proceso de sanación, tendremos que perdonar a la persona que nos ha herido, pero incluso después de que hayamos perdonado, la herida en sí misma a menudo aún necesita sanación. Imagina que alguien te golpea con un bate de béisbol. Necesitas perdonar a la persona que te golpeó, pero hay una herida física que aún necesita sanación, incluso después de que has perdonado. Más que eso, también hay una herida en el alma, y también necesita sanación, incluso después de haber perdonado, y en ocasiones mucho después de que los efectos físicos de la herida hayan sanado.

Digamos que tu padre o tu madre te abandonaron cuando eras pequeño. Como un niño pequeño, eras demasiado joven para haber procesado realmente un evento como ese. No tuviste el desarrollo emocional para lamentar una pérdida tan grande; simplemente saliste adelante y sobreviviste. Pero a medida que crecías, te dabas cuenta de que llevabas una carga en tu alma debido al abandono que sufriste. En algún momento se te ocurrió que no pudiste tener la influencia de esos padres en tu vida, a diferencia de muchos de tus amigos. No tuviste el apoyo emocional; y quedaste con una privación de amor y una herida de abandono.

La pérdida también te ha dejado con mucha rabia hacia este padre que dejó un vacío en tu vida. Te ha costado mucho, y tienes que lamentar ese dolor y pérdida y perdonar la ofensa al nivel de dolor que ha sufrido. Pero incluso después de lamentar la pérdida de este padre en tu vida y perdonarlo por haberte abandonado, es probable que aún sufras los efectos duraderos del abandono. Posiblemente, cada vez que pases por una situación difícil en la vida sientes que Dios te ha abandonado y te alejas de Él, incluso te rebelas contra Él. Puede ser que no confíes en hombres o mujeres en tu vida, o que hayas creído en la mentira de que nadie está a salvo; que no se puede confiar en nadie. No solo necesitas perdonar, también necesitas que la herida del abandono sea sanada para que tu alma sea sana y completa. Jesús sana.

No todas las heridas afectan a todas las personas de la misma manera. Algunos eventos pueden dejar a una persona profundamente herida, y otra persona puede procesarla de manera diferente y tener solo un ligero hematoma en el alma. Tenemos que tener mucho cuidado de no vivir en negación. Pero todos estamos programados de manera diferente, y todos procesamos la vida a través de nuestros propios lentes. Lo que afecta profundamente a una persona puede no tener el mismo efecto en otra.

PROCESANDO TU PASADO

Amo a mis hijos con todo mi corazón, y creo que soy un padre razonablemente bueno. Pero no soy perfecto, ni siquiera cerca. A medida que mis hijos crecen, se casan y tienen hijos propios, tendrán que procesar su vida si quieren liberarse de parte de la carga que llevan y convertirse en personas más sanas. Quiero que hagan eso porque los amo y quiero lo mejor para ellos.

Crecí en un hogar razonablemente saludable con padres amorosos, pero como yo, no eran perfectos. Cuando Jen y yo nos metimos en problemas de matrimonio en esos primeros años, supe que necesitaba procesar mi vida. Estaba cargando algunas heridas internas y otras cargas externas, lo que afectó negativamente mi relación con Jen. Ella estaba cargando heridas internas y cargas externas de su crianza, lo cual también influyó en nuestra relación. Era hora de abordar los problemas de la infancia.

Pablo dijo: «Cuando era niño, hablaba como un niño, pensaba como un niño, razonaba como un niño. Cuando llegué a ser hombre, dejé atrás los caminos de la niñez» (1 Corintios 13:11). Tarde o temprano tenemos que asumir la responsabilidad de las cargas que llevamos, y tenemos que procesarlas, y luego podemos recibir sanación. Solo llegas a ser adulto cuando tomas responsabilidad por tu vida y elijes dejar atrás los caminos de tu infancia. Eso significa que debes enfrentarte a tu pasado y debes procesar los eventos de tu pasado que han contribuido a tus actuales comportamientos quebrantados. Debes encontrar la sanación, y debes cambiar, o tu alma no estará sana. No mires a tu pasado para culpar a tus padres, sino para responsabilizarte de tus cargas emocionales para que puedas ser libre.

Como mencioné anteriormente, mi padre tenía mal genio cuando yo era pequeño. Mi hermano no se vio afectado por esto de la misma manera que yo. Yo también tenía ansiedad por la separación, y era más susceptible a ser afectado negativamente por la ira. Me ponía más ansioso en el conflicto, y esto configuró la forma en que manejaba el conflicto. Consideraba el conflicto como algo malo, algo que debía evitarse. Suprimía la ira porque era sensible a eso. Si Jen se enojaba, desencadenaría mi angustia, y me cerraría. Pero la forma en que procesé los eventos de mi infancia afectó la forma en que Jen y yo manejamos el conflicto en nuestra relación.

Tenía que descubrir por qué estaba evitando las conversaciones difíciles, y por qué estaba suprimiendo la ira, para poder liberarme de estas maneras infantiles. Con demasiada frecuencia, como adultos, seguimos lidiando con el conflicto de la misma manera en que aprendimos a tratarlo cuando éramos niños. Pero tenemos que lidiar con nuestro pasado, sanar nuestras heridas y dejar atrás nuestras maneras infantiles.

Procesando con otros

A menudo es útil hablar con los miembros de la familia cuando estás tratando de sanar tus heridas del pasado. Cuando estaba procesando mi propia historia de vida, llamé a mi hermano porque quería su perspectiva. Él vivía en Texas, y yo estaba en Massachusetts, así que tuve que hacerlo por teléfono.

Le dije: «¿Me puedes dar la tarde? Quiero pasar una tarde contigo por teléfono y procesar nuestra infancia». El solo se rio. Mi hermano es un tipo bastante privado, y esta no fue una conversación típica para nosotros. Pero estaba dispuesto, a pesar de la incomodidad inicial del momento.

Pasamos varias horas hablando por teléfono sobre nuestros años de crecimiento. Hablamos sobre nuestra relación, nuestras experiencias, nuestros padres, nuestra familia extendida, nuestros amigos, nuestros años de escolaridad y nuestros equipos deportivos. Fue una conversación significativa e increíblemente esclarecedora. Crecimos en la misma casa, con los mismos padres, la misma familia extensa y muchos de los mismos amigos, pero la forma en que procesamos nuestras experiencias fue muy diferente. Fue una conversación importante en mi camino hacia la sanación.

Mi hermano no era el único miembro de la familia con quien hablé. Cada familia tiene un guardián de las leyendas de la familia. Es la persona en quien otros confían y esta persona guarda los secretos de la familia; ellos archivan las historias familiares. Si deseas saber más sobre tu familia, tu pasado y tus patrones familiares de pecado, debes hablar con el guardián de las leyendas familiares.

Entonces fui a hablar con mi abuela porque ella era esa persona. Como mencioné anteriormente, hablé con ella sobre el pecado sexual en nuestro árbol genealógico, pero eso no fue lo único de lo que hablamos. Hablamos sobre el legado familiar: las cosas buenas que nuestra familia transmitió de generación en generación, así como el lado oscuro que formaba parte de nuestra historia. No estaba interesado en descubrir los secretos de mi familia para dañar a alguien o avergonzar a la familia. Todo lo contrario. Quería ser un hombre de Dios, pero estaba luchando, como dije antes, con la lujuria y la ira, y quería superarlo. Necesitaba saber todo lo que pudiera sobre la batalla que estaba librando.

Fui a ver a mi abuela y le pedí que fuera sincera conmigo. Le dije que quería terminar bien. Quería honrar a Dios y a la familia. Le dije lo mucho que la amaba a ella y a nuestra familia, pero necesitaba saber más para saber cómo superar los desafíos que estaba enfrentando. Ella compartió abiertamente.

Cuanto más entendía la historia, más entendía las luchas. Cuanto más entendía la historia, más sentido tenía mi vida. Mi abuela era una mujer temerosa, y con el tiempo empecé a ver cómo el miedo afectaba mis relaciones. Parte del motivo por el que contenía mi ira era el miedo que tenía en mi alma. Hablamos sobre el miedo y la ansiedad. Tuve que superar mis heridas internas que me llevaron a mi carga externa antes de poder ser libre para ser el hombre que quería ser.

En el programa de doctorado donde enseño en el Seminario Teológico de la Alianza, hacemos que los estudiantes realicen una asignación de viaje familiar. Les pedimos que entrevisten a miembros de su familia para obtener la historia, descubrir las bendiciones de la familia, descubrir los secretos y, en última instancia, ayudarlos a salir adelante y madurar. Es una tarea aterradora, pero cada año escuchamos historias de sanación y avances que provienen del autodescubrimiento y las conversaciones honestas que tienen lugar. A menudo, las familias hablan de cosas de las que nunca habían hablado; se conectan de maneras más profundas como nunca lo hicieron. La sanación a menudo es el resultado en estas familias. No tenía a nadie que me guiara con una tarea como esta cuando estaba en mi propio viaje. Solo sabía que tenía un daño interno y una carga externa que afectaba mi matrimonio, mi vida, mi ministerio y mi caminar con Dios, y estaba desesperado por recuperarme. Entonces comencé a hacer preguntas y tener algunas de estas conversaciones difíciles; fue curativo para mí y para otros.

Un día tuve una conversación con mi abuela paterna. Esta conversación se produjo años después de haber pasado mi propio viaje de curación interno; esto fue solo unos pocos años antes de que mi abuela muriera. Le estaba haciendo preguntas sobre su pasado, sobre su historia y su crianza. En esta ocasión, no estaba preguntando por mi bien; quería conocerla, entonces le pregunté sobre su historia.

Hizo un comentario acerca de su padrastro y se refirió a él como un «hombre malo». No lo dejé pasar. Ella lo había dicho antes, y sabía que había más en la historia de lo que había salido. La tomé de la mano y le dije: «Nana, ya te oí decir eso antes, que era un hombre malo. ¿Por qué dices eso?». Ella repitió: «Él simplemente era un hombre malo». Presioné un poco más: «¿Te lastimó?». Ella me dijo que él abusó de ella y de sus hermanas. Ella nunca le había contado a nadie, y se acercaba a los noventa años. Durante casi ocho décadas había mantenido este secreto y vivía con el dolor y la vergüenza interna. Ese día tomé su mano y ella lloró, y lloré, y la amé con el amor de Cristo. Y al final, la ayudé espiritualmente y la guie por el proceso del perdón. Esa conversación fue un regalo para ella, así como para mí. Estas conversaciones son difíciles, pero cuando se llevan a cabo de manera honorable, pueden ser curativas.

Todos llevan dolor interno y equipaje externo que afecta sus relaciones, su caminar con Dios y su bienestar. Es parte de haber nacido en un mundo manchado de pecado, pero hay esperanza. Necesitamos procesar estas cargas y permitir que Jesús cure este dolor para que nuestra alma pueda estar sana. No importa cuán buena sea tu familia, siempre hay alguna carga emocional.

Tengo un miembro del personal que me ha agradecido por

estar allí para sus hijos en tiempos de crisis y ayudándolos a resolver algunos de las cargas de su pasado. Solo me río y digo: «La recuperación está por venir. Tengo cuatro hijos». No temas enfrentar tu pasado. Es necesario para encontrar la sanación en el alma y soltar las cargas de una vez por todas.

SANANDO EL ALMA

¿Cómo accedemos al poder sanador de Jesús en nuestra alma? Isaías deja en claro que Jesús murió en la cruz y tomó nuestro dolor, así como también nuestro pecado, y que Sus heridas son las que nos sanan. Hay sanación en la cruz para nuestra alma. ¿Cómo somos sanados? Permítanme exponer los grandes principios, y luego los ilustraré.

Gran principio # 1: Dios no está tratando de arreglarnos; Él quiere una relación con nosotros. No hay una fórmula para sanar. A menudo queremos que Él nos arregle porque estamos sufriendo. Muchas veces la razón por la que entramos en el camino de la sanación es porque estamos en crisis. Queremos sentirnos mejor, así que venimos a Dios en desesperación, y le suplicamos y le persuadimos para que nos arregle. Queremos aliviar los síntomas y el dolor. Pero Dios no está interesado en arreglarnos; Él quiere una relación con nosotros. La verdad es que, si nos arreglara, algunos de nosotros nos alejaríamos de cualquier relación significativa y dependiente con Él porque la urgencia desaparecería. Es en la relación que encontramos la sanación. Mantén esto al frente y en el centro.

Tristemente, a veces solo buscamos a Dios el tiempo suficiente para sentirnos mejor; entonces, una vez que nos sentimos mejor, dejamos de buscar. No drenamos al tanque de todo el sufrimiento y dolor que están ahí porque no persistimos. Estamos más interesados en la comodidad que en la integridad. Estamos más interesados en lo que Dios puede hacer para hacernos sentir mejor de lo que estamos interesados en Dios mismo. Es de suma importancia que establezcamos el objetivo correcto en nuestro viaje espiritual. Nuestro objetivo no debe ser sentirnos mejor; nuestro objetivo debe ser conocer y ser como Jesús. A medida que vayamos conociendo y nos volvamos más como Él, nuestras almas estarán más sanas, y eso traerá sus propias recompensas.

Gran principio # 2: Teología 101: Dios es inteligente y sabe cosas que nosotros no conocemos, y le gusta contarnos. Él sabe lo que necesita ser sanado, y Él sabe cómo sanarlo. Tenemos que confiar en Él. Tenemos que escucharlo. Esta interacción de confianza y de escuchar es una parte esencial de la relación. Él sabe lo que necesitamos.

Si sufriste abusos físicos al crecer, es probable que tengas muchos recuerdos de abuso. Recordarás los eventos específicos que ocurrieron, los momentos en que fuiste abusado, y las habitaciones donde ocurrieron esos eventos dolorosos. Para encontrar la sanación del trauma del abuso, no tienes que volver a cada evento de tu pasado y revivirlo. Pero es posible que tengas que retroceder y enfrentar algunos de esos recuerdos clave para encontrar la libertad y la curación de los efectos del trauma. Dios sabe; puedes confiar en Él. Tendrás que regresar y llamarlo como era, abuso, o no te librarás de sus efectos. Dios sabe qué recuerdos deben revisarse, y Él sabe cómo traer sanidad a esos recuerdos y las heridas internas debajo de ellos.

Puedes abordar esta sanación por tu cuenta, pero a veces es beneficioso que otros que son sensibles a las indicaciones del Espíritu oren contigo, amigos que estén familiarizados con la oración de sanidad. Cuando oro con la gente, lo más importante que hago es escuchar. Escucho a la persona, y escucho los susurros del Espíritu. Nunca me lanzo a la oración; espero y escucho que Dios guíe.

Gran principio # 3: Cuéntame tu historia. Ya no hago consejería pastoral. Ahora principalmente enseño en entornos más grandes y capacito a las personas en el ministerio del cuidado del alma. Pero la mayoría de las veces, cuando las personas acuden en busca de ayuda, tienen un problema presente. Están luchando con algo, y es por eso por lo que han venido: tienen problemas de ansiedad o depresión, o pueden tener problemas de matrimonio o una adicción contra la que luchan.

Los problemas que se presentan suelen ser síntomas. Ellos no son la enfermedad. Así que, lo primero que siempre hago es pedirles que me cuenten su historia. Si puedo escuchar su historia, generalmente puedo entender por qué hacen lo que hacen y cómo llegaron a donde están. Puedo conectar los puntos entre su argumento y sus problemas actuales, sus heridas y las mentiras que creen. La gente tiene un sentido intuitivo sobre los componentes importantes de su historia. Es asombroso. A menos que mientan intencionalmente, o que tengan memoria reprimida, la gran mayoría de las veces contarán los eventos clave que han moldeado sus vidas. Escucho atentamente su historia, y también escucho al Espíritu de Dios por ideas, sabiduría y revelación.

Tom vino a mí un día porque no sentía muchas emociones. Estaba cerrado. Podía acceder a la ira, pero eso era casi todo. Él no era abusivo; era un buen hombre. Pero sabía que algo le impedía acceder a un espectro más amplio de emociones, y sabía que se estaba privando de la plenitud que podía tener en la vida.

Entonces vino en busca de ayuda con esto como el problema presente. Le pedí que me contara su historia. Al hacerlo, el elemento más importante implicaba la trágica muerte de su madre cuando era un preadolescente. Ella murió en un accidente de ahogamiento justo en frente de él y su hermano. Intentaron rescatarla, pero eran pequeños y no podían.

Lamentablemente, la respuesta de su padre lo hizo sentirse culpable.

Ahora, si fuera a volver y orar por sanidad sobre cualquier evento en la vida de Tom, este hubiera sido el evento. Fue, de lejos, el evento más doloroso y trágico de su vida, y se destacó por encima de todo lo demás en su historia.

Pero aprendí a no sacar conclusiones precipitadas. Dios es inteligente y sabe cosas que yo no sé. Entonces, en lugar de simplemente asumir que Dios quería abordar esta tragedia en la vida de Tom, escuché al Espíritu Santo. Dije: «Tom, el Espíritu Santo conoce la clave para desbloquear tus emociones. Solo voy a pedirle que traiga a tu mente cualquier recuerdo que necesites abordar para desbloquear tus emociones». Oré esa simple oración, y luego esperé. Le expliqué a Tom que varios recuerdos podrían pasar por su mente, pero que es probable que uno se destaque en comparación con los demás, y cuando llegara a ese recuerdo, me lo debía decir. Solo tomó unos segundos.

Él dijo: «Lo tengo». Yo dije: «¿Qué recuerdo es?». Él dijo: «El día en que murió mi padre». Ahora esto me sorprendió. Ni siquiera había mencionado la muerte de su padre cuando contó su historia. Le pedí que me lo contara. Su padre había muerto varios años antes de nuestra reunión. Él vivía cerca de Tom, y Tom fue a verlo un día. Su padre yacía muerto en el piso de la sala de estar; él había muerto de un ataque al corazón.

Tom dijo que se acercó a su papá, le dio un puñetazo en el pecho y le gritó: «¡Hijo de ______!». Y, de repente, el Espíritu Santo encendió las luces para mí. Ese fue el día en que comenzó a cerrar sus emociones. Ese fue el día en que abandonó la esperanza de que pudiera restablecer su relación con su padre, o que alguna vez pudiera conocer la aprobación de su padre. Oramos por ese evento. La presencia de Jesús fue palpable, las lágrimas fluyeron y Dios comenzó a desbloquear las emociones de Tom una vez más.

Gran principio #4: Solo Dios sana el alma. Hay sanación en la presencia de Dios. Si me cuentas tu historia, puedo compadecerme de ti. Puedo expresarte palabras de bondad y amor, pero no puedo sanar tu alma de las heridas internas que has sufrido. No puedo curar tus heridas internas o liberarte de tus cargas externas. Solo Dios puede sanar el alma.

Cuanto más sirvo en el ministerio, más me doy cuenta de que no tengo nada. Jesús dijo: «Separado de mí, no puedes hacer nada» (Juan 15: 5). La gente viene a mí todo el tiempo porque he estado involucrado en el ministerio de cuidado del alma por años. Llegan desesperados, esperando un avance, y quieren que ore por ellos. Digo lo mismo todo el tiempo, y no es modestia: «No tengo nada. Solo Dios puede sanar el alma». Y hablo en serio. No tengo ilusiones sobre esto. No tengo magia. No puedo arreglar un corazón roto. Mi objetivo es simplemente poner a una persona con heridas de alma en presencia del Sanador. Miro a Jesús, y tú debes mirar a Jesús también. Si me miras a mí o a cualquier otra persona, te decepcionarás. Solo Jesús puede sanar. Mira a Jesús.

Llegan desesperados, esperando un avance, y quieren que ore por ellos. Digo lo mismo todo el tiempo, y no es modestia: «No tengo nada. Solo Dios puede sanar el alma».

La presencia sanadora

Una de las formas en que el Espíritu trae sanidad es que la persona tome conciencia de la presencia de Jesús en una memoria que le hiere. Jesús siempre está con nosotros, incluso si no podemos verlo o no lo conocemos. Necesitamos estar atentos a Él.

Hace años estuve en Ecuador dando una conferencia del Cuidado del Alma para líderes. La gente era extremadamente receptiva, pero había un hombre sentado en la esquina posterior izquierda de la sala que estaba sentado con los brazos cruzados todo el tiempo que hablaba. Él no se veía feliz, y era un hombre grande; francamente, él era un poco aterrador. Seguí enseñando y miraba a todos los ecuatorianos amables que escuchaban atentamente, y me sentía animado. Luego miraba hacia la esquina, y el hombre seguía sentado allí, frunciendo el ceño con los brazos cruzados, así que me volteaba a predicar a los ecuatorianos amables.

Enseñé todo el sábado y su disposición nunca cambió. Terminé de hablar y la gente se adelantó para orar. Estuve en línea durante tres horas orando por la gente esa tarde. La gente confesó pecados, se encontró con Dios y experimentó sanación. Las lágrimas fluían, la presencia de Dios era palpable, y ese hombre estaba sentado en un rincón con los brazos cruzados todo el tiempo.

Finalmente, estaba orando por la última persona en la fila, y este hombre se puso de pie y comenzó a caminar por el pasillo hacia mí. ¡Revisé para ver si había una salida trasera por si acaso! Cuando llegó a mí, puso sus manos sobre mis hombros y apoyó la frente a unos centímetros de mi frente y susurró: «Desde el momento en que comenzaste a hablar, he tenido tanto dolor en el pecho que pensé que iba a tener un ataque al corazón». Pensé, *Oh, lo siento. Mi error. ¡Eso fue dolor en tu cara!* Mis propios problemas del cuidado del alma habían afectado mi punto de vista de este hombre, ellos son el lente a través del cual vemos la vida.

Al instante, tres palabras vinieron a mi mente: «Abuso del padre». Le dije: «Fuiste abusado por tu padre». Él asintió. Otra impresión fluyó de inmediato y le dije: «Tienes un recuerdo específico en este momento cuando tu padre te torturó». Estaba llorando. Él contó una historia terrible de tormento horrible. De nuevo, el Espíritu me dio instrucciones y dije: «Jesús estuvo allí contigo ese día. Voy a orar para que puedas verlo en ese recuerdo».

El recuerdo era vívido, impreso en su imaginación por el terror que había sufrido. Vio que Jesús levantó a su padre con una mano y lo empujó fuera de la habitación en la que se encontraban. Entonces Jesús cerró la puerta y recogió al pequeño niño que estaba siendo atormentado, y lo abrazó y lo meció de un lado a otro y habló palabras de amor tierno sobre él. El hombre lloró por cuarenta minutos, incontrolablemente, mientras la amorosa presencia de Jesús ministraba su herida interior.

Al día siguiente estaba programado que predicara en el servicio de su iglesia, y este hombre vino corriendo hacia mí antes del servicio. Su cara estaba tan cambiada que apenas pude reconocerlo. Hablaba un español rápido, y yo no sabía español, así que le hice señas a mi intérprete.

Esta fue la historia que surgió: el hombre estaba emocionado porque trajo una amiga con él. Era una mujer enferma, y él le dijo que oraría por ella y que ella sería sanada. (¡Sin presión!) Pero empeoró. Miré hacia arriba, y la mujer estaba en una silla de ruedas. Pensé, *¡Tienes que estar bromeando! ¡No trato con sillas de ruedas! ¡Hago sanación interna en un buen día!*

Pensé, *¡Tienes que estar bromeando! ¡No trato con sillas de ruedas! ¡Hago sanación interna en un buen día!*

Pero, por supuesto, ¡Dios piensa que Él es tan chistoso! Esa mañana estaba programado para predicar acerca de la sanidad divina, e íbamos a ungir a los enfermos y orar por sanidad.

¡Fue una configuración divina! Le dije al hombre: «Déjeme predicar, y luego oraré por las personas que se presenten para orar. Espere a un lado. Y luego vendré al final, y me quedaré en oración con usted y con su amiga».

Aceptó con entusiasmo, anticipando por completo un milagro, pero yo no estaba tan seguro. Prediqué. Oramos por algunas personas enfermas. Y luego me dirigí a la mujer en la silla de ruedas. Mientras caminaba hacia ella, escuché que el Espíritu de Dios me susurraba: «La mujer que tocó el dobladillo de mi vestimenta».

Hablé con mi intérprete y le di algunas instrucciones para la mujer. Quería saber si ella era una creyente. Le pedí que leyera Santiago 5 y verificara si sus confesiones eran actuales. Y luego le pregunté si conocía la historia de la mujer que tocó el borde del manto de Jesús. Ella era creyente, actualizó sus confesiones y conocía la historia.

Le dije que se imaginara a sí misma como la mujer de la historia y que extendiera la mano y tomara a Jesús por el borde del manto. Le pedí que cerrara los ojos y se imaginara a sí misma sosteniendo el borde del manto de Jesús y luego que esperara a Jesús y mirara lo que Jesús hacía y escuchara lo que dijera. Eso era todo lo que tenía, y esperé con ella. No tengo nada. Así que solo mantuve mis ojos en Jesús. Solo Jesús sana, ya sea cuerpo o alma. Solo Jesús sana.

Después de esperar un momento, le pregunté qué estaba sucediendo; ella dijo que Jesús se había detenido. Pensé, *Bueno, por supuesto que se detuvo, agarró el borde de su manto.* Ella dijo: «Dio media vuelta y me está tocando las piernas». Esto es bueno. Mi fe comenzó a crecer un poco, y oré por el calor divino; a menudo, cuando Dios sana a alguien, siente calor. No estaba orando en voz alta; estaba orando esto en silencio, y de repente ella dijo algo en español. Pedí la interpretación y el intérprete me dijo: «Dijo que estaba sudando. Siente que le arden las piernas». Le dije: «¡Dile que esto es bueno! ¡Esto es bueno!». Ahora sentía más fe y oré: «¡Más fuego! ¡Más fuego!». No sé mucho español, ¡pero eso sí lo sabía!

Aproximadamente veinte minutos después, la mujer dijo que el fuego había desaparecido y que el único dolor que le quedaba en las piernas era el lugar donde había recibido un analgésico a principios de esa semana. Luego procedió a ponerse de pie y caminar por primera vez en tres años; ella caminó a través de la plataforma para dar testimonio de que Jesús sana. ¡Ese es un buen día en el reino!

Cuando encuentras la presencia manifiesta de Jesús en poder milagroso, aumenta tu fe para el próximo milagro.

No tenía la fe para creer que la mujer sería sanada, pero el gran ecuatoriano que se había encontrado con la presencia sanadora de Jesús sí. Cuando encuentras la presencia manifiesta de Jesús en poder milagroso, aumenta tu fe para el próximo milagro. Puedes estar a un encuentro del milagro por el cual has estado esperando.

MEMORIAS DE SANACIÓN: SANTIFICANDO LA IMAGINACIÓN

A veces las personas se preocupan por este uso de la imaginación. Algunos incluso lo han atacado, temerosos de que algo malo sucederá. Para mí, esto es triste; la religión siempre infunde miedo. Si buscas a Jesús y estás centrado en Jesús, no tienes que tener miedo. Él no está nervioso.

Dios nos dio nuestra mente y nuestra imaginación. Él nos ha dicho que renovemos nuestra mente. Nuestras mentes han sido dañadas por algunos de los eventos trágicos que hemos guardado en nuestras memorias, y Dios puede renovar nuestra mente al revelar la presencia de Jesús en estos eventos pasados y al sanar nuestras memorias al involucrar nuestra imaginación.

Hechos 2:17, 18 dice: «Sucederá que en los últimos días —dice Dios— derramaré mi Espíritu sobre todo el género humano. Los hijos y las hijas de ustedes profetizarán, tendrán visiones los jóvenes y sueños los ancianos. En esos días derramaré mi Espíritu aun sobre mis siervos y mis siervas, y profetizarán».

Esta palabra profética de Joel, que Pedro cita en el día de Pentecostés, indica que, en los últimos días, que bíblicamente comenzaron con la resurrección de Jesús y permanecen hasta que regrese, el pueblo de Dios experimentará que Dios les está hablando por medio de palabras proféticas. Estas palabras proféticas incluyen imágenes proféticas: sueños y visiones. Dios le da a su pueblo imágenes proféticas para conocerlos, encontrarlos, hablarles y renovar sus mentes. Dios santifica nuestra imaginación con sus imágenes proféticas. Esto es parte de la forma en que Él sana el alma con Su presencia y Su voz. Mantenga sus ojos en Jesús, confíe en el Espíritu Santo y crea lo que la Escritura prometió en Hechos 2. Él puede darle una imagen profética que puede sanar un recuerdo del pasado.

Pablo nos dice que cuando llega una palabra profética, hay una manifestación de la presencia del Señor: «Y a cada uno se le da la manifestación del Espíritu para el bien de los demás» (1 Corintios 12:7). Luego Pablo enumera varios dones reveladores que caen bajo el paraguas de lo profético. Estos dones son de naturaleza reveladora: revelan algo acerca de Dios. Cuando se demuestra uno de estos dones reveladores, hay una manifestación de la presencia de Dios. Es por eso por lo que Dios a veces les da a las personas una imagen de un recuerdo pasado infundido con la presencia de Jesús; mientras su presencia es manifiesta, se produce la sanidad.

Leanne Payne se graduó de Wheaton College, una carismática de la Iglesia Anglicana, que fue líder del movimiento de sanación interna. Ella dijo que el lenguaje del corazón es un símbolo. Las palabras a menudo no sanan el corazón. Dios nos dio nuestra imaginación, y nos da imágenes proféticas, sueños y visiones que traen sanidad a nuestras almas dañadas, que han sido afligidas con memorias dolorosas. Tenemos hematomas del alma de eventos pasados y recuerdos, pero Jesús estaba presente en el momento de nuestras heridas, y a menudo una revelación de su presencia, una imagen de su presencia, acompañada de su voz, puede permitir que la sanidad fluya a nuestras almas.

De nuevo, quiero advertir, esta no es una fórmula. A veces siento que el Espíritu Santo me lleva a volver a un recuerdo del pasado, a orar para que la gente vea a Jesús y a pedirles que observen y escuchen. Pero no hay magia en este método. La clave es la presencia de Jesús. Jesús sana, no el método.

Bloqueos hacia los recuerdos curativos

A veces intentarás acceder a la presencia de Jesús en un recuerdo, pero puedes toparte con un bloqueo que requiere discernimiento. De nuevo, puedes hacer esto por tu cuenta, pero puedes necesitar la ayuda de algunas personas que disciernan y sean sensibles al Espíritu. Si se estás tratando por cuenta propia y no puedes atravesar un bloque, consiga que otras personas con discernimiento oren contigo.

> Con la introspección, te quitas la fe a ti mismo. La introspección básicamente tiene sus raíces en el orgullo; está enfocada en sí misma.

Algunas personas no pueden ver a Jesús en un recuerdo porque están luchando con la introspección. La introspección es una enfermedad del alma en la cual sus ojos se enfocan en usted mismo. A menudo está relacionado con la vergüenza tóxica. Incluso cuando estás escuchando para que el Espíritu de Dios te hable, cuestionarás lo que recibes. «¿Es ese Dios? ¿Ese soy yo? No estoy seguro. ¿Cómo puedo saber?». Con la introspección, te quitas la fe a ti mismo. La introspección básicamente tiene sus raíces en el orgullo; está enfocada en sí misma. Debes arrepentirte del orgullo, apartar tus ojos de ti mismo e ir a Jesús, y dejar que el Espíritu hable mientras caminas en fe para aceptar lo que Él trae.

A veces el bloqueo puede ser demoníaco. He orado por las personas que intentaban acceder a una memoria y me dicen: «Todo lo que puedo ver y sentir es la oscuridad». Tuve que lidiar con el bloqueo demoníaco (del cual hablaremos más adelante), antes de que pudiera ayudarlos a acceder a la presencia sanadora de Jesús.

A veces, la persona con la que estoy orando dice: «No puedo ver a Jesús». Me detengo y veo el bloqueo con la ayuda del Espíritu. Haré preguntas para ayudar. A veces pueden ver el recuerdo en su mente, pero no pueden ver a Jesús, aunque puedan sentirlo. Y a veces, cuando pueden sentirlo cerca, pueden oírlo hablar, así que les pido que escuchen. Muchas veces me dicen: «No puedo ver su rostro». Y luego de hacerles una pregunta o dos, descubro que solo pueden ver sus pies. Eso es porque están mirando hacia abajo. Este es un indicador de vergüenza.

Un día estaba orando por alguien que me dijo: «No puedo ver la cara de Jesús. Solo puedo ver Sus pies». Simplemente levanté su barbilla mientras sus ojos permanecían cerrados, y comenzaron a llorar. Vieron a Jesús tan pronto como les levanté la barbilla, y me dijeron después que podían ver sus ojos, que eran los ojos más compasivos que jamás habían visto; es por lo que lloraron. Rompió su vergüenza y sanó este recuerdo de sus abusos sexuales en el pasado. Tenemos que confiar en el Espíritu Santo. Tenemos que escuchar su voz; esto es teología básica. Tenemos que acceder a su presencia; solo Jesús sana.

Siguiendo las indicaciones del Espíritu

Hay momentos en que el Señor lleva a una persona de vuelta al recuerdo para traer sanidad, y otras veces trae sanidad a través de la meditación en las Escrituras. Algunas personas temen meditar en las Escrituras, temen que abran su mente a algo oscuro. Pero este tipo de miedo ya está abierto a algo oscuro y cerrado hacia Dios.

La meditación es un concepto bíblico. Y como ya vimos en Hechos 2, el Espíritu nos da imágenes, sueños y visiones. Algunas veces el Espíritu Santo nos hará meditar en un pasaje de la Escritura, y usará ese pasaje para traernos la revelación de la presencia de Jesús que puede sanar. Estamos a tan solo un soplo del Espíritu Santo para un encuentro con Dios que puede sanar nuestras almas cada vez que leemos esa santa Palabra de Dios.

> Cuando alguien acude a mí en busca de ayuda, mi objetivo nunca es reunirme con la persona; mi objetivo es hacer que la persona se encuentre con Jesús. ¡Hay esperanza en esa reunión!

Un día, un hombre que venía luchando con la fantasía homosexual, vino a verme. Estaba casado y quería liberarse. Me preguntó si me reuniría con él para orar por él. Le dije que lo haría, pero también le pedí que meditara en Juan 8, la historia sobre la mujer sorprendida en adulterio, antes de que nos reuniéramos. Lo alenté a leer el pasaje varias veces, y a imaginar la escena. Que se sumergiera por completo en él: mire las vistas, escuche los sonidos, huela los olores. Y luego simplemente imaginarse en el lugar de esa mujer, permitiendo que el Espíritu le revele las verdades que el pasaje enseñó.

Me llamó el día antes de que nos encontráramos y dijo:

«No necesito reunirme mañana. Hoy me encontré con Jesús». Experimentó la revelación y la presencia sanadora de Jesús en esa meditación sobre las Escrituras. No tengo nada. Jesús es el sanador. Cuando alguien acude a mí en busca de ayuda, mi objetivo nunca es reunirme con la persona; mi objetivo es hacer que la persona se encuentre con Jesús. ¡Hay esperanza en esa reunión!

Al buscar la presencia sanadora de Jesús, mantente abierto a la inspiración del Espíritu. Presta atención a los susurros y las imágenes que el Espíritu pueda traer. Hay momentos en que he estado orando por alguien y he visto el rostro de Jesús. Pude ver lágrimas de compasión en Sus ojos. Simplemente le dije a la persona con la que estaba orando: «Veo el rostro de Jesús. Voy a orar ahora para que el Espíritu te revele lo que veo». No les dije lo que vi. Ellos lloraron y dijeron: «Está llorando por mí. Lágrimas de compasión». Solo Dios. Hay veces que he visto a Jesús en la cruz, y sentí que Dios quería que la persona le trajera su dolor a Jesús y lo pusiera ante Él en la cruz. Dios sabe cosas que no sabemos. Confíe en El. Déjelo dirigir.

SUFRIMIENTO REDENTIVO

A veces la curación puede avanzar significativamente a través de un encuentro. Pero a veces Dios trae sanidad con el tiempo. Necesitamos estar abiertos a eso. Todos queremos que Dios nos cure instantáneamente, pero mucha sanidad ocurre con el tiempo. Es un proceso.

Tuve que aprender a ir a Jesús y practicar el sufrimiento redentor. Pasé por una temporada en el ministerio, que describo en mi libro *Pathways to the King*, en el que fui atacado duramente. Tenía gente que hacía shows de radio en mi contra y escribía blogs en mi contra; alguien incluso desarrolló una página de Facebook para que pudieran escribir en mi contra. Fue una temporada oscura. Me sentí traicionado, y estaba siendo maldecido. Me avergonzaba ir a la tienda de comestibles en mi propia ciudad porque había escuchado a la gente hablar en mi contra tan a menudo.

Estaba montando en mi bicicleta un día en el medio de esta temporada de ataque, y estaba escuchando música de adoración. De repente, noté que las lágrimas corrían por mi rostro. Me sorprendí. Dije: «Señor, ¿qué es eso?». Él dijo: «Es dolor. Estoy sacando pena de tu alma».

Regresé a casa para estar a solas con Dios, y me senté en Su presencia con la sensación de la pérdida, el dolor y la herida, pero también sentí Su presencia, Su amor y Su paz. Era como si tuviera dos corrientes corriendo dentro de mi alma. Hubo una corriente de dolor y una corriente de Su amorosa presencia. Me quedé en silencio ante Dios, consciente de ambas corrientes, durante unos veinte minutos. Lo hice todos los días durante meses, y todos los días fluían lágrimas, y experimenté la realidad de ambas corrientes.

Pero con el tiempo me di cuenta de que el flujo de la corriente de dolor se estaba desacelerando, y eventualmente esa corriente se secó, y las lágrimas se secaron con ella. Dios sanó mi corazón con el tiempo en Su presencia. Mientras estaba sentado a solas con Él en silencio, era como si estuviera sacando pena de mi alma como un veneno, hasta que finalmente se drenó. Esto es sufrimiento redentor. Algunas veces Dios sana en un encuentro, y algunas veces con el tiempo, pero en todo momento Él sana a través de Su presencia. Él puede darte acceso a Su presencia a través de un encuentro, a través de una palabra o imagen profética, a través de la oración de sanidad, a través del silencio y la soledad, a través de la Palabra o a través de una miríada de otros caminos. Él puede hacerlo todo de una vez, o puede hacerlo a lo largo del tiempo. Debemos buscarlo. Él es el Sanador.

Algunos de ustedes han sufrido mucho trauma en sus vidas. Debes acceder a la presencia sanadora de Jesús. Pídele al Espíritu Santo que te dé sabiduría. Él puede llevarte de vuelta a los recuerdos y revelarte Su presencia allí. Dale la bienvenida. Mira y escucha. Solo Dios sana. Confía en Él. Cuando Dios te encuentre de maneras poderosas, escríbelo. Revísalo, grábalo para que puedas recordarlo y reflexionar sobre ello con la ayuda del Espíritu, para que puedas aprender todo lo que puedas de ello. También puedes necesitar pasar tiempo a solas con Él en silencio, accediendo a Su presencia sanadora a través del sufrimiento redentor.

A menudo estamos tan desesperados porque Dios nos arregle; lo queremos ahora, y lo queremos de forma rápida y sin dolor. Pero a veces Dios no llega poderosamente y mejora todo, y nos preguntamos por qué. Hay algunas cosas que el poder de Dios no puede hacer, que solo la ternura de Dios puede hacer. Hay algunas lecciones y rasgos de carácter que no se pueden aprender o desarrollar en un momento, sino que solo se aprenden con el tiempo y se desarrollan en un proceso. Dale la bienvenida al proceso, confía en la guía soberana de Dios y busca al Sanador por Su presencia.

UNA HISTORIA DE SANIDAD

Permíteme cerrar este capítulo con una historia. Cuando me di cuenta de que tenía algunos daños internos y una carga externa que afectaban negativamente mis relaciones, mi ministerio y mi caminar con Dios, sabía que necesitaba ayuda. No sabía qué hacer a continuación. Un día estaba en mi oficina llena de libros, y oré: «Señor, necesito tu ayuda. No sé qué hacer. ¿Puedes llevarme a un pasaje o un libro que pueda ayudarme a encontrar este avance? Sé que necesito cambiar. Sé que tengo algunas cosas internas que deben abordarse. Simplemente no sé cómo».

Mientras oraba esa oración, sentí que el Espíritu Santo me

guiaba a un libro de Leanne Payne. He comprado muchos libros en los almacenes de Distribuidores de Libros Cristianos; los adquiría por un par de dólares y compraba cientos de libros a la vez para construir mi biblioteca. Muchos de ellos nunca los había mirado de cerca. Simplemente estaban en mis estantes, y este libro fue uno de esos.

Pero cuando sentí que el Señor me guiaba hacia ese libro, lo levanté y comencé a leerlo de inmediato. Leí todos los libros de Payne en un mes y decidí ir a una de sus conferencias. Fue una conferencia de sanación del alma. Le dije a mi personal que tenían que unirse a mí. Ellos protestaron levemente, pero yo era el jefe, y todos estaban trabajando en sus cosas conmigo mientras estábamos en este viaje juntos. Así que fuimos.

> Pero la desesperación es la plataforma que abre el paso. La desesperación tiene una forma de romper la arrogancia y abrir la mente y el corazón a una nueva revelación.

No me di cuenta en ese momento, pero Leanne Payne tenía un ministerio significativo para hombres homosexuales. La audiencia de la conferencia consistió en gran parte de hombres homosexuales, muchas mujeres y algunos pastores que venían a entrenarse para la sanación del alma. Mi pastor asociado se inclinó hacia mí en medio del primer conjunto de adoración y dijo: «Esta no es nuestra multitud». Estábamos acostumbrados a pasar el rato en las Cumbres de Liderazgo de Willow Creek, y esa era una multitud muy diferente. Me reí y dije: «Lo sé. Cállate. Necesitas curarte, y yo también». Él asintió y se rio.

Una de las primeras sesiones fue sobre ansiedad por separación. Si alguien hubiera venido a mí seis meses antes y me hubiera hablado sobre la ansiedad por la separación, lo hubiera descartado como un montón de palabreo psicológico. Pero la desesperación es la plataforma que abre el paso. La desesperación tiene una forma de romper la arrogancia y abrir la mente y el corazón a una nueva revelación. Estaba en un lugar diferente.

Además de eso, desde el momento en que esta persona comenzó a hablar, experimenté tal ansiedad que sentí que estaba teniendo un ataque al corazón. Nunca había experimentado algo así. Tan pronto como terminó la charla, casi corrí al frente a orar; ¡estaba derribando ancianas, viejitas para ir a orar! Hablé con el orador y le dije: «Escucha, tengo esto. Necesito que ore por mí». Él dijo: «Bueno, es lunes. El viernes vamos a tener un tiempo de oración. Eso debería abordarlo. Si no es así, ven a verme entonces».

Pensé para mí mismo, *¿Estás bromeando?* Queremos ser reparados de inmediato; sin embargo, Dios quiere una relación. Durante toda la semana, cada vez que entré en el auditorio, sentí ansiedad, y cada vez que salía, la ansiedad disminuía. Literalmente, me quedé en el marco de la puerta un día y entré, salí, entré y salí, una y otra vez. Y cada vez, sentía ansiedad dentro pero no afuera del santuario. Dije: «Está bien, Dios, tienes mi atención. Vine porque sabía que tenía problemas. Te necesito».

Ese miércoles, Payne dio una charla sobre el miedo. No soy una persona terriblemente temerosa, así que tomé notas porque pensé que esto sería útil para algunas personas en mi vida. Jen luchó bastante con el miedo; las personas en la iglesia tenían miedo. Mi abuela tenía miedo. Pero este no era uno de mis problemas.

Leanne terminó su charla, y luego nos llevó a una experiencia. Ella dijo: «Ahora, quiero guiarte a través del jardín de tus miedos. Imagina un jardín». En este momento de mi vida, rara vez tenía imágenes proféticas. Cuando Dios me hablaba, era principalmente a través de susurros, o simplemente sabia algo; Dios lo había revelado a mi espíritu. Además, no soy muy artístico. Pensé, *Esto es tonto. Pero, Señor, sé que necesito ayuda, así que voy a imaginar un jardín. Voy a ir con lo primero que se me venga a la mente.*

Una imagen de jardín vino a mi mente. Fue un jardín de rocas. Había flores en mi jardín. Había rocas en mi jardín. Había un gran árbol en el centro de mi jardín. Ese era mi jardín, y yo me sentía bien con eso.

Ella dijo: «Ahora, camina por el jardín de tus miedos. Elige las malas hierbas. Esos son tus miedos. Nómbralos y sácalos».

Miré a mi alrededor en mi jardín, y no había hierba a la vista. Había flores, había rocas, y había un gran árbol en el centro de mi jardín. Pero no había una mala hierba que encontrar.

Pensé, *Sabía que esta señora estaba un poco loca. Esto es ridículo.*

En ese momento, ella dijo: «Algunos de ustedes no tienen malas hierbas en su jardín. No tienen ningún temor pequeño. Solo tienen un gran árbol en el centro de su jardín. Eso es porque solo tiene un temor grande de raíz. Es tan grande que no pueden sacarlo. Necesitan a Jesús».

Tan pronto como ella lo dijo, Jesús caminó hacia mi jardín y tiró de mi árbol por las raíces. Y sabía que era el miedo a no ser amado. Toda mi vida tuvo sentido para mí. Ahora entendía por qué, cuando la gente decía: «Necesito hablar contigo», me sentía como un niño pequeño en la oficina del director a punto de recibir un grito. Ahora entendía por qué, cuando Jen no estaba de acuerdo conmigo, me sentía amenazado de que, de alguna manera, ella no me amaba, y me ponía a la defensiva. Ahora sabía por qué luchaba con tanta ansiedad sobre el hecho de que ella ya no me amara, y por qué estaba obsesionado con conversaciones imaginarias en las luchas por las que estábamos atravesando en nuestro matrimonio. Todo comenzó a tomar forma.

El viernes llegó. Era el día del tiempo de oración. Le dije

a mi equipo: «Necesito estar solo». También estaban experimentando revelaciones durante toda la semana, y tenían que estar solos al igual que yo. Todos fuimos a nuestros rincones separados. Los oradores nos guiaron a través de una oración guiada. Nos llevaron a través de diferentes eventos posibles de la vida, desde el momento en que alguien es pequeño hasta el momento en que alguien crece. Nos llevaron a través de la primera infancia, a través de la niñez y el período preescolar, la escuela primaria, la escuela intermedia, la escuela secundaria, todo el camino hasta la edad adulta. Dijeron cosas como «Algunos de ustedes nacieron y su madre murió durante el parto.... Tu padre te abandonó cuando eras pequeño.... Algunos de ustedes fueron abusados físicamente cuando estaban en la escuela primaria».

Algunas de las cosas que nombraron eran palabras proféticas de conocimiento, y algunas de las cosas que nombraron eran simplemente circunstancias de la vida que muchas personas experimentan. Pero nada estaba aterrizando en mí, ¡ningún momento era revelador! No encontré el avance que estaba buscando desesperadamente.

Hasta que uno de los líderes gritó: «Algunos de ustedes nacieron siendo un niño, y su madre quería una niña». Ahora, yo sabía esto. Fui el segundo niño nacido en mi familia, y mi hermano es casi quince meses mayor que yo. Ya tenían un niño y querían una niña. ¿A quién le importa? No era como si me hubieran disfrazado de niña o algo así. Pero esta vez cuando lo dijeron, tuve una imagen de mí mismo como un bebé pequeño, y era como si pudiera sentir todo el dolor de ser rechazado por ser un niño. Esta fue la raíz de la ansiedad de separación. Cuando crecí no me sentí rechazado por mis padres, pero sentí síntomas de ansiedad por separación, aunque no lo sabía en ese momento.

Por eso, cuando era pequeño solía ponerme nervioso antes de irme a la cama en una noche de escuela. Sentía ansiedad.

Pensé que era la experiencia normal de todos los niños. No me di cuenta de que era ansiedad de separación; para mí, esto era normal. Esta era la raíz de mi miedo a no ser amado. Sentí que un dolor primario que había estado encerrado comenzó a liberarse. Sentí la ansiedad que sentí durante toda la semana removiéndose dentro de mí y comenzando a liberarse de las paredes de mi alma.

Terminaron el tiempo de oración y dijeron: «Algunos de ustedes necesitan ir a recibir un abrazo de un hombre o de una mujer. No van a orar por ti. Simplemente te darán un abrazo y una bendición». Fui a ver a esta señora; no sé su nombre. Nunca me presenté, pero ella estará en mi lista cuando llegue al Cielo; la encontraré y le agradeceré. Me desplomé en sus brazos y lloré como nunca había llorado. Llorando, jadeando, llorando. Lloré durante cuarenta y cinco minutos sin parar mientras el dolor que había quedado atrapado en mi alma se vino abajo.

No fue culpa de nadie; era la forma en que lo había experimentado cuando era bebé, pero ahora Dios lo estaba redimiendo. Todo el tiempo que lloré, esta mujer pronunció una palabra profética sobre mí. Ella lo dijo una y otra vez. «Hijo precioso, eres amado por Dios. Hijo precioso, eres amado por Dios. Hijo precioso, eres amado por Dios». No tenía forma de saber que era una herida de la infancia, no había forma que supiese que era la raíz del temor de no ser amado, pero Dios sabía. Y todo el tiempo mientras hablaba sobre mí y yo sollozaba, podía sentir el dolor y la pena salir de mi alma, y podía sentir el amor de Dios llenándome.

Llegué a casa y le conté a mi esposa esta historia; Jen puede ser un poco escéptica. Ella dijo: «No lo creo». Le dije: «No te culpo. Probablemente tampoco lo creería si no me hubiera sucedido a mí». Estaba fuera de nuestros esquemas experienciales y teológicos. Pero después de unos meses, ella vino a mí y me dijo: «¿Recuerdas la historia que me contaste de lo que te sucedió en la conferencia de Leanne Payne? Lo creo». Pregunté: «¿Por qué?», y ella dijo: «Has cambiado». Y era cierto. Tenía menos ansiedad, menos enojo, menos miedo, más de la paz y el amor de Dios en mi alma. Dejé de morderme las uñas. Experimenté dolor físico en mi cuerpo toda mi vida. Esto parece inexplicable, pero ese día el dolor se fue. Jesús, el Sanador, se había encontrado conmigo y había aliviado parte de la carga de mi alma, y había creado más espacio para la presencia de Dios en mi interior.

Este es el poder de sanar el alma. Jesús murió no solo para perdonarte. ¡Jesús murió y resucitó para sanar tu alma y liberarte! Jesús es el sanador. Hay cosas en tu vida que solo Él puede sanar. Puedes tener un pasado difícil y doloroso; puedes sentir que es imposible estar saludable y completo, pero hay esperanza. Jesús es el Sanador ¡Él puede sanar tu alma y liberarte!

PASOS DE ACCIÓN ESPIRITUAL

- Experiencia: recuerda una herida significativa, y pregúntale al Espíritu Santo cómo quiere abordar esta herida. Tal vez Él quisiera que invitaras a Jesús a venir. Mira y escucha. Entra a su presencia. Sigue su dirección.
- ¿Cuáles son algunas de las principales heridas en tu vida? Pídele al Espíritu Santo que te muestre las áreas que puedan necesitar sanidad. Permite que Él traiga recuerdos a tu mente. Algunos de los recuerdos pueden sorprenderte. No los descartes.
- Tómate el tiempo durante los próximos días y semanas para permitir que el Espíritu Santo haga emerger cualquier otro recuerdo que necesite Su toque sanador. Invita a la presencia de Dios y escucha las impresiones del Espíritu. Es posible que desees resolver algunos de estos

recuerdos con algunos amigos que tengan discernimiento y que sean sensibles al Espíritu.

- Encuentra un compañero creyente que está dispuesto a buscar la sanidad contigo. Oren el uno por el otro. Hablen menos, oren menos. Escuchen más. Permite que el Espíritu dirija tu tiempo de oración. Jesús es el Sanador. Nosotros no tenemos nada sin Él.
- Es posible que deseas leer el capítulo de mi libro River Dwellers acerca de escuchar la voz de Dios antes de reunirte para orar con otro creyente. Trae gente a Jesús como el Espíritu te enseña. Humildemente discierna los susurros del Espíritu.

CUIDADO DEL ALMA - PRINCIPIO #6

VENCER LOS TEMORES

No soy una persona terriblemente miedosa. Después de plantar la iglesia South Shore Community Church y de alcanzar el éxito, recibí muchas llamadas de plantadores de iglesias en nuestra área. Varias veces, un nuevo plantador de iglesias vino a la ciudad y me dijo: «Estoy plantando una iglesia en el área, y me enteré del éxito de South Shore. La plantación de iglesias en Nueva Inglaterra es difícil, y no hay muchas historias de éxito. ¿Puedo llevarte a almorzar y hacerte algunas preguntas?».

Siempre decía que sí. Me hacían un montón de preguntas sobre metodología, visión y estrategia, pero inevitablemente surgía la pregunta> «¿Cómo superaste tu miedo al fracaso?».

Aproximadamente en la sexta o séptima vez que sucedió esto, llegué a casa y le dije a Jen: «¿Alguna vez tuviste temor de que fracasáramos cuando plantamos la iglesia?». Ella dijo: «Sí, claro. Pero no me preocupé por eso. Pensé que Dios nos cuidaría y que encontraríamos otra forma de mantenernos».

Ella hizo una pausa y me sonrió y dijo: «El fracaso nunca se te ocurrió, ¿verdad?». Así fue. La posibilidad del fracaso nunca me había pasado por la mente. La docena anterior de iglesias plantadas por nuestra denominación en Nueva Inglaterra habían fracasado, pero el fracaso nunca me pasó por la mente.

Tenía dos amigos talentosos del seminario que habían salido y habían plantado una iglesia en otra región que era más amigable con las plantaciones de iglesias, y tenían un respaldo financiero significativo y un grupo central, y habían fracasado, pero el fracaso en South Shore nunca me pasó por la mente. El miedo nunca fue una gran parte de mi vida. Nunca tuve miedo a las alturas, ni a volar, ni a arriesgarme, ni a fallar. No hubo muchos miedos en mi vida.

Pero había este gran árbol en mi jardín de miedos. No había malas hierbas. Solo un gran árbol. El problema era que ni siquiera sabía que estaba allí.

La gente dice que lo que no sabes no te hará daño. Pero cuando se trata del alma, están completamente equivocados. Lo que no sabes sobre tu alma ya te está matando.

La gente dice que lo que no sabes no te hará daño. Pero cuando se trata del alma, están completamente equivocados. Lo que no sabes sobre tu alma ya te está matando. El miedo estaba creando caos en mi alma y mis relaciones, pero no sabía que existía hasta después de esa conferencia de Leanne Payne.

EL IMPACTO DEL MIEDO

El problema era que no estaba suficientemente consciente de mí mismo como para reconocer el miedo. Podía sentir los efectos del miedo, pero no eran más que síntomas, y no sabía que estaban conectados con el miedo. Eran las hojas, no la raíz. Por ejemplo, a veces sentía enojo. Pero a veces la ira solo era el miedo que se manifestaba, tratando de reafirmar un sentido de poder frente a la debilidad, una sensación de control frente a la inseguridad o la inestabilidad.

El miedo es una emoción vulnerable. La ira es poderosa. Cuando sentimos miedo, tenemos un ataque de adrenalina. Este es nuestro síndrome de lucha o huida. Nos da una sensación de poder. No soy de los que huyen de un problema, sino que aprovecho la adrenalina y me agacho y me preparo para luchar. Así que, para mí, no se sentía como tener miedo.

Me sentía poderoso. Sentía enojo a veces. Podía sentir que mi mente entraba en una sobrecarga con la adrenalina; mi mente se aceleraba, se agudizaba, corría a veces, pero no reconocía que debajo de todo eso había miedo. Tenía bajos niveles de ansiedad, pero no lo hubiera llamado así. Crecí con ansiedad por la separación; esos fueron solo sentimientos normales para mí. Hubo momentos en que me obsesioné con conversaciones imaginarias debido al conflicto, pero no los asocié con el miedo. En mi mente, solo estaba practicando, preparándome para la conversación real. Pero estas eran solo expresiones sintomáticas, y debajo había miedo que enfermaba mi alma. Lamentablemente, no lo sabía.

Muchos hombres, en particular, no reconocen el miedo. También optan por el poder, el control y la ira. Se convierten en personas defensivas, agresivas y de acción. Pero si tú no nombras lo que acecha en las oscuras sombras de tu alma, te dominará.

Ya sea que veamos miedo en nuestros corazones o no, Dios lo ve. Él sabe que es un factor de motivación principal en las vidas de Su pueblo. Esta es la razón por la cual el único mandamiento más común en las Escrituras es «No temas» o «¡No tengas miedo! Porque estoy contigo». Si Dios hace de este el mandamiento más común para Su pueblo, ¿qué tan grande crees que pueda ser el problema del temor en nuestra transformación espiritual? Es un problema fundamental de desarrollo espiritual. Sin embargo, no sé si alguna vez escuché un solo sermón sobre el temor en todos mis años de vida en la iglesia. Y cuanto menos reconozcamos el miedo y su impacto en nuestras vidas, mayor será el problema. En nuestro miedo, a menudo pecamos. No seguimos a Dios. Hay innumerables ejemplos bíblicos que demuestran la consecuencia del miedo.

EJEMPLOS BÍBLICOS SOBRE EL IMPACTO DEL TEMOR

Los israelitas no pudieron ingresar a la Tierra Prometida por temor (véase Números 13). Enviaron espías a la tierra, y los espías regresaron y dieron un buen informe de la tierra, pero también un informe aterrador de los gigantes que vivían allí. Diez espías dieron el informe aterrador. Dos espías confirmaron a los gigantes, pero mantuvieron sus ojos en Dios y Sus promesas, e instaron a la gente a obedecer a Dios y tomar la tierra. Pero el miedo hizo que la gente temblara, perdiera el valor y desobedeciera a Dios. Le costó a toda una generación de personas su entrada a su destino divino y su herencia. Es un ejemplo trágico del poder del miedo para descarrilar nuestras vidas.

Piensa en el Rey Saúl. Él fue un hombre elegido por Dios para ser el primer rey de Israel. Un hombre con una gran estatura que la gente admiraba naturalmente, pero un hombre que se encogía ante sus propios miedos.

Saúl se enfrentó a una gran prueba cuando los filisteos se reunieron para luchar con los israelitas. Samuel el profeta le dijo a Saúl que esperara su llegada, y que Samuel ofrecería un sacrificio para preparar el camino para una batalla victoriosa contra los filisteos. Pero los filisteos se reunieron. Saúl tenía tres mil hombres. Los filisteos tenían tres mil carros. Estas eran probabilidades abrumadoras.

1 Samuel 13:6–8 dice: «Los israelitas se dieron cuenta de que estaban en aprietos, pues todo el ejército se veía amenazado. Por eso tuvieron que esconderse en las cuevas, en los matorrales, entre las rocas, en las zanjas y en los pozos. Algunos hebreos incluso cruzaron el Jordán para huir al territorio de Gad, en Galaad. Saúl se había quedado en Gilgal, y todo el ejército que lo acompañaba temblaba de miedo. Allí estuvo esperando siete días, según el plazo indicado por Samuel, pero este no llegaba y los soldados comenzaron a desertar».

Es fácil ver esta situación y juzgar a Saúl. Pero estas eran personas reales, y esas eran probabilidades reales contra las que se enfrentaban. Era un líder lo suficientemente bueno para combatir el miedo dentro de él y reunir a sus temibles tropas durante siete días, pero en el séptimo día, cuando él y las tropas vieron que Samuel aún no había llegado, las tropas comenzaron a retirarse de la ciudad. Y Saúl se doblegó bajo el creciente peso del miedo en su propio corazón.

Me pregunto si él siquiera sabía que era miedo. Me pregunto si él no solo dijo: «Tengo que actuar. Soy un líder. No puedo sentarme y no hacer nada. Esto es lo que hacen los líderes. Toman medidas audaces y decisivas». Pero a veces actuamos con miedo en lugar de esperar a Dios con fe. A veces confiamos en nosotros mismos, nuestros dones y nuestro ingenio en lugar de confiar en Dios y su liberación, y echamos a perder nuestro futuro. Y si no podemos identificarlo como miedo,

Pero a veces actuamos con miedo en lugar de esperar a Dios con fe. A veces confiamos en nosotros mismos, nuestros dones y nuestro ingenio en lugar de confiar en Dios y su liberación.

seguramente actuaremos en consecuencia, sin importar cómo lo llamemos. Saúl lo hizo. Samuel llegó justo después de que el sacrificio fue hecho ilegal y temerosamente. Este fue el momento en que Saúl perdió su reino, todo porque su corazón se inclinó ante el miedo.

Otro ejemplo bíblico puede extraerse de Acaz, el rey de Judá, que se enfrentó a terribles circunstancias cuando dos enemigos se alinearon contra él. Isaías 7:2 dice: «Y se dijo a la casa de David: "Aram se ha aliado con Efraín"; así que los corazones de Acaz y su pueblo fueron sacudidos, como los árboles del bosque son sacudidos por el viento».

El Señor sabe que el pueblo de Dios comete más errores en tiempos de temor que en cualquier otro momento. Así que le envió a Acaz una palabra profética para apoyarlo, fortalecerlo y alentarlo: «Ten cuidado, mantén la calma y no tengas miedo. No te desanimes» (Isaías 7:4). El miedo nos hace perder el corazón, y perder el corazón resulta en acciones cobardes de desobediencia. Entonces Dios le ofreció gentilmente al temeroso rey la oportunidad de pedir una señal para alentar su corazón tembloroso. Acaz se negó, pero Dios le dio la señal de todos modos. «La virgen concebirá y dará a luz un hijo, y lo llamará Emmanuel» (7:14).

Esta señal tuvo doble cumplimiento. Se cumplió en los días de Isaías cuando su propia esposa tuvo un hijo y, por supuesto, se cumplió con la venida del Mesías —Jesús, Dios con nosotros. La palabra para Acaz, y la palabra para nosotros a través de la venida de Jesús, es que cuando nuestras circunstancias parecen más grandes que nuestro Dios, tenemos que elegir confiar en Él porque Dios está con nosotros. La prueba definitiva de que podemos confiar en Él es que Dios ha enviado a Su Hijo, Emmanuel. Dios está con nosotros.

La pregunta número uno para Dios en el corazón de la mayoría de la gente es esta: «¿Me amas?». Y la pregunta número uno en el corazón de Dios para las personas es: «¿Confiarás en mí? He probado mi amor a través de mi Hijo, ¿ahora confiarás en mí? Sin importar lo difíciles que sean sus circunstancias, sin importar lo abrumador que sea su temor, ¿confiará en el Dios de la cruz?». Esta es la pregunta que Dios nos hace.

¿Con qué frecuencia no tomamos los riesgos del reino debido al miedo? ¿Con qué frecuencia nos perdemos de nuestro destino profético porque no nos arriesgamos debido a los miedos que nos rodean? ¿Cuántas oportunidades de consecuencia eterna dejamos pasar porque el miedo nos hace tímidos? ¿Cuántos ministerios del reino no se han cumplido y los destinos eternos permanecen inalterados porque no enfrentamos nuestros miedos? Debemos reconocer y superar nuestro miedo o perder nuestro futuro preferido.

EL REMEDIO PARA EL MIEDO

Podemos actuar con miedo o podemos actuar con fe, pero no podemos actuar en ambos. Podemos sentir miedo y actuar con fe, pero no podemos actuar en ambos. Debemos elegir. Los israelitas decidieron actuar en miedo, y esa generación perdió el derecho a entrar en la Tierra Prometida. Saúl eligió actuar con miedo y perdió el reino. Dios nos ha dado a todos una señal de que podemos confiar en Él: Jesús vino y Dios está con nosotros. Podemos confiar en Él. Pero debemos reconocer nuestro miedo y superarlo.

Podemos actuar con miedo o podemos actuar con fe, pero no podemos actuar en ambos.

David tuvo una comprensión inusualmente sabia de las cosas del alma. Hizo la conexión entre el miedo y la desobediencia, el miedo y los desastres del alma, el miedo y los destinos perdidos. Probablemente aprendió esta lección al ver a Saúl perder su reino por miedo. La lección se vio reforzada cuando tuvo que enfrentarse a Goliat, a pesar de que guerreros mucho mayores y más experimentados se echaron atrás con miedo. David sabía que, si el miedo acechaba desaforado en su corazón, podría costarle muchísimo, por lo que oró al respecto. Lucha con eso: cuando el miedo acecha en tu corazón desatendido, te costará inmensamente. En Salmos 139:23, 24 David escribió: «Examíname, oh Dios, y sondea mi corazón; *ponme a prueba y sondea mis pensamientos ansiosos.* Fíjate si voy por mal camino, y guíame por el camino eterno» (énfasis añadido). David oró para que Dios lo pusiera a prueba para ver si tenía pensamientos ansiosos acechando en las sombras de su alma, porque sabía que estos pensamientos ansiosos podrían ser semillas de rebelión si no se abordaban. Total sabiduría. A menudo son nuestros pensamientos ansiosos y temerosos los que preceden a nuestro pecado. Si podemos detectarlos, podemos evitar muchos desastres de almas.

La paz del Cielo

Dios no quiere que vivamos con nuestros miedos y que seamos vencidos por ellos. Él nos ha prometido paz. Juan 14:27 dice: «La paz te dejo; mi paz te doy. No te doy como el mundo da. No dejes que tus corazones se turben y no tengas miedo».

Jesús tiene una paz que está ligada al Cielo. Es una paz que fluye desde la sala del trono de Dios. Es una paz que no es alterada por las circunstancias o amenazada por el enemigo de nuestras almas. Hoy Jesús se sienta en Su trono en el Cielo, y Él está en perfecta paz. No importa lo que confrontes en la vida, no importa cuántas dificultades te rodeen, Jesús no está retorciendo Sus manos en el Cielo, diciendo «Oh Dios mío, ¿qué voy a hacer al respecto?». Él no está nervioso. Él está en perfecta paz. Y Él puede impartir su paz perfecta a nosotros.

Esto no significa que todo va a funcionar en la vida. Esta paz no depende de las circunstancias temporales; está vinculada a un reino eterno. Hay personas enfermas por las que oramos y que van a morir. Hay matrimonios por los que oramos y que van a romperse. Hay hijos por los que oramos que van a continuar rebelándose. Pero nada puede separarnos del amor de Dios por toda la eternidad (Romanos 8), y aunque no todo pueda salir como queremos, el amor de Dios es suficiente para sostenernos y concedernos la paz. «No hay miedo en el amor. Pero el amor perfecto expulsa el temor» (1 Juan 4:18). El amor perfecto de Jesús es suficiente sin importar lo que nos confronte. Y a medida que aprendemos a empaparnos en la revelación del amor perfecto de Dios, el miedo se rompe, y la paz del Cielo descansa en los lugares profundos de nuestras almas. Jesús tiene paz para ofrecerte que trasciende tu realidad y triunfa sobre tus circunstancias.

Cuando atravesé mi crisis matrimonial, accedió a mi raíz de mi miedo: el miedo a no ser amado. La persona que más amaba en este mundo ya no me amaba. Mi corazón tembló y tuve miedo. No sabía que era eso, pero todos los síntomas estaban allí. Mi mente corrió; tuve innumerables conversaciones imaginarias y conversaciones reales para tratar de arreglar el matrimonio y controlar los resultados. Jen a menudo se sentía sofocada porque yo estaba obsesionado con arreglarlo; me impulsaba el miedo. Luché por encontrar paz mental y emocional, y mi alma estaba llena de ansiedad. A menudo me tomaba dos horas de alabanza después de una conversación con Jen antes de que pudiera encontrar la paz.

Fue en esta época de mi vida, en medio de mi mayor angustia, que descubrí que el amor de Jesús realmente es suficiente. Lo sabía en teoría; lo creí cognitivamente antes de esta crisis. Pero fue solo en este profundo dolor desgarrador que llegué a conocer el amor de Dios en lo más hondo de mi alma. En algún lugar en medio de esta batalla, y a través de la revelación del Espíritu, me di cuenta de que quería que Jen me amara, y la vida era mejor cuando Jen me amaba. Pero incluso si Jen nunca más me amaba, incluso si ella me dejaba, iba a estar bien, porque Jesús me amaba, y esto era suficiente para mí. Esa realización fue transformadora. Estaba aprendiendo a apoyarme en la verdadera base: que el problema de mi valor se resolvió en la cruz. Y el amor de Dios comenzaba a expulsar el miedo, y la paz comenzaba a llenar mi alma.

El miedo a menudo amenaza la base de nuestro valor. En nuestro miedo, a menudo buscamos demostrar nuestro valor, controlar los resultados, manipular y controlar a los demás. Cuando por temor actuamos sobre estas, en realidad fortalecemos el fundamento defectuoso y las mentiras en nuestras vidas. Por último, para vencer nuestros temores, debemos rendirle nuestros temores a Dios y confiar en Él. Él está con nosotros. Él es por nosotros. Él nos ama. Y eso es suficiente para nosotros. Debemos creer eso y actuar sobre ello. Debemos experimentar esa realidad a través de la revelación. Debemos actuar en la fe, y no en el miedo, o terminaremos en la base equivocada.

Creer que Dios es redentor, nuevamente, es críticamente importante, porque la fe no garantiza que todo salga como queremos. La fe confía en Dios sin importar cómo salgan las cosas, porque no solo confiamos en que Dios controle nuestras circunstancias; más bien, estamos construyendo una relación de confianza y amor con Dios como nuestro Salvador y Redentor en un mundo caído. Hasta que no dejemos de confiar en buenos resultados en vez de confiar en Dios en los malos resultado, realmente no confiamos en Dios en absoluto. Confiamos en el Rey y su reino inquebrantable; creemos que Él puede vencer nuestro pasado, Él es suficiente para nuestro presente, y Él ha asegurado nuestro futuro eterno.

Lo complicado del alma es que todos estos diversos principios del cuidado del alma están conectados. Cuanto más conscientes nos hacemos, más podemos conectar los puntos entre estos principios y entender cómo afectan nuestras vidas. Conectar los puntos entre estos diversos problemas del cuidado del alma es esencial para profundizar y ser más libres. Nuestros miedos, por ejemplo, a menudo están conectados a nuestras heridas. Cuando una situación en nuestro presente nos recuerda una herida de nuestro pasado, sentimos miedo y estamos tentados a actuar de acuerdo con nuestros miedos. A menudo, cuando las personas no pueden romper un patrón de comportamiento o un problema de alma, es porque no comprenden todas las raíces profundas del problema y no pueden rendirse ante el problema.

Para mí, el miedo a no ser amado me tentó a actuar con poder en medio del conflicto. Resolvía recurrir a opiniones convincentes para cubrir las vulnerabilidades que sentía. Nuevamente, no tuve miedo: sentí los efectos de la adrenalina y actué con el poder de la adrenalina para protegerme. Pero esto reforzó la base defectuosa en la que me encontraba, que mi valor estaba determinado por si lograba que ciertas personas me amaran.

Me dije que eso no era verdad. Me dije: «No me importa lo que piense la gente». Pero eso fue fanfarroneo, y no se puede engañar a tu alma. Las conversaciones imaginarias que tenía en mi cabeza y los pensamientos acelerados que pasaban en mi mente eran una prueba de que estaba sobre una base defectuosa.

Los temores también a menudo nos llevan repetir patrones de pecado reconfortantes; el miedo es incómodo, y las heridas no procesadas son dolorosas, por lo que nos involucramos en un pecado que nos brinda cierto alivio y consuelo, ya sea una fantasía o un comportamiento adictivo.

Las mentiras que creemos, los temores que tenemos, las heridas que hemos sufrido, las raíces amargas a las que nos aferramos, y los patrones de nuestros pecados y de los pecados familiares se entrelazan para fortalecer nuestra esclavitud. Pero a medida que comenzamos a sacar estas cosas a la luz, comenzamos a desatar el tejido. Al dar la bienvenida a la luz y darle a Dios más acceso a nuestro corazón, encontramos sanación y libertad.

LA IDENTIFICACIÓN DE NUESTROS TEMORES

La autoconciencia es la puerta de entrada a la libertad. No la garantiza, pero no puedes llegar sin ella. Si vas a liberarte de tus miedos, debes comenzar identificando tus miedos.

Los indicadores del temor

Quizás tú, como yo, ni siquiera te das cuenta de que tienes miedos. Puedes haberte dicho a ti mismo que no tienes miedo. Para identificar tus miedos, comienza por reconocer algunas de las respuestas fisiológicas al miedo. Reconoce cuando la adrenalina se eleva en tu cuerpo. Puedes sentir la necesidad de escapar (huir) o la necesidad de volverte agresivo (luchar). Tu escape puede ser una fantasía, un retraimiento, cerrarte, ser introvertido, un comportamiento agresivo pasivo o un retiro físico. Tu lucha puede ser defensiva, enojada, puede manifestarse en un incremento de la intensidad de una conversación, en ataques a otros y / o en el control de los comportamientos. Cuando llega el miedo y la adrenalina se activa, también puedes sentir que tu ritmo cardíaco se acelera y tu mente se agudiza o comienza

> El problema con los escudos es que son indiscriminados, no solo bloquean a la persona que nos está lastimando, sino que también bloquean a Dios, impidiendo que nos cure. Para que podamos llegar a las raíces, debemos bajar nuestros escudos.

a correr, y es posible que encuentres buscando respuestas y soluciones.

La gente a menudo también busca escudos emocionales. Estos escudos son tácticas defensivas para protegernos en nuestros estados vulnerables, y ninguna emoción nos hace sentir tan vulnerables como el miedo. Nos defendemos con escudos de ira, poder, control, manipulación, actitud defensiva, abstinencia y silencio, solo por nombrar algunos. Sin embargo, recuerda: el problema con los escudos es que son indiscriminados, no solo bloquean a la persona que nos está lastimando, sino que también bloquean a Dios, impidiendo que nos cure. Para que podamos llegar a las raíces, debemos bajar nuestros escudos.

Identifique la raíz de sus temores

A medida que comiences a reconocer cómo se siente el miedo, es de ayuda identificar los temores de raíz. ¿Cuál es tu miedo dominante o los miedos más importantes? Nómbralos. No puedes vencer aquello que no admites. Pídale al Espíritu Santo orientación y revelación. Con oración, dedica tiempo a la autorreflexión y a escribir en un diario. Habla con personas que te conocen bien; mira a los miembros de tu familia y sus comportamientos.

Hice todas estas cosas cuando estaba entrando a la luz sobre los problemas de mi alma. Repasa los otros principios de cuidado del alma: tus heridas, los patrones de pecado de tu familia, las mentiras que afectan tu identidad y más... todas estas cosas impactan tus miedos.

Presta atención a las circunstancias de tu vida. Dios a menudo nos enfrenta cara a cara con nuestros mayores temores, no para avergonzarnos o condenarnos, sino para ayudarnos a vencer. Piense en Saúl. ¿Cuál era el temor principal de Saúl? Encontramos algunas pistas en el texto.

Cuando Samuel le dijo a Saúl que iba a ser el rey, Saúl le

dijo: «¿Pero no soy benjamita, de la tribu más pequeña de Israel, y no es mi clan el más pequeño de todos los clanes de la tribu de Benjamín?» (1 Samuel 9:21). Parece humildad, pero creo que hay miedo a escondidas en las sombras de su alma. Él no demuestra humildad más adelante en su vida; lo que parece ser humildad aquí es en realidad miedo. Es timidez. Venía de la tribu más pequeña y el clan menos importante o más insignificante. Saúl está luchando profundamente con un miedo de ineptitud, de ser insignificante.

Más tarde, cuando Samuel les dice a los israelitas que Saúl es el hombre elegido para ser rey, se encuentra escondido entre el equipaje (1 Samuel 10:22). Miedo. Ocultarse es una acción basada en el miedo; las personas con humildad aún actúan en coraje porque confían en Dios. Pero Saúl temía la ineptitud, el temor de no tener lo que se necesita, lo que sin dudas está ligado a una herida de identidad. Es este temor el que lo impulsó a actuar cuando debía esperar. Es este temor el que lo hizo esconderse de Goliat cuando debía actuar como rey. Es este temor lo que lo impulsó a arrojar lanzas a David porque se sentía amenazado. Nunca identificó sus temores, y lo que no sabía ya estaba matando su alma.

Saúl debería haber reflexionado sobre sus reacciones a estas diversas circunstancias. Dios lo eligió y lo ungió como rey, pero luchaba con sentimientos de inferioridad. Este hubiera sido un buen momento para que Saúl haga una pausa y se pregunte: «¿Qué hay debajo de esto?».

Cuando Samuel proclamó el reinado de Saúl, Saúl se escondió. Esta fue otra oportunidad para profundizar un poco más, para reflexionar en oración sobre por qué se escondió. Nunca identificó las heridas de identidad, los patrones de pecado de la familia o los miedos, y al final, su falta de autoconciencia le costó a él y a la nación.

Como líderes, nuestras acciones siempre tienen consecuencias sobre los demás. Se necesita un líder saludable para lid-

Es traicionero que un líder ignore su miedo.

erar un grupo saludable. No podemos darnos el lujo de ignorar los problemas del alma. No puedes inspirar a las personas a actuar en fe si no has procesado los miedos en tu propia alma. El trabajo número uno de un líder espiritual es discernir la mente de Cristo. El trabajo número dos de un líder espiritual es inspirar fe en los corazones de las personas para que tengan el coraje de obedecer a Dios donde sea que Él lidere. El líder que no puede procesar su temor no puede inspirar a la gente a encaminarse en su destino profético, dado por Dios. Es traicionero que un líder ignore su miedo.

En mi propia vida, Dios me puso cara a cara con mi miedo a no ser amado. Jen no me amaba, y dada mi historia, eso puede haber sido lo único que podría haberme causado lidiar con los problemas profundos de mi alma. Si no fuera por ese incidente convincente que golpeó mi miedo principal y mis problemas de raíz, es posible que no hubiera confrontado los lugares oscuros en mi alma. Dios lo sabía. Dios siempre sabe. Pero debemos aceptar la luz que Él ofrece, sin importar cuán desagradable o temerosa pueda parecer. Nunca hay libertad en la oscuridad o en la clandestinidad.

Estas oportunidades de crisis que modelan el alma nos llevan a rendirnos y descubrir la gracia sanadora de Dios, pero solo si las aceptamos y permitimos que Dios las redima. También nos llevan a una fe más profunda, una fe y confianza activa, cuando elegimos actuar en fe y no en miedo.

Las manifestaciones del temor

Presta atención a cómo tus miedos se manifiestan en tu vida. Cuando aparecen tus miedos, ¿cómo aparecen? ¿Cómo son? ¿Cómo se sienten?

A menudo disfrazamos nuestros miedos y pueden expresarse de manera que no parece ser miedo. Una vez que identificas cómo se manifiestan tus miedos, estos se convierten en tus indicios para ir a Dios. A menudo hay señales de advertencia disponibles cuando nuestros miedos están activados.

Piensa en Saúl, por ejemplo. Una de sus reacciones reflejas al miedo era esconderse. Él se escondió en el equipaje. Se escondió en las cuevas frente a la batalla. Si hubiera estado consciente de sí mismo, su deseo de huir era una señal de advertencia temprana de que estaba a punto de actuar en miedo. Si se hubiera percatado que necesitaba volver a la base del amor de Dios, entonces podría haber actuado con valentía. Otras veces, Saúl fue amenazado y se lanzó a la ofensiva. Le lanzó lanzas a David; se volvió paranoico, impulsivo y agresivo. Persiguió a David al desierto, a pesar de que David nunca hizo nada para amenazar el reino de Saúl. Si Saúl se hubiera sido consciente de sí mismo, podría haber visto esta respuesta de «lucha o huida» como una expresión sintomática de su miedo. Esto podría haber evitado que tomara decisiones desastrosas.

Una de mis expresiones sintomáticas de miedo es la ansiedad. Cuando era un niño que sufría de ansiedad por separación, ni siquiera me daba cuenta de que lo que sentía era ansiedad. La sensación de mariposas en el estómago que sentía en las nuevas situaciones sociales, o cuando iba a la escuela todos los días, eran normativas para mí. Pensé que era mi personalidad. Pero después de la conferencia de Leanne Payne, estaba muy consciente de la ansiedad en mi vida. Es uno de los síntomas más importantes que experimento, y a menudo me lleva a Dios. Aprendí a interpretarlo como una señal de advertencia temprana; es un regalo para mí que me lleva a buscar a Dios.

Si alguien dice: «Estoy enojado contigo, y necesito reunirme contigo», eso puede hacer que mi medidor de ansiedad se dispare. Sentiré una descarga de adrenalina. Pueda que responder con calma, pero por dentro puedo sentir un poco de adrenalina y mi ansiedad aumentará. Lo sentiré en mi pecho, una sensación de opresión o falta de paz en mi ser interior. Y si actúo en esa adrenalina, en esa ansiedad, probablemente tendré conversaciones imaginarias. «¿Por qué esta persona está molesta? ¿Qué hice? No recuerdo haber dicho nada para molestarlos. Bueno, había una sola cosa. Pero, si se molestaron por eso... No quise decir nada con esas palabras. Son simplemente demasiado sensibles».

Esta conversación interna solo refuerza la mentira de que mi valor depende de si puedo hacer que le caiga bien o no. Solo me causa más angustia. En cambio, cuando siento ansiedad, sé que necesito ir a Jesús. He aprendido a cambiar la cinta que se reproduce en mi mente. Me digo a mí mismo, *Amo a esta persona. Quiero que esta persona me quiera. Pero incluso si no le caigo bien, está bien, porque a Jesús le agrado y eso es suficiente para mí. Iré y escucharé y responderé sin defensas; admitiré todo lo que pueda, porque Dios de seguro que me ama. El problema de mi valor se resuelve en la cruz.* Me tomaré un momento para llegar a ese fundamento seguro, y luego actuaré en fe, no en miedo. Pero fue la ansiedad lo que me llevó a Jesús. Se ha convertido en un regalo para mí que me ayuda a darme cuenta cuando estoy en una base falsa, y un factor desencadenante para volver a mi verdadero fundamento.

VENCER EL TEMOR

En Filipenses 4:4–7, Pablo ofrece sabias y edificantes palabras sobre cómo vencer el miedo: «Alégrense siempre en el Señor. Insisto: ¡Alégrense! Que su amabilidad sea evidente a todos. El Señor está cerca. No se inquieten por nada; más bien, en toda ocasión, con oración y ruego, presenten sus peticiones a Dios y denle gracias. Y la paz de Dios, que sobrepasa todo entendimiento, cuidará sus corazones y sus pensamientos en Cristo Jesús». Este pasaje nos lleva a algunos pasos de acción específicos que he encontrado útiles.

Primero, comienza con adoración. Pablo dice: «Alégrense siempre en el Señor. Insisto: ¡Alégrense!». Solo hay dos ocasiones para adorar: cuando sentimos el deseo, y cuando no sentimos el deseo. Y cuando no lo sentimos, ese es el momento en que más lo necesitamos. La adoración alejará nuestra mirada de nuestras terribles circunstancias y la pondrá en Dios. La adoración accede a la presencia de Dios (Salmo 100). Dios no tiene miedo; Jesús no está nervioso. Cada noche después de que Jen y yo teníamos esas conversaciones de conflicto en los primeros días, yo era un desastre. Los temores eran intensos, y yo iba arriba a mi estudio y pasaba una o dos horas en adoración. A menudo me tomó mucho tiempo para finalmente calmarme por dentro. La adoración se convirtió en una necesidad crítica en mi viaje para superar mi miedo más profundo. La adoración me ayudó a acceder a la presencia de Dios, escuchar la voz de Dios y solidificar los cimientos del amor de Dios. Fue en estas largas sesiones nocturnas de adoración que descubrí que el amor de Dios era suficiente para mí, sin importar lo que deparara el futuro.

Segundo, escoge una respuesta amable. Pablo dice: «Que su amabilidad sea evidente a todos» (Filipenses 4:5). Esta es una palabra que tiene que ver con la sumisión, con ceder. Pablo nos está invitando a reducir la velocidad, rendirnos y ser gentiles. A menudo, cuando tenemos miedo, actuamos de manera impulsiva, enojada, defensiva, controladora, autoprotectora y dañina. Nos encanta citar el Salmo 46:10: «Quédense quietos, reconozcan que yo soy Dios». Pero el contexto del salmo es vital para entender este versículo. El versículo 1 establece ese contexto: «Dios es nuestro refugio y fortaleza, una ayuda siempre presente en los problemas. Por lo tanto, no temeremos». Es un tiempo de problemas en el que se encuentra el salmista. Su reflejo de lucha o huida ha comenzado. Todo dentro de él se acelera; y en este contexto Dios dice: «Quédate quieto». El salmista elige reducir la velocidad en un entorno acelerado. Esto es lo que Pablo nos está llamando a hacer. Es una respuesta contraria a la intuición en tiempos de crisis, pero es la respuesta de un alma sana a una crisis. En última instancia, ayudará a evitar que actúe con miedo, y más bien lo llevará a actuar según la fe.

Tercero, recuerda la presencia del Señor, y pon tu mirada en Jesús. «El Señor está cerca. No se inquieten por nada». Es Emmanuel quien nos da la señal de que todo está bien. Dios está con nosotros. Dios es para nosotros. Dios puede ser confiable. Fija tus ojos en Jesús. Cultiva Su presencia. Sumérgete en Su presencia. Es por eso por lo que adoraba al final de nuestras conversaciones de conflicto: Su presencia era lo que necesitaba. Su presencia es curativa, calma y solidifica la identidad.

La mayoría del cambio de vida ocurre a solas con Dios. Podemos fijar nuestros ojos en Jesús o podemos fijar nuestros ojos en nuestros problemas, pero no podemos fijar nuestros ojos en ambos. La mente lucha con lo que yo llamo «la deriva de la mente». Esto significa que tu mente se inclina naturalmente hacia tus mayores problemas, los más apremiantes. Creo que esto es un testimonio del poder del miedo. Si conduces por la carretera en un día soleado, y estás escuchando tu música favorita de fondo, y dejas que tu mente se desvíe, tu mente se desviará a tu mayor problema, el más apremiante. Si tienes un problema de matrimonio que pesa sobre ti, tu mente irá a ese punto. Si tienes problemas financieros, tu mente se moverá allí. Te encontrarás pensando en soluciones, preocupándote por los peores

La mayoría del cambio de vida ocurre a solas con Dios. Podemos fijar nuestros ojos en Jesús o podemos fijar nuestros ojos en nuestros problemas, pero no podemos fijar nuestros ojos en ambos.

escenarios y teniendo conversaciones imaginarias. Tu mente va a la deriva.

La paz es la consecuencia de fijar tu mente en Jesús. Él está en perfecta paz en Su sala del trono hoy; si puedes poner tus ojos en Emmanuel, la presencia de Dios puede impartir paz a tu alma.

Cuarto, vencer tus temores involucra sufrimiento redentor. Cuando estás cultivando la presencia de Jesús, cuando intencionalmente vas a Él en tu tiempo de angustia, deja que Él te consuele. Durante estos tiempos, te sentirás tentado a seguir un patrón de pecado que te brinda un deseo de comodidad, como la lujuria, fantasía, alimentación o bebida. En lugar de ello, ve a Jesús. Siente el dolor y deja que Su amor, Su presencia y Su victoria te traigan consuelo.

Este es el sufrimiento redentor: Él nos sana cuando abrazamos el sufrimiento y no buscamos adormecerlo. A menudo practico retiros de diez minutos. Cuando la ansiedad se desencadena dentro de mí, pasaré diez minutos a solas con Dios en silencio solo fijando mi amorosa atención en Jesús. La ansiedad no siempre desaparece de inmediato, pero enfrento la ansiedad en Su presencia.

Gran parte de nuestra batalla con el miedo se reduce a esta pregunta: ¿Confiarás en Dios? Debes elegir creer que Dios está con nosotros, para nosotros y que es confiable. Es una elección.

Quinto, vencer tus temores involucra rendirte. Gran parte de nuestra batalla con el miedo se reduce a esta pregunta: ¿Confiarás en Dios? Debes elegir creer que Dios está con nosotros, para nosotros y que es confiable. Es una elección.

No siempre entiendo por qué suceden las cosas, pero sé que

puedo confiar en Él a causa de la cruz. Él es Emmanuel. Él no nos dejó en nuestro tiempo de problemas. Él entró en nuestro sufrimiento, y sufrió por nosotros, y sufre con nosotros, por lo que podemos confiar en el Dios de la cruz.

Con demasiada frecuencia hacemos la pregunta incorrecta en tiempos de dificultad. Hacemos la pregunta: «¿Por qué». Lo encuentro contraproducente; deja mi alma con desconfianza, y Dios nunca ha prometido responder esa pregunta. En cambio, aprendí a hacer la pregunta: «¿Cómo? ¿Cómo puedes redimir esto?». Dios ha prometido responder esa pregunta (Romanos 8:28–39; Santiago 1:1–5). Pregunto cómo, y me entrego a la mano moldeadora de Dios. Elijo cooperar con el proceso de cambio de vida. La paz es a menudo consecuencia de un corazón completamente entregado. Es la simplicidad de la confianza y la dulzura de la rendición lo que nos lleva a la paz en el lugar más íntimo.

Sexto, vencer tus temores involucra acción. En fe, necesitas actuar en dirección opuesta a tu temor. El valor o coraje no es la ausencia del miedo; coraje es hacer lo correcto en frente del miedo. Puedes temer el rechazo y, por lo tanto, puedes estar aterrorizado por el conflicto, pero no obtienes un pase. Ser un seguidor de Jesús significa que tienes que lidiar con el conflicto de una manera que honre a Dios. Y evitarlo no honra a Dios. Entonces siente el miedo y ve a Jesús con el miedo. Solidifica la cuestión de tu valor bajo tus pies, pero si todavía tienes miedo después de todas tus acciones espirituales, aun así, necesitas actuar con valentía. Las victorias finales de superar nuestros problemas de raíz a menudo no se administran hasta que actuemos con valentía.

El valor o coraje no es la ausencia del miedo; coraje es hacer lo correcto en frente del miedo.

Hace años estaba conduciendo hasta el monasterio para un momento de retiro espiritual. Había pasado por una temporada muy ocupada y acababa de enseñar el Cuidado del Alma a nivel de doctorado durante diez días. Enseñar el Cuidado del Alma me agota; es el aspecto más agobiante del ministerio en el que participo.

Tenía muchas ganas de pasar estos momentos en el monasterio refrescándome espiritualmente. Frecuento el monasterio a menudo, y el lugar se ha convertido en un refugio para mí. Pero esta vez, cuando entré al campus, sentí que la ansiedad golpeaba mi alma. He sentido ansiedad antes. Pero esto fue diferente. Este era un nivel de intensidad diferente, y no fui capaz de procesarlo rápidamente como de costumbre, pero hice todo lo que pude.

Saqué mis maletas de mi auto, me fui directamente a mi habitación y me tiré sobre mis rodillas. Dije: «Señor, ¿qué es esto?». Pero Dios guardó silencio. Presioné: «Señor, ¿he pecado?». A veces, cuando siento ansiedad, esa falta de paz en mi ser interior es por convicción. Pero escuché al Espíritu susurrar que el pecado no era el problema.

Le dije: «¿Me he sobrecargado? ¿Es estrés?». Sentí que el Espíritu decía que no. Le dije: «¿Quieres decirme qué es?». Nada. Solo silencio. Hice todo lo que sabía hacer. Adoré. Me rendí. Me senté en silencio. Oré por todas las cosas que posiblemente estaban preocupando mi alma. Oré por completo. Pero la ansiedad continuó rugiendo dentro de mí.

Tenía algunas cosas que esperaba lograr en este viaje. Rápidamente deseché mi agenda, y durante los dos días siguientes pasé tiempo a solas con Dios. Pero sin importar lo que hice, sin importar qué actividades espirituales realicé, no hubo ningún avance. Nunca había experimentado ansiedad durante días como esta; antes de esto, la ansiedad iba y venía, pero siempre podría encontrar alivio. Pero no esta vez.

El tercer día me levanté y dije: «Señor, he vivido durante años cultivando el sentido de tu paz y tu presencia. No puedo vivir con esto. Tienes que ayudarme. Muéstrame qué es esto y qué hacer».

Sentí que el Señor me decía: «Ve a la capilla y siéntate en silencio». Así que entré y me senté. Esperé por cuarenta y cinco minutos. Finalmente, el Señor habló suave y silenciosamente en mi ser interior: «Salmo 23».

Por supuesto, sé el salmo. Lo leí. «El Señor es mi pastor; Nada me faltará. Él me hace recostarme en verdes pastos. Él me lleva al lado de aguas tranquilas [literalmente, aguas en reposo]. Él restaura mi alma» (Salmo 23:1–3). Esta ahí llegué. Esa última frase, «Él restaura mi alma», estaba atrapada en mi espíritu. Sentí el aliento de Dios soplando sobre él. Esperé; me quedé con esos primeros versos. Y después de otros veinte minutos, el Señor habló.

Él dijo: «Mi presencia se manifiesta de muchas formas. Está mi presencia sanadora, mi presencia amorosa, mi presencia que llena, mi presencia que te da poder. Necesitas acceder a mi presencia restaurativa. Has estado en el frente de batalla durante mucho tiempo, luchando por la renovación. Has sufrido muchos golpes en tu alma y debes acceder a mi presencia restauradora. Mi presencia restaurativa solo se puede acceder a través del silencio y la quietud».

Así que, durante los siguientes tres meses, pasé de diez a veinte minutos, al menos una vez, y algunas veces varias veces, cada día en silencio delante de Dios. No dije nada. No oré nada. Simplemente fijé mi atención en Jesús. Cuando mi mente divagaba, la traía de vuelta. Con el tiempo, la ansiedad comenzó a disminuir. Todos los días me despertaba con la ansiedad y me acompañaba todo el día, pero mientras esperaba en silencio al Señor para acceder a Su presencia restauradora, podía sentir que perdía su control sobre mí.

Después de un tiempo, no fue tan fuerte; un poco más de tiempo y se volvió intermitente. Al final de tres meses, se había ido por completo. Dios restaura. Dios sana. Dios vence.

Hay una paz que supera el entendimiento; es la paz del

Cielo. Es aún más fuerte que todos tus miedos, más fuerte que toda nuestra angustia. No temas. Él está contigo.

PASOS DE ACCIÓN ESPIRITUAL

- ¿Cuáles son tus miedos de raíz? ¿Cómo se manifiestan?
- ¿De qué manera tus temores afectan tu relación con Dios?
- ¿Cómo se relacionan tus miedos con las mentiras en las que crees? ¿Cuáles son las heridas debajo de esos miedos? Tómate el tiempo para orar por la sanidad.
- ¿Cuáles son las acciones valientes que debes tomar para superar tus miedos?
- Trae tus miedos a Jesús. Deje que Él te hable y te ministre.

CUIDADO DEL ALMA - PRINCIPIO #7

LA LIBERACIÓN

Estaba en un teléfono público en el seminario, allá por 1990, hablando con Jen, mi futura esposa. Había un chico joven caminando de un lado a otro frente al teléfono, así que pensé que estaba esperando para usarlo. (Para aquellos de ustedes que no recuerdan, no había teléfonos celulares en aquellos días). Colgué y le ofrecí el teléfono a este joven, pero me dijo: «En realidad, estaba esperando para hablar contigo». No lo conocía, y nunca lo había visto, pero nos sentamos a hablar.

No estábamos en la conversación más de cinco minutos cuando se me ocurrió una idea que nunca había tenido: *Este tipo tiene demonios.*

Crecí yendo a la iglesia, pero nunca hablamos sobre demonios. En ese momento de mi vida, había leído la Biblia de principio a fin unas diez veces, así que sabía que la Biblia hablaba sobre los demonios. Jesús hizo la liberación; los discípulos hicieron liberación. Escuché a los misioneros hablar sobre demonios, pero esos fueron en culturas animistas. Este era el mundo civilizado. Mi cosmovisión occidental había arruinado mi cosmovisión bíblica. Pero este tipo, estaba seguro de que tenía demonios.

Él estaba hablando de escuchar voces. Las voces eran blasfemas y le decían que hiciera cosas homicidas. Y todo el tiempo que hablé con él, se manifestaba periódicamente gruñendo y temblando. No fue un acto, y no parecía una enfermedad mental. Se parecía mucho a las cosas demoníacas sobre las que había leído en las Escrituras y de las que había escuchado hablar a los misioneros.

¿Qué haces con una situación como esta? Tu próximo nivel con Dios se encuentra más allá de los límites de tu experiencia actual. La única forma de llegar allí es que nos arriesguemos más allá de nuestro nivel de comodidad. Así que me lancé y me arriesgué.

Tu próximo nivel con Dios se encuentra más allá de los límites de tu experiencia actual. La única forma de llegar allí es que nos arriesguemos más allá de nuestro nivel de comodidad.

Le dije: «¿Alguna vez has considerado que tal vez tu problema podría ser de naturaleza espiritual?». Él me dijo: «¿Crees que tengo demonios?». Dije: «Sí, lo creo». Me dijo: «John Ellenberger me dijo que tenía demonios, pero no le creí».

El Dr. John Ellenberger fue uno de mis profesores en el seminario y es uno de mis héroes. John y su esposa, Helen, sirvieron en Papua, una provincia de Indonesia, como misioneros. Eran parte de un equipo que había visto a una tribu de personas venir a Cristo que había adorado a los espíritus demoníacos que se le aparecían visiblemente a la gente. Habían estado involucrados en innumerables liberaciones.

Le dije al joven: «Si John Ellenberger dice que tienes un demonio, entonces tienes un demonio. Y nunca en mi vida pensé que alguien tuviera un demonio, hasta que tuve esta conversación contigo. Si estás dispuesto, hablaré con John y podremos concertar una cita para que tengas una liberación». Él estuvo de acuerdo.

Fui a ver a John al día siguiente. Le dije: «John, me encontré con un amigo tuyo», y le dije el nombre del joven. John se quitó las gafas, miró hacia el techo y suspiró. «Ese es el peor caso de demonios que he visto», me dijo. Así que la primera vez que vi un espíritu demoníaco fue el peor caso que el hombre con la mayor experiencia que conocí jamás había visto. Si este tema es extraño para usted, y le falta discernimiento sobre estas cosas, ¡le estoy contando esta historia para darle esperanza!

Lamentablemente, no liberamos al hombre; no estaba dispuesto a arrepentirse de algunas cosas, y se fue sin obtener la libertad. Pero la experiencia cambió mi visión del mundo.

Me gradué y tomé una posición como pastor asistente en una iglesia en Nueva Inglaterra justo al salir del seminario. Estuve allí por menos de un mes cuando una mujer vino a mi oficina en busca de ayuda. Sus síntomas incluían ataques de pánico, depresión y pensamientos suicidas. Le pedí que me contara su historia, e incluyó algo de vudú en su pasado. Mientras escuchaba, me di cuenta de que algo de con lo que ella estaba luchando era demoníaco.

Le dije: «¿Alguna vez has considerado que algunos de estos problemas podrían ser de naturaleza espiritual?». Ella dijo: «¿Crees que tengo demonios?». Dije: «Sí». Ella dijo: «Yo también. Yo practicaba el vudú». Dije: «¿Te gustaría ser libre?». Ella dijo: «Bueno, es por eso por lo que vine».

Asentí y entré para ver al pastor principal. Él había estado en el ministerio por más de tres décadas. Le conté sobre la situación y me dijo: «Nunca he hecho liberación». Yo dije: «Yo tampoco». Él respondió: «Bueno, si lideras, oraré».

¿Recuerdas lo que dije sobre tu próximo nivel con Dios? Tenía veinticinco años, pero era el momento de lanzarme. Dios ayudó y la liberamos.

Saqué seis espíritus, pero había un séptimo espíritu que no podía sacar. No sabía qué hacer. Esperé al Señor y me dijo: «Este es un espíritu compartido». Le dije: «¿Qué es eso?». Él dijo: «Se comparte con otra persona».

Estuve tratando de enviarlo al pozo, pero no fue, porque tenía derecho a ir a esta otra persona. Él dijo: «Dile que vaya donde yo lo envíe». Le dije: «Ve donde Jesús te envía». El espíritu se fue, y ella fue libre. Cinco minutos después, su madre, que era practicante de vudú, llamó y dijo: «¿Está mi hija allí?».

Estaba empezando a vislumbrar el mundo invisible.

MUNDO CAMBIANTE

Vivimos en un tiempo de un cambio de época. Estamos viendo un cambio sísmico de cosmovisiónen nuestras vidas. Permítame ilustrarlo con una caricatura. Scooby Doo es uno de los programas de televisión que más tiempo lleva siendo visto en la historia de la televisión. Comenzó a finales de 1960, cuando yo era un niño.

El programa presentaba una cosmovisión. Cada episodio era el mismo: había un fantasma. La pandilla de detectives adolescentes y su perro asustado pero confiable, Scooby Doo, perseguirían al fantasma, y para el final del espectáculo desenmascararían al fantasma y revelarían que era solo un villano haciendo actos sucios disfrazados de fantasma. Pero el programa presentaba una cosmovisión moderna y transmitía este mensaje: detrás de cada aparente fenómeno sobrenatural hay una explicación natural. El mundo sobrenatural realmente no interactúa con el mundo natural.

En algún momento a mediados de la década de 1990, estaba visitando a un amigo que tenía un hijo. Mientras estábamos en la cocina escuché a *Scooby Doo* en la televisión en la otra habitación. Tomé mi taza de café y me senté con el niño en el piso para ver un episodio de Scooby Doo. Había un fantasma, una vez más; siempre había un fantasma. ¡Esto era Scooby Doo! Pero esta vez, al final de la caricatura, el fantasma seguía siendo un fantasma. Me dije_ «Ruh, Ro». (¡Los fanáticos de Scooby Doo entienden esa línea!)

Alguien acababa de cambiar la cosmovisión de una nueva generación de fanáticos de *Scooby Doo.* Ahora estamos enseñándole a una nueva generación que detrás de un aparente fenómeno sobrenatural hay un ser sobrenatural real. Bienvenido al nuevo mundo postmoderno. Esto no es algo malo; de hecho, esta cosmovisión está más en línea con la cosmovisión bíblica sobre este tema. Hay una esfera sobrenatural con seres sobrenaturales, que si interactúan con nuestro mundo.

Hay una esfera sobrenatural con seres sobrenaturales, que si interactúan con nuestro mundo.

Sin embargo, el mundo postmoderno también se desconectó de la verdad. El postmodernismo no dice que no hay verdad, pero que, si es que hay una verdad, esta no es realmente conocible. Ahora tenemos una generación que cree en seres sobrenaturales, pero también que no hay absolutos. Por lo tanto, la experimentación con lo sobrenatural es perfectamente legal porque todos los espíritus son accesibles, y de alguna manera son vistos como iguales. Esto ha llevado a mucha más experimentación sobrenatural en nuestra generación actual. Y con más experimentación, viene más demonización y más esclavitud.

La iglesia debe recuperar una cosmovisión sobrenatural y

la autoridad para liberar a los cautivos. Creo que las iglesias que no se mueven en el poder en el futuro cercano se volverán grandemente irrelevantes para casi todos menos los fariseos. Hay más esclavitud, y la iglesia debe aprender una vez más cómo liberar a los cautivos.

En la ciudad donde vivo, tenemos dos médiums a tiempo completo. ¡Uno de los médiums tiene su propio programa de telerrealidad y ha escrito un libro! Ella es muy popular. Ella les ha dado a las personas que conozco palabras proféticas, brindándoles ideas muy específicas de su pasado. Le dijo a una mujer, que yo conocía y que había estado en el hospital, que tenía cáncer, que tuvo un bebé mientras estaba en el hospital, que el cáncer estaba en remisión y que el bebé estaba bien. La médium nunca había conocido a la mujer, pero todo era verdad.

Le pedí a un médico de mi iglesia que coordinara un almuerzo con la médium porque la conocía. Simplemente le pedí que me contara su historia. Ella tenía antecedentes católicos, pero obviamente era sincretista en sus creencias y prácticas. Su historia incluía muchas experiencias sobrenaturales, y hacia la mitad de su historia, se detuvo y dijo: «¿Qué piensas de esto realmente?».

Le dije: «Te lo diré en un minuto, pero ¿puedo decirte algo más primero?». Ella asintió. Continué: «Desde el momento en que te sentaste, pude sentir los afectos del Padre por ti». Ella comenzó a llorar, profundamente conmovida por el amor del Padre y mi compasión por ella. Muchos cristianos la habían condenado. Ella no es el enemigo. El enemigo la engaña, pero ella no es el enemigo.

Después de que ella terminó su historia, continué diciéndole que la Biblia dice que hay espíritus buenos y malos espíritus, y que algunos de los espíritus con los que estaba hablando eran malos espíritus. Ella dijo: «¿Es por eso por lo que mis hijos tienen pesadillas y ven cosas en su habitación?». Dije:

«Sí». Me encantaría decir que ella se convirtió, pero no fue así. Sin embargo, se sintió amada, y tuvimos una conversación respetuosa que no eludió la verdad.

COSMOVISIÓN BÍBLICA: EL REINO DE DIOS

Tratar con los espíritus oscuros, la guerra espiritual y la liberación siempre ha estado en la cosmovisión bíblica. Jesús hizo liberación. Fue una parte importante del ministerio del reino.

El mensaje central de Jesús es sobre el reino de Dios. El reino de Dios es la reversión de todo lo que salió mal cuando el pecado entró en el mundo. Es la restauración de todo a la manera en que Dios quiso que fuera. Entonces, cuando Jesús vino, salvó a los perdidos, sanó a los enfermos, expulsó demonios, ayudó a los pobres, venció la injusticia y liberó a los cautivos. Esto se debe a que las relaciones rotas, la enfermedad, la muerte, la esclavitud espiritual (demonización), la pobreza y la opresión no formaban parte de la creación de Dios. Eran efectos de la caída.

Estos problemas diabólicos no serán parte del Cielo. Por lo tanto, nuestro papel central como seguidores de Cristo es avanzar en su reino. Hacer discípulos involucra el trabajo de Jesús. Debemos hacer las cosas que hizo Jesús: hacer discípulos, salvar a los perdidos, expulsar demonios, sanar a los enfermos y liberar a los cautivos. Ese es el trabajo de la iglesia.

Algunos problemas son problemas físicos y necesitan una solución física o un milagro. Algunos problemas son problemas emocionales, y la persona puede necesitar un consejero, o sanidad interna, o algún medicamento, o una combinación de esas cosas. Algunos problemas son problemas espirituales, y ninguna cantidad de consejería o medicamento ayudará a la persona a encontrar la libertad. Ellos necesitan liberación.

Esta era la perspectiva de Jesús, y Él no tenía una cosmovisión retrograda. Él es el Rey de un reino eterno que vio las realidades espirituales con una visión perfecta.

Los discípulos también hicieron liberación. Jesús les dio autoridad en Mateo 10 y los envió a sanar a los enfermos, expulsar demonios y predicar las buenas nuevas. Juan llamó a la iglesia a buscar espíritus (1 Juan 4:1). Jesús enseñó a Sus discípulos a hacer discípulos de todas las naciones, «enseñándoles a obedecer todo lo que les he mandado», y eso incluía involucrarse en guerras espirituales y expulsar demonios. Esto es parte del trabajo de la iglesia, pero hemos descuidado nuestro deber, y el mundo ha sufrido.

LOS CRISTIANOS Y LA INFLUENCIA DEMONÍACA

Una de las grandes preguntas debatidas en algunos círculos de la iglesia es si los cristianos pueden tener demonios. Sabemos, sin duda, que los demonios pueden influir en los cristianos. Jesús nos dice que oremos: «No nos dejes caer en la tentación, sino líbranos del maligno». Así que las fuerzas demoníacas pueden influir en nuestro pensamiento y tentarnos. La pregunta es ¿hasta qué punto pueden ellos influir en nosotros?

No uso las palabras *posesión demoníaca.* Eso implica propiedad, y los cristianos no pueden ser poseídos: hemos sido creados por Dios y comprados a un precio por la sangre de Cristo. Nosotros pertenecemos a Dios; el problema de la propiedad está resuelto. Entonces, no creo que *posesión* sea una traducción exacta. Prefiero usar la palabra *demonización*, que describe la influencia demoníaca.

Creo que los cristianos pueden sufrir diversos grados de demonización, y creo que, en algunos casos, la única forma de liberarlos es mediante la liberación o un encuentro de poder. Por lo tanto, en resumen, creo que los cristianos pueden tener demonios habitando en su interior y necesitan liberación. Antes de descartar esto, examinemos las Escrituras y no solo lo que nos enseñaron, o lo que asumimos. Aquí hay algunas cosas a considerar:

Primero, Jesús hace la gran mayoría de su ministerio de liberación en los Evangelios con los judíos primero y segundo con los gentiles temerosos de Dios. Recuerde que aún no había cristianos. Solo había gente del pacto y gente que no estaban bajo el pacto. Había judíos y había gentiles. Jesús hace la mayor parte de su liberación con los judíos y con algunos gentiles temerosos de Dios.

Segundo, Juan nos dice que «probemos a los espíritus» (1 Juan 4:1), y él le dice esto a la iglesia. Él no les está diciendo que prueben a los espíritus en sus vecinos paganos; él está escribiendo una carta a la iglesia, para la iglesia.

En tercer lugar, Pablo también llama a la iglesia, en 1 Corintios, para probar a los espíritus. Esta instrucción se da en el contexto de un servicio de la iglesia y las diversas manifestaciones espirituales que están ocurriendo. Recuerde, Corinto era una sociedad pagana, y la gente en esa ciudad era sincretista y adoraba a muchos seres espirituales, que eran espíritus demoníacos. Pablo sabía que algunas de las manifestaciones que estaban teniendo lugar en sus servicios no eran de Dios y debían ser probadas.

En 1 Corintios 12:3 él escribió: «Por eso les advierto que nadie que esté hablando por el Espíritu de Dios puede maldecir a Jesús; ni nadie puede decir: "Jesús es el Señor" sino por el Espíritu Santo». En mi libro River Dwellers hablo acerca de las manifestaciones que he visto que a veces son de Dios, otras veces humanas, y otras veces demoníacas. He visto exactamente la misma manifestación de las tres fuentes. Tenemos que discernir.

En cuarto lugar, si los demonios fueron expulsados por la conversión, entonces Jesús y Sus discípulos nunca habrían tenido que hacer liberación. Solo habrían tenido que convertir a las personas. Pero el discipulado es un proceso de trasladar a las personas de las culturas, creencias y prácticas de este mundo a la cultura, las creencias y las prácticas del reino de Dios. Teológicamente, una vez que pones tu fe en Cristo, eres hecho perfecto. Tu espíritu se perfecciona en Cristo. Sin embargo, el verdadero trabajo de tu salvación en tus creencias y conductas lleva tiempo. Si bien la obra de Cristo es suficiente para cubrir todos tus pecados y vencer el poder de tu pecado, aún lucharás con el pecado después de que eliges seguir a Jesús.

Esto no es porque el trabajo de Cristo es incompleto. Esto se debe a que estás llevando a cabo tu salvación; estás cambiando la cultura del mundo por la del reino de Dios. Te estás convirtiendo en la práctica en quien ya te has convertido en identidad. Tu espíritu se perfecciona, pero tu alma aún es a veces desordenada. Debes realizar lo que se ha perfeccionado en Cristo en tu espíritu y en tu alma. Por ejemplo, tu espíritu se ha perfeccionado en el amor, pero tu alma todavía lucha por sentir amor algunos días porque todavía eres un trabajo en progreso; todavía estás cambiando las culturas. Y a veces tu alma todavía tiene lugares que pueden estar bajo influencia y control demoníaco, así como puede ser infectada por el pecado. Si este es el caso, debes experimentar la liberación para liberarte del control de estos espíritus demoníacos que echan raíces en tu alma.

El proceso de cambio cultural lleva tiempo, y también lo hace nuestra libertad de influencia demoníaca, fortalezas e incluso demonización. Nuestra salvación eterna está asegurada en un momento; nuestra santificación (la realización de nuestra

Nuestra salvación eterna está asegurada en un momento; nuestra santificación (la realización de nuestra salvación) toma toda una vida.

salvación) toma toda una vida. Cuando te encuentres con Él cara a cara, serás como Él, pero mientras tanto, todavía estás en un proceso para limpiar el desorden en tu alma.

Quinto, he escuchado a algunas personas argumentar que la oscuridad no puede habitar con la luz. Ellos muchas veces citan a 2 Corintios 6:14: «No formen yunta con los incrédulos. ¿Qué tienen en común la justicia y la maldad? ¿O qué comunión puede tener la luz con la oscuridad?».

Usan este pasaje para argumentar que un cristiano, por lo tanto, no puede tener un demonio. Sin embargo, el pasaje nos está llamando a ser santos, distintos, a consagrarnos a Dios. Es un llamado para separarnos de los comportamientos y prácticas de los no creyentes.

Pablo dice: «Salgan de en medio de ellos y apártense... Como tenemos estas promesas, queridos hermanos, purifiquémonos de todo lo que contamina el cuerpo y el espíritu, para completar en el temor de Dios la obra de nuestra santificación» (2 Corintios 6:17; 7:1).

Es un llamado a una iglesia que ha salido de una sociedad pagana para vivir en la realidad del nuevo reino de la cultura del reino de Jesús. Pablo no dice que un cristiano no puede tener un demonio y tener la necesidad de liberación. La idea que algunas personas parecen creer es que si vienes a Cristo, todos los demonios deben abandonar el territorio que han ocupado en tu alma a causa de la luz del Espíritu. Deben ser expulsados. Pero esa no es la forma en que ocurre el resto de la santificación. Tenemos que cooperar con el proceso de limpieza con nuestras elecciones para darle a Dios acceso a nuestros corazones. Tenemos que entregarnos y rendirnos a Dios para que podamos vencer el pecado y la oscuridad.

¿Y es cierto que la luz no puede morar con la oscuridad en el ámbito espiritual? Piensa en el libro de Job. ¿Recuerdas dónde aparece Satanás al comienzo del libro de Job? Él aparece en la sala del trono del Cielo. Si la luz impidiera la pres-

Esto no implica que Dios esté confundido acerca de lo correcto o lo incorrecto, ni que condone el pecado, pero tampoco está amenazado por el mal de ninguna manera.

encia de la oscuridad, ¿cómo puede Satanás estar en la sala del trono? Aquí está la personificación del mal en la misma sala de Dios.

O piense en la declaración que hizo Jesús en Lucas 11:13: «Pues, si ustedes, aun siendo malvados, saben dar cosas buenas a sus hijos, ¡cuánto más el Padre celestial dará el Espíritu Santo a quienes se lo pidan!». Jesús nos llama malvados, pero nos dice que el Padre responderá a nuestras oraciones por la presencia del Espíritu en nuestras vidas. Al parecer, Dios no está tan perplejo con el mal como afirmamos. Satanás puede estar en la presencia de Dios en el Cielo, y el Espíritu puede morar en personas malvadas como nosotros. Esto no implica que Dios esté confundido acerca de lo correcto o lo incorrecto, ni que condone el pecado, pero tampoco está amenazado por el mal de ninguna manera. Y Su gran amor por nosotros lo impulsa a tratarnos de una manera paciente y compasiva mientras aprendemos a ceder nuestra voluntad a Él y vencer con Su fortaleza.

Sexto, Jesús cuenta una parábola que indica que ni siquiera deberíamos hacer liberación en alguien que no es creyente. Lucas 11:24–26 dice: «Cuando un espíritu maligno sale de una persona, va por lugares áridos buscando un descanso. Y, al no encontrarlo, dice: "Volveré a mi casa, de donde salí". Cuando llega, la encuentra barrida y arreglada. Luego va y trae otros siete espíritus más malvados que él, y entran a vivir allí. Así que el estado final de aquella persona resulta peor que el inicial».

Lucas nos dice que el alma de una persona es como una

casa, y si su casa es barrida de lo demoníaco, pero el Espíritu de Dios no está morando allí, no están sellados contra una infestación adicional. No haré liberación con alguien a menos que sepa que el Espíritu Santo vive dentro de la persona y pueda así evitar que sea más satanizada y esté peor aún.

Finalmente, la experiencia habla. Todos los que conozco que hacen ministerio de liberación trabajan con cristianos para liberarlos. Jesús tuvo una conversación con los saduceos en Mateo 22. Lo estaban probando, y le hicieron una pregunta sobre la ley de Levirato.

Cuando el esposo de una mujer muere, la ley de Levirato establece que el hermano del hombre debe casarse con ella para que le provea y su linaje continúe. Los saduceos inventaron una historia sobre una mujer que se casó con siete hermanos, ninguno de los cuales tuvo hijos con ella, y le preguntaron de quién sería la esposa en la resurrección. Ni siquiera creían en la resurrección, pero estaban probando a Jesús.

Jesús hizo una declaración asombrosa; debería hacernos pausar. Él dijo: «Están equivocados porque no conocen las Escrituras ni el poder de Dios» (Mateo 22:29). No es sorprendente que dijera que no conocían el poder de Dios. No se movieron en el poder, ni creyeron en una resurrección, así que no es sorprendente. Tenían religión, una forma de piedad, negando su poder (2 Timoteo 3:5). Pero lo que me asombra es que Jesús dice que estaban equivocados porque no conocían las Escrituras.

Estos líderes memorizaron grandes trozos del Antiguo Testamento. Estaban radicalmente comprometidos con la autoridad de los primeros cinco libros de la Biblia, el Pentateuco; incluso memorizaron grandes porciones de ella. Pasaron toda su vida estudiando las Escrituras, memorizando las Escrituras, enseñando las Escrituras. ¡Y sin embargo, Jesús dice que están equivocados porque no conocen las Escrituras!

Cuando negamos el poder de Dios, a menudo es porque

no conocemos las Escrituras. Llegamos a las Escrituras con nuestras ideas preconcebidas y nuestras mentes ya confeccionadas, y no damos al Santo Espíritu el acceso a revelarnos los misterios del reino, las cosas más profundas de Dios. Sabemos acerca de las Escrituras, pero nuestra cosmovisión nos impide recibir la revelación que tiene para ofrecer. Tengamos cuidado de no cometer errores y perdernos el poder de Dios debido a nuestra cosmovisión.

Déjame darte una última imagen. Algunas personas tienen dificultades para creer que un cristiano pueda tener un espíritu habitando en su interior; eso no se ajusta a su filosofía teológica. Imagínalo de esta manera. En lugar de pensar en el espíritu demoníaco en el interior de una persona, u ocupando un rincón de su alma, piensa en el espíritu como si estuviera fuera de la persona, pero trepado en su espalda, colgando de ella, haciendo a la persona más lenta y creando ataduras de esclavitud espiritual en ella. Necesitan que alguien venga y se lleve a ese mono de la espalda. Necesitan que alguien venga y, con el poder de Dios, los liberen.

Estaba enseñando una clase de fin de semana una vez en el seminario, y un estudiante se acercó a mí el viernes por la noche y me dijo: «Solía estar en una pandilla. Tengo demonios y necesito ayuda. Puedo sentir cosas que se arrastran dentro de mí mientras hablas. Escucho voces. Son blasfemas y condenadas. He hecho muchas cosas malas en mi vida. ¿Me puedes ayudar?».

Le dije: «Mañana en clase tendremos un tiempo de ministración. Cuando pida oración, levántate y te ayudaremos a liberarte».

Él dijo: «Tengo miedo». Era un tipo enorme, de casi dos metros de estatura y más de 300 libras. Le di un suave golpe en su pecho y le dije: «¡Mira tu tamaño! ¿De qué estás asustado? Jesús tiene esto. Levántate». Se enderezó y dijo que se pararía para la oración.

Al día siguiente, estaba presentando algunos problemas de demonización. Tuve dos estudiantes que discutían conmigo que los cristianos no pueden tener demonios. No quería discutir. Señalé algunas de las cosas que acabo de enumerar, pero continuaron discutiendo, vociferando en mi contra. Entonces dije: «No tienen que estar de acuerdo conmigo. Está bien».

Lo que no sabían era que el chico que estaba junto a ellos era el que vino a verme la noche anterior. Pasé a un tiempo de oración y dije: «Si quieres orar, ponte de pie». Este hombre grande se puso de pie. Oré: «Ven, Espíritu Santo».

Lo que sucedió a continuación nos sorprendió a mí y a todos en la clase. En todos mis años lidiando con esto, es la única vez que he visto algo así. La mayoría de las liberaciones tienen un nivel bastante bajo de manifestación demoníaca; las personas pueden experimentar algo de ansiedad, algo de confusión y pueden sentir cierta incomodidad, pero en general puedo ordenar que las manifestaciones de los espíritus se detengan. Pero este espíritu demoníaco arrojó a este gigante al otro lado de la habitación. Voló por el aire a más de un metro del suelo durante unos seis metros hasta chocar con una pared, y aterrizó a los pies de uno de sus compañeros de estudios, mi amigo Kelvin Walker. Asentí con la cabeza a Kelvin y le dije: «Tú, echa eso fuera». Todo el color desapareció de Kelvin por un segundo cuando preguntó: «¿Yo?». Pero él se zambulló, y con un poco de apoyo de parte mía, logramos liberar por el poder de Jesús a ese hombre grande. Y esos dos tipos que discutieron vociferantemente conmigo tuvieron un cambio dramático de cosmovisión ese día.

COMO ENTRAN LOS ESPÍRITUS

Un demonio, también llamado espíritu maligno o espíritu inmundo en las Escrituras, es un ángel caído. Se han rebelado contra Dios y buscan matar, robar y destruir (Juan 10:10).

Buscan habitar y controlar a las personas, causar estragos en las vidas de las personas y llevarlas a la esclavitud espiritual.

¿Cómo entran los espíritus? ¿Cómo se demoniza uno? La respuesta principal es el pecado. No estoy diciendo que hoy, si conduces por la pista y alguien se te cruza y le das el signo universal de desaprobación, obtendrás un demonio. Pero hay ciertos pecados que tienden a dar terreno al enemigo.

Por ejemplo, a veces el pecado sexual conduce a la demonización. Las personas que participan en la promiscuidad son susceptibles de demonización. Los demonios se pueden transferir a través de las relaciones sexuales. Algunas veces, el abuso de drogas puede llevar a la demonización. He conocido personas promiscuas o adictas que no tenían demonios, pero es muy común que las personas que han vivido vidas altamente promiscuas o estilos de vida adictivos necesiten ser liberados. Las prostitutas a menudo necesitan liberación. En realidad, nunca he visto una excepción a esto: todos los que conozco que han vendido su cuerpo por dinero han necesitado la liberación.

A veces los demonios entran por abuso. Muchas veces las personas que cometen actos de violencia y abuso tienen espíritus demoníacos. Pero, lamentablemente, a menudo sus víctimas terminan con demonios también. Satanás no es justo. Otras personas necesitan liberación porque se han involucrado en actividades ocultas. Las personas que practican brujería y otras actividades ocultas le están dando a Satanás acceso abierto.

Algunos problemas demoníacos se transmiten de generación en generación. Estos espíritus generacionales a menudo esclavizan a las familias a ciertos patrones de pecado, como la actividad oculta, el abuso, la ira y la adicción. Estas son solo algunas de las puertas a la demonización: el pecado, el abuso, la actividad oculta y los demonios generacionales.

Cuando alguien acude a mí con un problema que podría

ser demoníaco, hago este tipo de preguntas para ayudarme a discernir si su problema podría ser espiritual. Hazte estas preguntas para saber si necesitas experimentar la liberación:

¿Hay mucha adicción en tu árbol genealógico? ¿Hay un historial de abuso? ¿Hubo abuso físico, sexual o emocional? ¿Has sido abusado de alguna de estas maneras? ¿Hay alguna hospitalización mental, suicidio o intento de suicidio en la familia? ¿Hay mucha depresión e ideología suicida? ¿Ha habido actividades ocultas, brujería, adoración de antepasados u otras prácticas religiosas? ¿Te has involucrado en alguna actividad oculta?

Estas preguntas son indicadores de que puede haber alguna actividad demoníaca involucrada. Esta posibilidad debe ser explorada.

LOS SÍNTOMAS DE LA DEMONIZACION

Es importante estar al tanto de los síntomas de la demonización. Primero, algunas personas que tienen demonios oyen voces. Para ser claros, algunas voces tienen sus raíces en problemas psicológicos. Pero estas voces tienen personalidades distintas y dicen cosas que son blasfemas y destructivas. Son voces oscuras, condenadoras y que producen vergüenza.

Algunas personas no dirían que oyen voces, porque las voces no son audibles. Más bien, dicen que tienen pensamientos en su mente que no se sienten como propios, que no pueden controlar. Los pensamientos son oscuros, blasfemos, hirientes, condenatorios o suicidas.

Otro síntoma es que algunas personas con espíritus demoníacos experimentan ira. Esto no es solo un problema con su temperamento; esta es una ira candente y sobrenaturalmente empoderada. Rabia. He hablado con muchas personas que han crecido en hogares de «adictos a la ira», y tienen un nombre familiar por la rabia cegadora que se apodera de ellos. Es un espíritu generacional que es reconocido por un nombre.

Muchas personas que tienen espíritus demoníacos se sienten torturadas o atormentadas. Es un tormento espiritual y psicológico que sienten. A veces puede implicar dolor físico también. Jesús liberó a una mujer que tenía un espíritu que le causaba problemas físicos. He visto casos en los que un demonio atacó a alguien y terminaron con rasguños o signos físicos de abuso.

En algunos casos, las personas pueden ser atacadas sexualmente por un demonio. Estos espíritus se llaman espíritus de íncubos o súcubo; vienen por violación o abuso sexual. Estos espíritus victimizan a algunas personas repetidamente. Estas personas se despiertan por la noche porque sienten que alguien las está violando, pero nadie está allí. Sienten todas las sensaciones físicas del asalto sexual, pero un espíritu demoníaco lo perpetra. Esto se está volviendo cada vez más común en nuestra sociedad debido a la agresión sexual, el abuso y la violación. Si hablo de esto en un salón de clases de cincuenta personas, siempre tengo un puñado de personas que se acercan a mí después y, a través de lágrimas, me cuentan su historia de horror.

Otro síntoma común es luchar con pensamientos blasfemos. He hablado con personas mayores que aman a Dios pero que han luchado durante años con pensamientos blasfemos en medio de la adoración. Después de hacer la liberación con una persona así, los pensamientos se fueron para siempre.

Muchas personas experimentan pensamientos condenatorios. Sufren un bombardeo constante de los ataques del enemigo, acusaciones que los menosprecian, los condenan, los juzgan, los avergüenzan y les dicen que son inútiles. A veces, las voces condenatorias provienen de su infancia: los espíritus usan las palabras que se les dijeron cuando eran niños. Palabras como «No vales nada. No sirves para nada». No pueden liberarse de ese peso. Ellos memorizan versículos como «Por lo tanto, ya no hay condenación para los que están en Cristo Jesús» (Romanos 8:1). Experimentan la sanación interna; ellos perdonan a sus ofensores, pero no ayuda. Sin embargo, en innumerables ocasiones he hecho la liberación con alguien aplastado bajo el peso de la condena a fin de que me informen que nunca más tuvieron problemas con esos pensamientos de condenación.

Otro síntoma de la demonización es tener pensamientos suicidas. No es que estas personas estén tristes o hayan experimentado una gran pérdida y angustia, y en una temporada de dolor piensen: «Ojalá no hubiera nacido». Ese podría ser el caso, pero a menudo estas personas están conduciendo por la calle en un día soleado, escuchan su música favorita, tienen un buen día y, de repente, se le viene a la mente este pensamiento: «Debo chocarme con un árbol y quitarme la vida». Cuando menciono este escenario ante un público, siempre hay una reacción: a veces las personas rompen en llanto, otras audiblemente gritan y otros vienen a hablar conmigo en privado, porque esto es algo muy común.

Finalmente, algunas personas luchan con autolesionarse. Piensa en el demoníaco gadareno en Marcos 5. Está viviendo entre las tumbas, y se está cortando con piedras. Ahora, piensa en cuántas personas en esta generación están luchando con cortarse. Es un problema increíblemente común, y está en aumento. Si hablas abiertamente con los jóvenes y ellos confían en ti lo suficiente como para abrirse contigo, verás que es un problema de proporciones epidémicas.

Estos son algunos de los síntomas de demonización. Lamentablemente, con demasiada frecuencia los cristianos que he conocido en todo el mundo han vivido bajo el peso de estas expresiones sintomáticas porque no participaron en una iglesia que entendía cómo liberarlos. Creo que esto es traición cósmica.

A veces las personas me preguntan cómo discernir si algo es un demonio o si es un problema psicológico. Es una gran pregunta. Necesitamos ser humildes; ayuda trabajar con consejeros profesionales que también entienden el mundo de los espíritus. Hay momentos en los que he trabajado con alguien que tenía demonios manifestándose con voces demoníacas hablando en voz alta, pero después de que terminé de expulsar a los espíritus, todavía había problemas psicológicos que debían abordarse con consejería.

Por ejemplo, a veces las personas todavía tenían alucinaciones que estaban conectadas a una herida pasada. Oré con ellos para que la herida se curara y las alucinaciones se fueran, pero las alucinaciones persistieron, y las remití a un consejero que podría ayudarlas. Sin embargo, las voces que se manifestaron eran demoníacas, y habían experimentado la libertad de eso. El alma es compleja. Necesitamos operar con compasión, humildad y sabiduría.

También hubo un par de ocasiones en que un consejero me llamó porque estaba trabajando con uno de sus clientes, y el cliente le dio permiso para hablar conmigo. En una ocasión, el consejero llamó y dijo: «Hiciste más progreso con esta persona en una sesión que lo que yo he hecho en cinco años». Eso se debió a que tenían espíritus demoníacos, y ninguna cantidad de consejería podría ayudar a aliviar la tortura que esta persona estaba experimentando en su alma; simplemente necesitaban una liberación.

Jesús nos dio autoridad para liberar a las personas; debemos aprender cómo desarrollar la autoridad espiritual y ayudar a los cautivos a liberarse.

ROMPER EL TERRENO

Ahora que estás familiarizado con los síntomas de la demonización, examinemos cómo deshacerte de los espíritus demoníacos.

Primero, tú debes romper el terreno. Efesios 4:26, 27 dice:

«Si se enojan, no pequen. No permitan que el enojo les dure hasta la puesta del sol, ni den cabida al diablo».

Literalmente, cabida significa un lugar habitado; la palabra griega es topos, refiriéndose al terreno. Algunas cosas en nuestras vidas le dan al enemigo una fortaleza, un lugar para habitar, un suelo para sostenerse firmemente. Debemos romper eso.

Los demonios se quedan cuando el suelo está presente. Si has leído este libro y has seguido sinceramente los principios de perdón, arrepentimiento y más, entonces ya has roto la mayor parte del terreno. Cuando estoy haciendo liberación, trato de hacer que la persona pase por los pasos del Cuidado el Alma antes de liberarla para no tener que perder mucho tiempo ayudándolos a romper el terreno. Quiero romper tanto terreno por adelantado, antes de la sesión, como sea posible; esto hace que la sesión sea mucho más rápida y fácil para la persona.

Hay tres cosas principales que constituyen el terreno.

Los pecados no confesados crean terreno

El pecado no confesado crea terreno. Tienes que confesar tus pecados; tienes que sacarlo todo a la luz. La clave es asegurarse de que todas sus confesiones estén al día. Cuando confiesas tus pecados, son llevados bajo la sangre de Jesús (1 Juan 1:9), y todo el terreno del enemigo está roto. Jesús rompió ese terreno en la cruz; debes apropiarte del trabajo de la cruz a través de la confesión. Una de las formas más comunes de terreno es la amargura. Efesios 4:26, 27 te advierte que no permitas que tu enojo no se procese, que no se ponga el sol sobre tu enojo y que nunca le des cabida al diablo.

Si perdonas a los que pecan contra ti, si oras bendiciones sobre tus enemigos, el terreno se rompe, y los espíritus demoníacos se irán por orden tuya.

Los secretos crean terreno

Los secretos crean terreno. Algunas veces la persona conoce el secreto. Es un pecado de su pasado, o puede ser que lo hayan confesado ante Dios, pero lo han mantenido en la oscuridad con los demás, y tienen que sacarlo a la luz con Dios y otros para romper el control del enemigo. Pero la mayoría de las veces la persona no conoce los secretos, y aun así le ceden terreno al enemigo. Son secretos de familia.

Hace años, estaba enseñando una clase del Cuidado del Alma en el Seminario Teológico de la Alianza. Me desperté en la mitad de la noche y el Señor me dijo: «Esta clase está llena de espíritus demoníacos». Mi primer pensamiento fue: «¿En serio? ¿Me despertaste en la noche para decirme eso? Eso podría haber esperado hasta las 6 a.m.». Pero yo dije: «¿Llena? ¿Qué quieres que haga?». Él dijo: «Quiero que hagas una prueba grupal y los capacites para hacer la liberación. Libéralos a todos».

Fui a clase a la mañana siguiente y hablé con el Dr. Martin Sanders, quien ahora es el jefe del programa de doctorado en la Alianza. Le dije lo que el Señor me dijo en el medio de la noche. Él dijo: «¿Qué quieres hacer?». Le dije que quería poner a prueba toda la clase de una vez, y ver cuántos de ellos tenían espíritus demoníacos. Él dijo: «Tú diriges, yo te seguiré». Así que nos sumergimos, de pie a cabeza.

Probé para ver si había espíritus demoníacos (más sobre eso más adelante), y más de dos tercios de la clase tenían problemas demoníacos. Martin me miró y dijo: «¿Ahora qué, compadre?». La mirada dijo: «¡Nos metiste en esto, sácanos de esto!».

Capacitamos a la clase sobre cómo hacer la liberación, y luego los organizamos en grupos pequeños para trabajar en la liberación mutua. Martin y yo servimos como entrenadores.

Uno de los grupos se encontró con un problema. Vinieron corriendo a pedirme ayuda. Vine al grupo solo para descubrir que uno de sus compañeros de clase, Jeff, tenía un espíritu mudo. Él estaba casi congelado. Era como si todo se moviera en cámara lenta, incluso su parpadeo, y él no podía hablar. No me había enfrentado un espíritu mudo hasta ese momento de mi vida, pero sabía que Jesús sí lo había hecho en los Evangelios, y supuse que Jesús lo ayudaría. Una vez más, me zambullí en las aguas más profundas, donde la dependencia es una necesidad y el poder de Dios es algo necesario. Tu próximo nivel con Dios se encuentra más allá de los límites de tu experiencia actual. La única forma que tú puedes llegar allí es arriesgándote más allá de tu nivel de comodidad.

Tu próximo nivel con Dios se encuentra más allá de los límites de tu experiencia actual. La única forma que tú puedes llegar allí es arriesgándote más allá de tu nivel de comodidad.

Intenté lo que sabía hacer. Le ordené al espíritu que hablara. Jeff abrió la boca, pero no salió nada. Dije: «Suelto tu lengua en el nombre de Jesús». Una vez más, la boca se abrió, pero no hubo sonido. No tenía idea de qué hacer. Pero cuando no sé qué hacer, sé quién lo sabe. Teología 101: Dios es inteligente, y Él sabe cosas que yo no sé y le gusta decirme.

Esperé en Dios. El Espíritu Santo habló: «Él tiene un secreto». Yo dije: «¿El espíritu?». Él dijo: «Sí». Yo dije: «¿Es eso legal?». Él dijo: «Sí». Yo dije: «Espíritu mudo, Jesús me dice que tienes un secreto. ¿Es eso verdad delante de Dios?».

Un susurro salió del ser interior del hombre. Él ni siquiera abrió la boca, pero una voz surgió de su interior y siseó: «Sí». Fue un susurro espeluznante. Le ordené al espíritu que se hiciera a un lado en el nombre de Jesús. Esto permitió a Jeff volver al funcionamiento normal.

Le dije «Jeff, ¿escuchaste esa conversación?». Él dijo: «Sí».

Le dije: «¿Conoces el secreto?». Él dijo: «No. He confesado todo lo que sé». Le creí. Yo había estado con él, y él no estaba escondiendo nada. Dije: «No, no eres tú. Es algo de tu pasado del que no sabes nada. Jeff, vas a tener que ir a casa esta noche y ayunar. Pídele a Dios que te revele el secreto, y luego terminaremos mañana».

Él lo hizo. El Señor le mostró el secreto al darle imágenes de su infancia. Las imágenes revelaron que alguien había abusado sexualmente de él cuando era bebé. Él vio a la persona que lo hizo. Era un pariente que estaba en prisión por abuso sexual. Llamó a su madre y le preguntó: «Mamá, ¿vivió con nosotros cuando era bebé?». Ella dijo: «Sí, él vivió con nosotros cuando tu tenías entre tres y seis meses de edad». Jeff vino al día siguiente con esta información que el Espíritu Santo había revelado. Llamé al espíritu mudo para que volviera a prestar atención, y al instante él reanudó este estado catatónico; una vez más, Jeff no pudo hablar. Dije: «Espíritu mudo, Jesús nos reveló que Jeff sufrió abusos sexuales por parte de este miembro de la familia cuando era bebé. Ese es tu secreto ¿Es esa verdad delante de Dios?». El susurro salió de su ser interior otra vez: «Sí». Su terreno estaba roto, y ordené a este espíritu que se fuera en el nombre de Jesús. El espíritu se fue, y Jeff estaba libre.

Jeff había luchado con algunas tentaciones sexuales perversas durante toda su vida y no pudo encontrar la libertad de las tentaciones e imágenes, hasta ese día. Por favor no malinterpreten: no todos los que luchan con la tentación sexual lo hacen a causa de la demonización; por lo general, eso no es verdad. Pero este joven no pudo deshacerse de las imágenes en su cabeza hasta que se deshizo de la fuente de esas imágenes. Él fue dramáticamente cambiado. Terminó llevando a los miembros de su familia a Cristo y ayudándolos a liberarse. Cambió el curso de su vida.

Las maldiciones crean terreno

Finalmente, las maldiciones crean terreno para los demonios. Hay tres tipos de maldiciones. **Primero, hay las maldiciones religiosas.** Si alguien está orando por ti, pero al lado contrario, a los espíritus oscuros, entonces le están maldiciendo. Incluso si la persona está orando por ti, los demonios no bendicen; ellos solo maldicen. Si alguien está orando en tu contra, entonces eso es una maldición.

Segundo, hay maldiciones de comportamiento. El libro de Deuteronomio habla de bendiciones y maldiciones. Los pecados que se repiten de generación en generación conducen a una maldición sobre una familia. Estos se convierten en patrones de pecado familiar reforzados demoníacamente. Algunas veces hay una maldición sin demonización. La maldición aún debe ser rota. Otras veces hay una maldición que le da terreno a un demonio para quedarse, y la maldición necesita ser rota para poder romper el terreno y hacer que el demonio se vaya.

Tercero, hay maldiciones habladas. Santiago 3 habla sobre dos tipos de sabiduría. Hay sabiduría del Cielo que es «pura, y además pacífica, bondadosa, dócil, llena de compasión y de buenos frutos, imparcial y sincera» (Santiago 3:17). Pero hay otra forma de «sabiduría» que es una maldición demoníaca.

Santiago dice: «Pero, si ustedes tienen envidias amargas y rivalidades en el corazón, dejen de presumir y de faltar a la verdad. Esa no es la sabiduría que desciende del Cielo, sino que es terrenal, puramente humana y diabólica» (Santiago 3:14, 15).

Cuando tenemos una raíz de amargura, o envidia, a menudo nos sentimos obligados a darle una «palabra» a alguien. He conocido personas que dan palabras de enojo y las llaman «proféticas». O las escuché decir: «Me siento empujado por Dios a decir esto», y luego proceden a reprenderle. Estos «impulsos del espíritu» se sienten muy convincentes, pero no son proféticos del Espíritu de Dios. Ellos están inspirados demoníacamente. La persona que da esta palabra enojada no siempre tiene un demonio residente. El enemigo los usa debido a la raíz de amargura o envidia. Pero, independientemente, la palabra que hablan es una maldición inspirada demoníacamente.

Necesitamos romper maldiciones en el nombre de Jesús. Gálatas 3 nos dice que Jesús murió en la cruz para convertirse en una maldición por nosotros y para romper la maldición del pecado y de Satanás sobre nosotros. Él rompió las maldiciones contra nosotros asumiendo nuestras maldiciones en la cruz. Reclamamos la sangre de Jesús para romper maldiciones.

Y debemos bendecir a quienes nos maldicen. La bendición de los que nos maldicen es un arma espiritual con el poder de romper maldiciones. Evita que la maldición caiga sobre nosotros y devuelve una bendición a quien nos maldice, lo que les da la oportunidad de arrepentirse. Rómpelo en el nombre de Jesús, reclama la sangre y ora las bendiciones; si la maldición no se levanta, forma un equipo que ore y ayune contigo.

Realmente puedo sentir cuando he sido maldecido. Se siente como una manta de plomo en mi espíritu. Ha habido mañanas cuando me desperté y le dije a Jen: «Alguien me está maldiciendo hoy». Ella preguntaba: «¿Cómo lo sabes?». Cuando había sucedió, casi siempre podía sentirlo. A menudo esperaba, y Dios me decía quién era. Luego oraría bendiciones sobre la persona, y sentiría que la maldición se levantaba. Más tarde alguien vendría a mí y me diría que la persona había estado hablando mal de mí, confirmando lo que yo ya sabía.

Hace años, estuve en Nigeria en un viaje con mi amigo Martin. El primer día del viaje, prediqué un sermón a un grupo de líderes. La charla fue ungida por Dios, y resultó en una de las respuestas más sorprendentes que he visto. Miles de personas corrieron literalmente al altar para confesar sus pecados. Fue un momento de Dios.

Pero la próxima vez que prediqué, me sentí bloqueado. No tenía idea de qué se trataba. Fui a ver a Martin y le dije: «Estoy bloqueado, amigo». Él dijo: «Es un tema del pequeño Rob», lo que significa que pensó que eran mis problemas de Cuidado del Alma, un problema interno que me hacía sentir inseguro. Le dije: «No, amigo. No se trata de eso. Me siento espiritualmente bloqueado». Él dijo: «¿Pecaste?». Dije: «Sé qué hacer con el pecado. No. Me siento bloqueado. Es como si no pudiera transmitir mis palabras más allá del púlpito».

Uno de nuestros amigos, John Torres, que es un pastor carismático presbiteriano, escuchó nuestra conversación y dijo: «¿Te maldijeron?». No tenía ninguna categoría de maldiciones en mi mente; una vez más, mi cosmovisión occidental había arruinado mi cosmovisión bíblica. Sabía que las maldiciones estaban en la Biblia, pero no tenía este concepto en mi mente. Estaba recorriendo por el archivador interno en mi mente, tratando de encontrar algo bajo maldiciones, y John dijo: «Piensa. ¡Esto es África!».

Dije: «Sé eso, John. No lo sé... Bueno, estaba esta señora que se enojó con uno de los muchachos que traje porque él aún fuma, y ella lo vio, y ella lo escupió y dijo: "¡Tú y tu pastor vienen de América con sus espíritus débiles!"». John me dijo: «¡Te maldijeron! Déjame orar por ti en lenguas y se romperá». Dije: «Genial». Nuevas experiencias.

Él oró en lenguas, y él tuvo una interpretación. Dijo: «Has sido maldecido cinco veces antes, pero fallaste en reconocerlo. El Señor te protegió de eso, pero ya no te va a proteger, porque quiere que aprendas un nuevo nivel de autoridad». La maldición se rompió. Prediqué con la unción nuevamente. Y aprendí mucho sobre las maldiciones. Se me hizo útil en la liberación y en la vida.

En la misma clase que Martin y yo estábamos enseñando en el Seminario Teológico de la Alianza en la que encontramos el espíritu mudo, hubo otro llamado de auxilio de parte de un grupo de estudiantes. Vinieron corriendo hacia mí como si su cabello estuviera ardiendo y dijeron: «¡Necesitamos ayuda!».

Fui con ellos y vi a un joven chino tirado en el piso con una voz demoníaca saliendo de él, hablando en una especie de lengua demoníaca. Le pregunté a otro estudiante chino si era chino, pero me dijo que no. Le ordené al espíritu que hablara en inglés, y así lo hizo.

Inmediatamente sentí que algo estaba mal. Algo estuvo mal con esta liberación. Le ordené al espíritu que se hiciera a un lado para poder hablar directamente con Anson. Le dije: «Anson, ¿has estado en una situación de liberación antes?». Él dijo: «Sí. Cinco veces. Pero siguen volviendo». Le dije: «¿En serio? ¿Quién lo hizo?».

A veces las personas pasan por múltiples rondas de liberación, pero las personas que realizan la liberación realmente no saben lo que están haciendo, y la persona no se libera. Pero cuando él me dijo las personas que hicieron su liberación, yo los conocía por su reputación. Ellos sabían lo que estaban haciendo.

Le dije: «Anson, tenemos un problema. No sé de qué se trata, pero intentaré hacer lo que sé hacer, y si vuelven, lo resolveremos. Dios sabe qué hacer».

Hice la liberación, y los demonios se fueron. Lo vi tres meses después y le dije: «¿Cómo estás?». Dijo: «No bien. Han vuelto». Dije: «¿En serio? ¿Hablaste con Martin sobre eso?». Él dijo: «Sí. Solo dijo que debía haberlos dejado entrar nuevamente». Dije: «No. Eso no es. Dejamos una puerta abierta». Él dijo: «¿Qué significa eso?». Dije: «No sé. Pero Dios nos mostrará».

Tuvimos una clase ese fin de semana en nuestra iglesia, y al final del fin de semana abordamos la liberación. Teníamos alrededor de treinta y cinco personas allí, estudiantes y personas de mi iglesia que estaban orando, mirando y aprendiendo. Entramos en la liberación, y una vez más estaba lidiando con algo que excedía mis capacidades. Pero no las capacidades de Jesús.

En un momento de la liberación, miré a Martin y le dije: «¿Sabes qué hacer?». Negó con la cabeza y dijo: «No tengo ni idea. ¿Y tú?». Negué con la cabeza. Hemos tenido muchas experiencias entre nosotros, pero estábamos completamente perplejos.

Levanté la vista y vi que la clase había escuchado nuestro intercambio, y sus ojos estaban abiertos de incredulidad y horror. Dije, con calma: «Está bien. No te preocupes. Jesús sabe qué hacer. Él nos lo mostrará».

Tan pronto como lo dije, recibí una palabra del Espíritu: «Padrino». Pensé: «Padrino, eso no puede ser correcto. Debe ser abuelo». (En inglés, las dos palabras son parecidas). Entonces le dije en voz alta al espíritu: «¡Abuelo!». El me gritó con su voz grave, oscura y profunda: «¡PADRINO!». Le dije: «Está bien. Eso es lo que creí haber escuchado». Hice que el espíritu se hiciera a un lado para que ya no tuviera el control, y luego me dirigí a Anson. «Háblame de tu padrino», le dije.

Me dijo que nació en un feriado en China que se llama «las puertas del infierno». Para protegerlo de los espíritus oscuros y las puertas del infierno, sus padres lo llevaron al templo, y su padrino lo dedicó a los espíritus ancestrales. Una ceremonia de dedicación a un espíritu demoníaco es una maldición. Y esta maldición había abierto a la fuerza las puertas del infierno, de modo que cada vez que Anson sufría liberación, el espíritu se marchaba, pero la puerta se veía forzada y el espíritu regresaba. Juntos sentimos que tenía que dejar de llamar a este hombre padrino; esto puso en riesgo su relación con sus padres.

Oró y ayunó, llamó a sus padres y les dijo que ya no llamaría padrino a ese hombre. Afortunadamente, sus padres fueron amables. Su liberación se completó, y los espíritus nunca regresaron porque la maldición se había roto y la puerta estaba cerrada. Aprendí mucho ese día. Y Anson experimentó un tremendo avance en su vida.

Trato de romper todo el terreno que puedo por adelantado, antes de la liberación, pero algunas de estas cosas no podrán descubrirse hasta que entren en la liberación en sí. Si lideras la liberación, es mejor que la persona haga todo el trabajo de preparación que sea posible. Envíelos a través de un proceso como el Cuidado del Alma para abrir camino y prepararse para la liberación, y luego haz una prueba espiritual. Algunas veces habrá cosas que surgirán durante la sesión, y tendrás que confiar en el Espíritu Santo para guía y revelación.

EL PROCESO DE LA LIBERACIÓN

Siempre aliento a las personas cuando comienzan una liberación a usar un sistema. Algunas personas intentan hacer liberación, pero se dejan algunos espíritus. No son minuciosos y exhaustivos. No rompen todo el terreno, y los espíritus permanecen, o no cierran algunas puertas, y los espíritus regresan. He incluido un apéndice, al final de este libro, que describe un sistema y procedimiento que utilicé personalmente durante años y que he utilizado para entrenar y equipar a cientos de otros para hacer una liberación. Te recomiendo encarecidamente que uses esto al principio cuando estés aprendiendo el ministerio de liberación.

Comienza con una prueba espiritual

1 Juan 4:1 nos enseña: «Queridos hermanos, no crean a cualquiera que pretenda estar inspirado por el Espíritu, sino sométanlo a prueba para ver si es de Dios, porque han salido por el mundo muchos falsos profetas». Al hacer una prueba de los espíritus, ¡primero llamas al espíritu a quien Jesús llama la atención para que preste atención! Jesús está en el centro

del alma de cada creyente, y si hay alguna demonización, forzará al espíritu demoníaco a salir a la luz. Si no hay espíritu demoníaco, entonces el Espíritu Santo cooperará con la prueba y responderá a las preguntas bíblicas que tu plantees.

Para realizar una prueba espiritual, simplemente le dices al espíritu en atención que responda estas preguntas bíblicas. El Espíritu Santo siempre obtiene el 100 por ciento. En el apéndice, he incluido una lista de las preguntas que debes hacer. Pero he aquí algunos de los ejemplos: ¿Jesucristo vino en la carne? ¿Es Jesucristo el Señor? ¿Es Jesucristo tu Señor? ¿Honras la sangre del Señor Jesucristo? El Espíritu Santo siempre dice que sí. Los espíritus demoníacos dirán que no. Pueden responder sí a algunas preguntas que hagas, pero no pueden mantener su desprecio por Jesús por mucho tiempo. Ellos muestran sus verdaderos colores.

Quebranta todo terreno y ordene a los espíritus que salgan

Después de que se haya tratado con todo el terreno, entonces le ordenas al espíritu que vaya donde Jesús lo envía. Los demonios vienen en estructuras jerárquicas. Manténgalos en sus jerarquías y echa fuera al líder de un grupo con los que están debajo de él. Consulte el apéndice, ubicado después del capítulo final, para obtener instrucciones más detalladas.

No lo haga solo

Siempre insto a las personas que están comenzando en el ministerio de liberación a desarrollar un equipo a su alrededor. Ayuda tener personas con discernimiento que puedan orar contigo y escuchar las indicaciones del Espíritu. Al comienzo de mi ministerio de liberación, siempre traje un equipo conmigo, porque quería el apoyo de la oración y la ayuda. Ahora, después de miles de liberaciones en todas las culturas diferentes y alrededor del mundo, todavía traigo un equipo porque quiero equipar a otros para hacer este ministerio del reino de Dios.

Estate espiritualmente preparado

Es importante venir espiritualmente preparado. Si estás orando en el equipo, liderando el equipo o a quien está siendo liberado, asegúrate de que tus confesiones estén al día. Si sospecho que es una infestación demoníaca particularmente fuerte, oraré y ayunaré. He estado en sesiones donde un espíritu demoníaco acusó a alguien en el equipo de oración de un pecado que aún no habían confesado. Es algo terrible ser culpado por un demonio en medio de una sesión de liberación. Asegúrate de estar espiritualmente preparado.

Ejercita la autoridad espiritual

La capacidad de hacer liberación tiene que ver con la autoridad espiritual. Jesús les dio a Sus discípulos autoridad para expulsar demonios (Mateo 10:1). He visto a algunas personas tratar de expulsar demonios gritando y vociferando al demonio. No se trata de poder. No necesitas gritar y vociferar. He visto otras situaciones en las que una persona con una manifestación demoníaca se levantará y correrá, y las personas en el equipo de oración correrán detrás de él y literalmente lo tumbarán al piso. ¡Esto está más parecido a un combate mano a mano que a un ministerio de liberación!

He visto a algunas personas tratar de expulsar demonios gritando y vociferando al demonio. No se trata de poder. No necesitas gritar y vociferar.

No es necesario gritar, vociferar o recurrir al combate cuerpo a cuerpo. Tienes que ejercer autoridad. Haz mandatos en el nombre de Jesús. Si alguien se levantara para correr, yo simplemente le ordeno que se detengan en el nombre de Jesús. He visto gente gritar a los demonios: «¡Salgan! ¡Salga! ¡Salid!». Pero eso no hace que el demonio se vaya. Si hay terreno, puedes gritar, vociferar y orar con todos tus pulmones, pero no va a importar. Rompe el suelo y usa la autoridad espiritual para comandar al demonio.

La autoridad espiritual no es estática; es dinámica. Puedes expandir tu autoridad espiritual; puedes desarrollarla. Piensa en esto bíblicamente conmigo. En Mateo 10, Jesús les dio autoridad a los discípulos para expulsar a los demonios. Tuvieron éxito. Incluso vinieron a Él después de una misión exitosa y dijeron: «¡Hasta los demonios se someten a nosotros en tu nombre!" (Lucas 10:17). Pero no siempre tenían suficiente autoridad para lidiar con una situación demoníaca: tenían que desarrollarla y expandirla.

Por ejemplo, cuando Jesús bajó del Monte de la Transfiguración, encontró a Sus discípulos lidiando con una pegajosa situación demoníaca. Los discípulos no pudieron expulsar a un demonio de un niño, y el espíritu se manifestó y comenzó a atraer a la multitud. Jesús simplemente lo arrojó y liberó al niño.

Los discípulos le preguntaron sobre eso más tarde: «Jefe, ¿por qué no pudimos echarlo?». Estaban perplejos porque habían tenido éxito echando demonios en el pasado. Entonces, ¿qué salió mal esta vez? En la versión de Mateo, Jesús les dice que fue porque su fe era muy pequeña. En la versión de Marcos, Él les explica que este tipo solo sale por medio de la oración y el ayuno. Pero, curiosamente, Jesús ni ora ni ayuna cuando lo arroja. Él simplemente le ordenó que se fuera. Entonces, ¿qué estaba diciendo?

Creo que la conversación más amplia puede haber sido algo así: en una escala del 1 al 10, han expulsado demonios que eran 4 o 5. Este era un 6. Para expulsar este espíritu, necesitan expandir su escudo de autoridad espiritual. La forma de hacerlo es ampliar su intimidad conmigo y su fe en mí, para que puedan confiar en que Yo puedo manejar al 6. Pero si su fe no está en ese nivel, y su autoridad no puede cubrir este nivel de espíritu, entonces necesitan orar y ayunar. Si oran y ayunan, profundizarán su intimidad y aumentarán su fe, expandirán su autoridad y expulsarán al 6.

Jesús no necesitó orar y ayunar porque su autoridad lo cubría. Él solo dio la orden, el espíritu se fue y el chico estaba libre. Cuando nos topamos con un espíritu que no podemos manejar, tenemos que aumentar nuestra cobertura de oración, aumentar el tamaño de nuestro equipo (podemos combinar escudos para aumentar la cobertura) y / u orar y ayunar.

En más de una ocasión, tuve que suspender una sesión, que por lo general solo dejo que dure un par de horas, y decirle a la persona: «Voy a orar y ayunar por esto, y voy a traer algunas personas que son intercesores con experiencia para orar y ayunar con nosotros». Luego volveré a la situación una semana más tarde, después de la oración y el ayuno, y la persona será liberada.

Tienes que persistir. Jesús siempre gana al final. Puedes expandir tu autoridad espiritual a través de la oración, el ayuno, la persistencia y el trabajo en equipo con otras personas.

Otro punto importante acerca de la liberación: no lo cura todo. Las personas a menudo entran en una sesión de liberación con la esperanza de mejorar todo en sus vidas, aunque no hayan hecho el trabajo duro del alma. Esa no es la forma en que funciona. Tenemos que estar dispuestos a arrepentirnos, perdonar, solidificar nuestra identidad, sanar nuestras heridas, romper los patrones de pecado de la familia y superar los temores. La liberación es una parte necesaria de la obra liberadora de Cristo, pero es solo una parte, no el final que lo es todo.

Deja que la batalla llegue a ti

Finalmente, no vayas en una cacería de brujas. Cuando comencé a hacer liberación, estaba teniendo una conversación con alguien, y noté que esta persona necesitaba ser liberada. Le dije: «Es posible que desees venir a la liberación». Poco después me di cuenta de que Jesús nunca inició este ministerio. Él inició la enseñanza e inició la sanidad, pero la liberación fue un ministerio reactivo para Jesús. Alguien vino a Él con un problema presente; el problema que se presenta no siempre se sabe que es demoníaco. A veces, el problema que se presentaba era un problema físico, pero ellos lo iniciaron, y Jesús trató con las raíces.

Ahora siempre espero que la gente se acerque a mí. Pueden venir con ansiedad, depresión, adicción, el dolor emocional del abuso pasado, o algún otro problema presente que tiene sus raíces en alguna demonización. En otras palabras, no siempre vienen diciendo: «Tengo un demonio».

Hace unos años, estaba en la ciudad de Nueva York enseñando una conferencia del Cuidado del Alma. El domingo por la mañana, una mujer joven estaba parada a mi lado para recibir oración. Estaba orando por alguien más, y de repente la joven se cayó.

A veces alguien se caerá por la presencia de Dios. La palabra de gloria del Antiguo Testamento era *kabod*. Esta palabra significa «pesado» o «pesadez». La gloria es la presencia de Dios, y algunas veces cuando Dios manifiesta Su presencia, Su gloria, viene con una pesadez que en realidad puede hacer que alguien caiga.

Juan el apóstol, el que puso su cabeza sobre el pecho de Jesús, cae como un muerto cuando encuentra la gloria de Jesús en Su estado resucitado en Apocalipsis 1. Este era *kabod*. Ezequiel se encontró con la gloria (*kabod*) del Señor y también se postró en su rostro (Ezequiel 3:23).

Sin embargo, cuando esta joven mujer cayó junto a mí,

supe que no era Dios. Fue demoníaco. Terminé de orar con la mujer por la que oraba y me arrodillé en el suelo junto a la mujer que había caído, y empecé a hablar sobre el espíritu demoníaco que se había presentado.

Esta pobre mujer había sufrido todo tipo de abuso. Ella había sido dedicada a Satanás en un hogar de actividad oculta. Ella había sido abusada física y sexualmente. Casi todas las cosas desagradables que le pueden suceder a una persona en este planeta pecaminoso le habían sucedido a esta pobre mujer.

Muchas veces cuando alguien es maltratado, tiene una voluntad doblegada. La voluntad doblegada en una liberación a menudo hará que la persona se acobarde ante el espíritu demoníaco. El espíritu los intimida, y con frecuencia se arrastran en posición fetal en el suelo y lloran y sollozan y el demonio se manifiesta, a menudo fuerte y ruidoso.

Paré las manifestaciones y le dije a la mujer: «Necesito que pelees conmigo. Sé que has sido víctima, pero ya no eres una víctima. Debes luchar. Necesito que mires a Jesús. Mira a Jesús».

Ella olfateó y jadeó para respirar y asintió. Pude ver su cambio de postura, y ella estaba mirando a Jesús, lista para participar en la lucha. Y fue una pelea. Rompimos terreno. Ella tenía personas que debía perdonar. Había pecados que debía confesar. Había maldiciones que debían ser rotas. Los demonios eran fuertes y ella estaba cansada. Cerca del final de la liberación, estaba tan cansada que gritó entre lágrimas: «No puedo continuar. No puedo continuar. No puedo continuar». Sabía que estaba cansada, pero también sabía que me iba a ir a casa. Le dije: «Cariño, me voy a casa hoy. Quiero terminar antes de irme. Estamos cerca. Mira a Jesús».

Ella asintió y, entre lágrimas, comenzó a decir: «Seguía viniendo en busca de ayuda. ¿Por qué nadie me ayudaba? Seguí diciéndoles que era la oscuridad. ¿Por qué nadie me ayudaba? Sabía que era demoníaco. ¿Por qué nadie me ayudaba?».

Para cuando ella terminó de decir esto, estaba gritando. Había más de cien personas en esa habitación escuchándola gritar: «¿Por qué nadie me ayudaba?». Nunca olvidaré ese grito. Fue inquietante.

Muchas veces cuando estoy haciendo liberación y escucho los sonidos del infierno. Jesús habló sobre el llanto y el crujir de dientes. He escuchado los sonidos del infierno durante la liberación: los gritos, el llanto y el crujir de dientes. Son sonidos desgarradores y conmovedores. Nadie que los escuche puede permanecer igual.

Martin y yo estábamos en una clase un día, y una mujer gritó en una manifestación demoníaca; eran los sonidos del infierno. La liberamos. Martin le dijo a la clase: «Nunca olviden estos sonidos. Esta es la razón por la que hacemos lo que hacemos. Esto es lo que ocurrirá para todos los que no son alcanzados por Cristo. Esto es lo que espera a todos los que no son liberados».

Si la iglesia no libera, ¿quién lo hará? Si la iglesia no posee su autoridad espiritual, ¿quién puede? Si la iglesia no libera a la gente en el nombre de Jesús, ¿a dónde pueden ir estas almas en busca de ayuda?

Si la iglesia no libera, ¿quién lo hará? Si la iglesia no posee su autoridad espiritual, ¿quién puede? Si la iglesia no libera a la gente en el nombre de Jesús, ¿a dónde pueden ir estas almas en busca de ayuda? Si la iglesia no hace su trabajo, entonces la gente se queda con los sonidos del infierno haciéndole eco a través de sus almas.

Terminamos la liberación de esa mujer en la ciudad de Nueva York después de dos horas de batalla agotadora. Por lo general, ya no me toman tanto tiempo, pero había mucho terreno, y ella luchaba poderosamente con la voluntad torcida. Después de dos horas, todos los demonios se habían ido, y la presencia de Dios vino. En todos mis años de liberación, nunca he visto la presencia de Dios llegar al final de una sesión como esa.

Estaba haciendo una prueba espiritual final con ella para asegurarme de que ella era libre, y el Espíritu de Dios comenzó a hablarle. Ella transmitió lo que dijo. Salió en una narración en primera persona, y mientras hablaba, la presencia de Dios inundó la habitación. Informó que el Espíritu decía: «Yo la amo. Ella es mi niña. Lo siento mucho por su dolor». Mientras el Espíritu continuaba así, pude sentir lágrimas golpeando mi brazo. Miré hacia arriba y vi a uno de los líderes de la iglesia llorando en la presencia del Señor. Sentí lágrimas golpear mi hombro derecho, y miré hacia arriba y uno de mis intercesores que había venido conmigo estaba llorando en mi hombro en la presencia de Dios. Sentí lágrimas golpear mi hombro izquierdo y miré hacia arriba, y fue otro de mis intercesores llorando. Sentí lágrimas golpear mi mano izquierda, y miré hacia arriba y era mi hija Darcy; en el momento ella tenía trece años.

Eso es lo que te hacen los sonidos del infierno: te dan valor para involucrarte en los asuntos del Rey.

Terminamos la liberación, nos despedimos y subimos al automóvil para ir a casa. Estábamos todos cansados, y el automóvil estaba bastante silencioso, y luego esta suave voz salió del asiento trasero. Darcy dijo: «¿Papá?». Le dije: «Sí, cariño». Ella dijo: «Fue lo mejor que he visto en mi vida. ¿Puedes enseñarme cómo ayudar a las personas a liberarse?». Eso es lo que te hacen los sonidos del infierno: te dan valor para involucrarte en los asuntos del Rey. Yo dije: «Por supuesto, cariño. No obtuviste un Espíritu Santo juvenil».

¡Necesitamos más guerreros poderosos que se pongan de pie en esta hora de la historia y reclamar su autoridad en Cristo y ayudar a los cautivos a ser liberados en el nombre de Jesús, para la gloria de Jesús! ¡Que tu estés entre sus números!

PASOS DE ACCIÓN ESPIRITUAL

- Reflexiona sobre tu cosmovisión en lo que se refiere a los bastiones demoníacos. ¿Se alinea con la cosmovisión bíblica?
- Hazte la lista de preguntas relacionadas con cómo entran los espíritus. ¿Hay un historial de adicción en tu árbol genealógico? ¿Hay un historial de abuso? ¿Hubo abuso físico, sexual o emocional? ¿Has sido abusado de alguna de estas maneras? ¿Hay alguna hospitalización mental, suicidio o intento de suicidio en la familia? ¿Hay mucha depresión e ideología suicida? ¿Ha habido actividades ocultas, brujería, adoración de antepasados u otras prácticas religiosas? ¿Te has involucrado en alguna actividad oculta?
- Examina los síntomas de la demonización. ¿Experimentas alguno de estos síntomas?
- Si sientes que podrías necesitar una liberación, obtén ayuda de un amigo espiritual y maduro de confianza, y sigue los pasos en el apéndice al final de este libro.

Prepárate asegurándote de que tus confesiones estén al día y realiza primero el trabajo descrito en cada uno de estos capítulos.

CONCLUSIÓN

La gente a menudo viene a mí con un problema actual que los tiene en completo estado de desesperación. Pueden estar luchando con una adicción que los tiene agarrados por la garganta, y están buscando alivio. Pueden estar batallando con una depresión que los ha acosado. Pueden sentirse confundidos con una ansiedad que se siente abrumadora y debilitante. Lo que ellos quieren por encima de todo es que los curen. Quieren que este problema se vaya.

Es posible que hayas empezado a leer este libro con esa sensación de desesperación en tu alma. Mientras trabajas en estos principios para sanar el alma y ayudar a otros a encontrar la libertad, aquí hay algunos pensamientos finales que debes tener en cuenta.

El Cuidado del Alma es un proceso

Recuerda que la naturaleza del viaje es continua. Se necesita un día más que toda una vida para finalmente recuperarte. Cuando te encuentres cara a cara con Jesús, serás como Él; mientras tanto, estás en una travesía. A lo largo del viaje hay altibajos, hay victorias y derrotas, hay triunfos y tragedias. Tienes que aprender a estar bien con tu quebrantamiento. No lo vas a lograr perfectamente en esta vida. Puedes ser más fuerte, más saludable y más maduro, pero aun así lucharás con tu fragilidad humana. Sin embargo, Dios te escogió en Cristo antes

Recuerda que la naturaleza del viaje es continua. Se necesita un día más que toda una vida para finalmente recuperarte.

de la fundación de la tierra, y lo hizo con un corazón lleno de amor (Efesios 1). Él sabía que eras un desastre, y Él aún te escogió, con todos tus defectos. Jesús no está nervioso hoy sobre tu travesía. Así que sé persistente.

Para ser persistente, debes procesar profundamente. Con demasiada frecuencia las personas procesan lo suficiente para aliviar su sufrimiento. Procesan la basura de su alma hasta que se sienten un poco mejor, y luego dejan de procesar. No persisten. Se esfuerzan, encuentran consuelo y luego detienen sus esfuerzos. Pero aquellos que encuentran la mayor libertad persisten en sus esfuerzos. Continúan presionando hacia Dios, y avanzan hacia la intimidad. Continúan presionando a la autoconciencia, y avanzan hacia un profundo autoconocimiento que refleja la comprensión de los problemas de raíz del alma, el autoconocimiento que conecta todos los puntos entre estos diversos principios del Cuidado del Alma. La autoconciencia es la puerta de entrada al avance.

Estaba desesperado por arreglar las cosas en mi vida al comienzo de mi travesía del Cuidado del Alma. Pero parte de esa desesperación estaba impulsada por el miedo a perder a Jen. Muy a menudo el miedo alimenta nuestra desesperación. Después de un tiempo, después de establecer el fundamento del amor de Dios firmemente establecido bajo mis pies, comencé a darme cuenta de que estaba bien. Todavía estaba quebrado, e iba a continuar luchando con partes rotas y piezas rotas todos los días, pero era amado y Dios fue suficiente para mí. Empecé a obsesionarme menos y me sentí más relajado en el camino espiritual hacia la semejanza a Cristo. Todos necesitamos tomarnos un poco menos en serio y disfrutar el proceso. Celebra las cosas buenas de la vida, incluyendo las victorias en el camino y el amor de Dios todos los días. David Benner dijo: «No eres simplemente un pecador, eres un pecador profundamente amado». Y eso es eso. Dios está contigo. Dios es para ti. Dios te ama. Y nada puede quitarte eso. Es suficiente.

Continúa caminando en la luz

A medida que continúes tu travesía del Cuidado del Alma, sigue caminando en la luz. Siempre. Camina en la luz con Dios y otros. Tengo amigos que han luchado con algún comportamiento adictivo peligroso. Conozco personas que murieron por sobredosis de drogas. El error más grande que cometen las personas no es regresar a una droga una vez que ya no la usan; el error más grande que cometen es cuando sienten el tirón, pero no son honestos al respecto.

He tenido amigos de vital importancia a lo largo de los años y nos hemos comprometido a caminar en la luz con Dios y entre nosotros mismos. Ese compromiso me ha salvado incalculables cantidades de oscuridad en mi vida. Dios está cerca de los quebrantados de corazón. Dios se siente irresistiblemente atraído por los contritos de corazón. Dios se acerca a los humildes, pero los orgullosos caminan solos. No seas demasiado orgulloso para obtener ayuda. No seas demasiado orgulloso para ser honesto. Haz una determinación férrea en tu corazón para morir sin secretos y vivir en la luz con Dios y los demás. Es una cosa poderosa ser honesto. No hay curación donde hay pretensión.

Dios está cerca de los quebrantados de corazón. Dios se siente irresistiblemente atraído por los contritos de corazón. Dios se acerca a los humildes, pero los orgullosos caminan solos.

Prioriza tu tiempo con Dios

Otra clave es hacer que el tiempo con Dios no sea negociable en tu vida. Solo Dios puede sanar el alma. Dios puede sanarte más en cinco minutos de lo que un consejero puede hacer en veinte años. Esto no es una crítica a los consejeros; es un testimonio de la gracia sanadora de Dios.

La mayoría del cambio de vida ocurre a solas con Dios. Necesitas estar con Él; necesitas darle acceso a tu corazón. Aprende a sentarte en Su presencia y dale la bienvenida a Su amor sanador.

Creo que el secreto del éxito es simplemente encontrar lo que Dios quiere y hacerlo. Esto también es cierto en el camino hacia la sanación interna. A menudo no sabía qué hacer, pero sabía quién lo sabía. Seguí acercándome a Él, y Él siguió mostrándome qué hacer. Seguí diciendo «Sí» a Dios y rindiéndome. Él nunca delineó todo el panorama por adelantado; Él me guio en una caminata de confianza, mano a mano, paso a paso. Él es fiel, y Él te llevará hasta el final.

Hice una resolución inflexible para pasar tiempo con Dios cuando tenía veintitantos años. He cambiado mi acercamiento a Dios a lo largo de los años, variado mis disciplinas espirituales y ajustado mi ritmo, pero nunca descuidé mi compromiso fundamental de estar a solas con Dios. Y ese compromiso de estar con Jesús, conocerlo, perseguirlo, acceder a Su presencia, ha marcado toda la diferencia en mi travesía.

Vaya por las raíces

También querrás ir por las raíces y no por las hojas. Combate la enfermedad y no los síntomas. Una de mis frases favoritas de la vida es esta: el problema no es el problema. Nos obsesionamos con las cosas equivocadas y nos desesperamos por corregir estos problemas. Terminamos luchando contra los síntomas y nunca diagnosticamos ni tratamos la enfermedad.

Una de las preguntas más importantes sobre el alma es: «¿Por qué?». ¿Por qué hago lo que hago? ¿Qué hay debajo? Llega a las raíces. Una vez más, Dios sabe. Teología básica: Dios es inteligente, sabe cosas que nosotros no conocemos y le gusta contarnos. Camine con otros amigos sabios y con discernimiento que busquen continuamente comprender las cosas más profundas del alma.

Sé paciente

Otra clave: sé paciente contigo mismo y espera en Dios. El cambio de vida es difícil y lleva tiempo. El Salmo 37:7 dice: «Guarda silencio ante el SEÑOR, y espera en él con paciencia». Todos tenemos cosas en nuestras vidas que queremos cambiar, problemas que queremos resolver, respuestas a la oración que anhelamos ver y rasgos de carácter que buscamos modificar. David lo hizo también. Él aprendió a esperar en Dios.

El Señor le dijo a David que sería el rey, pero eso lo lanzó a una década de espera agónica. Él no se esforzó para que esto sucediera. Se detuvo ante el Señor. Descansó en la promesa confiable de Dios. Pero no se lleve la idea equivocada: este no fue un descanso sereno y pacífico. La espera fue dolorosa, difícil, dura, agonizante.

La raíz de la palabra *esperar* aquí es bailar, girar, remolinar. Hay una tensión. Espera a que Dios te libere. Pero esperas las respuestas de Dios en una danza giratoria de emociones, desilusiones, dudas y agonía, remolinando en oración y llegando a un lugar de rendición, confianza y obediencia. Resuelve seguir viniendo, seguir confiando, seguir rindiéndote y seguir obedeciendo. Fallas. Te caes. Fracasas. Pero te levantas y vuelves tus ojos a Jesús una vez más.

Esta es la vida profunda de la fe. Aquí es donde se forma Cristo en ti y dónde estás hecho listo para que la respuesta a tus oraciones salga a la luz. Aquí es donde te das cuenta de que el carácter y la intimidad son más importantes que la respuesta en sí misma, y que tu relación con Dios es más importante que ser curado por Dios. Aquí es donde aprendes a darle a Dios acceso a los lugares profundos de tu corazón. Quédate

> Hay algunas cosas que Dios puede lograr con su ternura con el tiempo que no puede lograr con su poder en un momento.

quieto, esperando en la danza arremolinada de la fe, y descubre que Dios es bueno. Hay algunas cosas que Dios puede lograr con su ternura con el tiempo que no puede lograr con su poder en un momento. Acepta la naturaleza del cambio orientada al proceso.

Recuerda que Dios no está interesado en arreglarte; Él quiere una relación contigo. Dios está mucho menos preocupado por tus conductas de lo que crees, y Él está mucho más preocupado por tu corazón de lo que tú piensas. No estoy justificando el pecado. Pero sí estoy diciendo que el corazón es el problema: si logras que tu corazón se alinee correctamente con Dios, los comportamientos siguen.

De la abundancia del corazón, una persona habla y actúa. Y Dios aborda los problemas del corazón en el contexto de relación. Es una relación lo que Él está buscando. Es una relación por la cual pagó el precio de Su sangre. Es una relación que sana nuestra alma. Es una relación que forma a Cristo en ti. Él no quiere que *te portes bien*. Él quiere que *lo ames*, y cuando lo ames con todo tu corazón, y tu corazón sea sanado, redimido y formado en Su amorosa presencia, tus comportamientos también cambiarán.

LA CULTURA DEL REINO

Puse mi fe en Cristo hace más de cuarenta años. Entregué mi vida a Cristo y experimenté un encuentro transformador con Dios hace más de treinta años. Lo he estado siguiendo incondicionalmente desde entonces. Y han pasado veinte años desde que comencé este viaje del Cuidado del Alma. Me ha ayudado inmensamente a ser un mejor hombre, un mejor esposo, un mejor padre, un mejor líder y un mejor seguidor de Cristo. Pero no he llegado. Ni siquiera estoy cerca. No soy el hombre que quiero ser, pero tampoco soy el hombre que solía ser, ni soy el hombre que voy a ser. Estoy en el camino, y estos principios han sido críticamente importantes para hacer que el viaje sea más pacífico, más amoroso, más satisfactorio y más parecido a Cristo.

Estos siete principios del Cuidado del Alma no son principios para ser usados una vez y luego olvidados. Estos son los principios del reino de Dios; estos son parte de la cultura del reino. Tienes que renovar constantemente tu mente y asegurarte de que tu identidad esté arraigada profundamente en el amor de Cristo.

Establecí esta base firme bajo mis pies en medio de una lucha matrimonial, pero cuando otros me atacaron públicamente, tuve que volver a esta base. Una vez más, tenía que estar de pie en la verdad de que el problema de mi valor se resolvió en la cruz. Mi valor no dependía del tamaño de la iglesia que dirigía ni de las opiniones que otros tenían sobre mí. En aquellos días, volví a la base.

Una vez más, también tuve que perdonar a las personas que pecaron contra mí. Bendije a los que me maldijeron, y si muero esta noche, moriría sin enemigos. Si aprendes constantemente a bendecir a aquellos que te maldicen, y perdonas a los que pecan en tu contra, te convertirás en una persona generosa y magnánima. Pero esto no sucede de la noche a la mañana. Es un proceso de desarrollo que resulta de aplicar este principio del reino una y otra vez en nuestras vidas. Así es como crecemos y como se forma Cristo en nosotros. Había nuevas heridas para curar y nuevos temores que superar. No superé la necesidad de aplicar estos principios. He tenido que aplicarlos una y otra vez en mi vida. Y ahí yace el camino hacia la libertad.

Jesús dijo: «Si guardan mi enseñanza, realmente son mis

discípulos. Entonces conocerán la verdad, y la verdad los hará libres» (Juan 8:31, 32). Tienes que aferrarte a la verdad, y eso significa que tienes que renovar tu mente con ella, y debes apropiarte de ella en el momento apropiado una y otra vez en tu vida. Tienes que vivir en ella. Conocer la verdad no te hará libre. Pero aferrarte a la verdad lo hará.

El cambio de vida ocurre en una atmósfera propicia para el cambio. Necesitas la verdad ungida que se recibe en un corazón abierto receptivo a la luz. Necesitas una verdadera comunidad abierta, honesta, confesional y llena de gracia. Necesitas el poder y la presencia de Dios para la sanación, la libertad y la transformación. Y debes hacer un esfuerzo continuo y ser persistente.

Muy a menudo las personas se pegan a Dios y al proceso de sanidad del alma, el tiempo suficiente para sentirse mejor. Una vez que sienten algo de alivio de su problema, dejan de esforzarse. Continúa el proceso y sé persistente. No te conformes con lo suficiente. No te conformes con tan solo un alivio de los síntomas. Busca las raíces y aférrate a Dios hasta que llegue el profundo cambio de vida. Desempaca la maleta del alma de toda la basura que está allí. Cuanto más la desempaques, más espacio tendrás para que Dios te llene. No te conformes con un poco más de Dios en tu vida. Persista y descubra la libertad y la plenitud de Dios en Cristo.

PRINCIPIOS DEL CUIDADO DEL ALMA

Estos siete Principios de Cuidado del Alma son principios esenciales para el cambio de vida; estos son bloques de construcción para un alma sana.

Debes construir una base sana, una identidad que esté establecida no en lo que haces o lo que tienes, sino en quién eres en Cristo. La cuestión de tu valor se resuelve en la cruz.

Debe caminar en la luz con Dios y otros a través del arrepentimiento. Nunca superarás tu nivel de autoconciencia. La autoconciencia es la puerta de entrada a la transformación. No la garantiza, pero no puedes llegar sin ella.

La luz es un regalo, no una intrusión. Debes darle la bienvenida y caminar continuamente en la luz con Dios y los demás. Debes experimentar la liberación del perdón, no solo la comprensión cognitiva del mismo, o tu alma estará enferma.

Tienes que superar el tirón de los patrones de pecado de tu familia. Debes lidiar con estos pecados estrictamente antes de que te afecten gravemente.

Tienes que perdonar a los que pecan en tu contra. La marca más grande del amor del Padre en tu vida es la capacidad de amar a tus enemigos. Jesús dijo que incluso los paganos pueden amar a sus amigos; hacerlo no es un mérito para nosotros. ¿Pero amar a nuestros enemigos? Esa es una marca del amor del Padre. Bendice a los que te maldicen. Perdona a los que pecan contra ti.

Necesitas sanar tus lugares heridos, los moretones de tu alma. Jesús es el Sanador. No hay un alma demasiado herida para que Su toque sanador no la pueda reparar. No hay personas irreparables en la presencia de Dios.

Tienes que vencer tus miedos. El mandato número uno en las Escrituras es «No temas», y el hecho de que es el mandato más utilizado no es accidental. El pueblo de Dios comete más errores en tiempos de temor que en cualquier otro momento. Pero Su amor perfecto puede expulsar el miedo.

Tienes que romper las cabidas demoníacas del enemigo. Tienes un enemigo, pero ha sido derrotado. Jesús puede liberarte del dominio del hombre fuerte.

Creo que el Cuidado del Alma va a ser la puerta de entrada al evangelismo en esta generación. Creo que las personas van a tener más fe en Cristo hoy más porque saben que están quebrantadas y necesitan un sanador que porque saben que son pecadores y que necesitan un Salvador. Eso no significa que no debemos hablar del pecado y de un Salvador. Uno de los principios de un alma sana es que debemos arrepentirnos del pecado. Debemos hablar de pecado. Debemos hablar de nuestro Salvador. Pero creo que hoy en día las personas van a venir con frecuencia a Jesús porque Él es un Sanador. La gente sabe que está quebrantada, y está buscando ayuda. Y Jesús es un Sanador. No te conviertas en una persona sana para que puedas vivir una vida más saludable; conviértete en una persona sana para que puedas ayudar a otros a encontrar a Jesús, el Sanador, ¡que puede liberarlos!

Permíteme concluir con una historia final. Estuve en Redding, California, en una conferencia en febrero del 2014. Estuve allí con mi amigo Ron Walborn, que es el decano del seminario. Llevamos con nosotros a un grupo de estudiantes que estábamos enseñando juntos. Ron tuvo que irse temprano, así que me llamó al salir y me dijo: «¿Puedes reunirte con uno de nuestros alumnos? Ella es una mujer vietnamita llamada Ruth». Dije: «Claro. ¿Qué quieres que haga?». Él dijo: «Ella está atrapada. Ella está completamente cerrada». Dije: «Claro. Me reuniré con ella».

Entré en el salón donde estaba sentada, y ella dijo: «Oh, no. Eres tú». Me reí. «¿Qué significa eso?», le pregunté. Ella dijo: «Tu reputación te ha precedido». Le dije: «¿Quieres que te ayude?». Dijo: «Supongo». Le dije: «Cuéntame tu historia».

La parte más importante de su historia fue esta: cuando era niña, su madre solía decirle: «Las mujeres están oprimidas. Así es el mundo. No hay nada que puedas hacer al respecto».

Ruth aprendió a guardarse todas sus emociones. Ella pensó: «A nadie le importa. Nadie me amará. Nadie me nutrirá en mi dolor». Entonces ella simplemente se lo guardó. Cuando sucedía algo malo, ella entraba en su habitación y se sentaba en silencio. Ella no oraba, no escuchaba música, no escribía. Ella solo se sentaba a solas en su habitación y se guardaba el dolor.

Ella no se permitió sentir nada. Ni enojo, ni tristeza, ni pena. No había lágrimas; ella simplemente se tragaba sus desilusiones, angustias y dolor. No hablaba con nadie sobre sus dolores, sus heridas o sus decepciones. Ni siquiera con Dios; ella pensaba que a Él tampoco le importaba. Ella simplemente lo había arrojado todo al sótano de su alma.

Pero a medida que cerró sus emociones negativas como el miedo, el rechazo, el dolor y la ira, todas las emociones positivas se cerraron con ellas, emociones como la alegría, la paz y el amor. Ruth estaba entumecida.

Ella me contó su historia, y una imagen vino a mi mente. Le dije: «Ruth, es como si estuvieras sentada en una sala de acero. No hay ventanas y no puedes salir. Estás en este lugar oscuro y solitario. Pero Jesús se para en la puerta y Él llama. Él quiere que le abras y lo dejes entrar».

Ella dijo: «¿Por qué Él no la abre? Él puede entrar si quiere».

Yo dije: «Él es un caballero. Él no se forzará sobre ti. Él no es un opresor. Debes elegir dejarlo entrar».

Pude ver que ella era reacia, así que le dije: «No te forzaré tampoco. Tenemos un servicio más esta noche. Si quieres orar después de este servicio, si estás lista para abrir tu alma de acero, entonces ven a mí, y oraré contigo».

Ella asintió, pero con rigidez. Al final del servicio, ella se acercó a mí y dijo: «Estoy lista». Puse mi mano sobre su cabeza y le dije: «Imagínate en esa sala de acero y abre la puerta para dejar entrar a Jesús. Oraré».

Simplemente oré: «Entra, Señor Jesús».

La presencia de Dios era tan fuerte sobre ella que simplemente se derrumbó bajo el peso de Su presencia; ella se cayó y se quedó en el piso por aproximadamente cuarenta y cinco minutos. Cuando ella se levantó, había cambiado radicalmente. Jesús hizo la cirugía del alma; Él accedió a los profundos recovecos de su alma. Durante los siguientes meses, ella experimentó muchas lágrimas que estaban atrasadas por mucho tiempo y también mucha alegría. Ella experimentó el duelo y la curación. Lo más importante, ella experimentó la presencia amorosa de Dios.

Solo el amor de un Salvador una vez manchado de sangre y ahora resucitado puede redimir una vida marcada por el dolor.

Hoy ella ya no vive en una pequeña caja. Ella tiene una gama completa de emociones. Puede sentir tristeza, enojo y dolor, pero también puede sentir amor, alegría y paz. Cada vez que la veo, viene corriendo hacia mí y me abraza. Pero no fui yo. No puedo abrir la caja en el alma de alguien. No puedo sanar el corazón humano. Solo la estaba guiando a Jesús. Solo el amor de un Salvador una vez manchado de sangre y ahora resucitado puede redimir una vida marcada por el dolor. Cuando alguien acude a mí en busca de ayuda espiritual, mi objetivo nunca es encontrarme con la persona. Mi objetivo es lograr que la persona conozca a Jesús. Él es el Sanador, y en Él hay esperanza.

Oro para que Dios te ayude en su travesía hacia la plenitud. Que conozcas los tiernos afectos de nuestro Padre celestial. Que experimentes Su presencia transformadora en tu proceso del Cuidado del Alma. Que la vida abundante de Jesús sea tuya para vivir. ¡Qué vivas una vida libre y completa!

APÉNDICE:

HOJA DE AYUDA PARA LIBERACIÓN

A continuación, encontraras ayuda práctica con el proceso de liberación. Te recomiendo que sigas este procedimiento, especialmente cuando comienzas.

Preparación

Asegúrate de no entrar en esto a solas. Trae a otras personas espiritualmente maduras que puedan orar. Asegúrate de que sus confesiones estén al día. Obviamente, debes ser un seguidor de Jesús. (Recuerde Hechos 19 y el incidente con los siete hijos de Esceva).

Recuerda, lo mejor, como preparación, es que el individuo pase por un proceso de Cuidado del Alma antes de la sesión de liberación. Haga que repase este libro contigo y aplica los principios de cada capítulo. Si eso no es posible, como mínimo debes pedirle que confiese sus pecados, crea una lista de las personas que necesita perdonar y comenzar a orar bendiciones sobre todos ellos mientras toma la decisión de desarrollar la voluntad de perdonarlos.

Procedimiento de liberación

1. *Explica el proceso*

Comienza explicando la liberación a la persona. Explica que hay buenos espíritus y malos espíritus. Los malos espíritus son ángeles caídos que buscan habitar en las personas y controlarlas. Explica que Dios y los demonios nos hablan directamente. Como alguien que atraviesa una liberación, su trabajo es informar lo que está escuchando, sintiendo, experimentando, detectando y «viendo».

Dios (y los demonios) nos hablan de las siguientes maneras. (Nota: para una explicación más detallada, ve mi libro *River Dwellers*).

1. Ellos pueden hablar en una voz audible;
2. Pueden hablar a través de sus pensamientos;
3. Pueden hablar a través de sus sentimientos;
4. A veces los espíritus hablan a través de imágenes;
5. Pueden comunicarse a través de una «leyenda de dibujos animados». Esta es una palabra que la gente puede ver en el ojo de su mente. A menudo un demonio lo hará confundirse con las letras, mezclándolas y moviéndolas, pero puedes ordenar que se enderecen para que sean legibles.
6. Finalmente, el Espíritu Santo puede hablarle a nuestro «conocedor»: Tú solo sabes algo. Esta es la comunicación de espíritu a espíritu.

Explícale a la persona que no debe filtrar las respuestas; este es un problema común. Indícale que informe lo que siente, ve y oye.

A veces el demonio se comunicará con todos los presentes en una voz audible que es oscura y grave, pero eso no es muy común. Si no se comunica directamente, la persona siendo liberada también cumple una función como reportera. Necesita informar cualquier comunicación que reciba de los espíritus.

Diferentes personas reciben comunicaciones del reino espiritual de diferentes maneras, y diferentes espíritus se comunican de diferentes maneras. Es por eso por lo que es importante informar todo. Una vez hice una prueba grupal y mi esposa estuvo presente, y vino a verme después porque dijo que no estaba «oyendo» nada. Así que hice una prueba espiritual con ella uno a uno, pero la entrené para que me dijera lo que estaba viendo. Mi esposa recibe aproximadamente el

90 por ciento de nuestras comunicaciones del Espíritu como imágenes; ella es vidente. Ella dijo: «Veo una imagen de una cruz. Está brillando en blanco». Dije: «Eso está bien. Dime lo que sientes». Ella dijo: «Siento paz». Le di un gesto de aprobación, le sonreí y dije: «Ese es el Espíritu de Dios. Eso es bueno. Ahora haré el resto de las preguntas, y si ves algo oscuro en esa imagen, avísame, o si empiezas a sentirte ansiosa, dímelo». Ella pasó por toda la prueba con la cruz brillante y con la paz de Dios. Pasó la prueba. Ayudar a las personas a informar bien y minuciosamente es vital para el proceso.

A veces obtienen las respuestas correctas, pero sienten resistencia, ansiedad o algún otro indicador de que algo no está bien. Debes capacitar a algunas personas a través del proceso de informar para que no retengan lo que están recibiendo.

2. *Ora*

Ora por protección, sabiduría, discernimiento y el poder del Espíritu de Dios. Pídale a la persona que ore una oración de rendición a Cristo. No ores plegarias basadas en el miedo, de tipo mágico. Mantén tus ojos en Jesús y ora con confianza y paz. No necesitas tener miedo. Jesús no está nervioso, y Él es más grande que cualquier otro espíritu (Efesios 1:18–23).

También puedes hacer una serie de mandatos en este tiempo de oración; esto es para limitar la actividad de los demonios en la sesión. Deberás reforzarlo durante la sesión a veces.

Da las siguientes órdenes en el nombre de Jesús:

- «Quédate en la jerarquía a la cual perteneces».
  Los demonios vienen en estructuras jerárquicas, como una pirámide con un líder en la parte superior. Es más rápido y más fácil de hacer la liberación si los mantienes en su jerarquía.
- «No causarás daño a ninguna persona en este lugar, ni tampoco a sus familias».

- «No habrá vómitos».
  De vez en cuando, los demonios pueden hacer que una persona se sienta enferma, pero puedes ordenarles que se detengan.
- «No habrá manifestaciones físicas indebidas, no habrá confusión, no habrá decepción, no habrá condenación».
- «No habrá ansiedad».
- «No habrá ahogamiento».
  A veces los demonios pueden dar a la gente una sensación de ahogo, pero usted les puede ordenar que se detengan.
- «No habrá división ni escondite. Nadie huirá o escapará de esta sesión».

Cuando comienza alguna manifestación, puedes intentar ordenarle que se detenga. Por ejemplo, generalmente se siente cierto nivel bajo de ansiedad, pero si se intensifica, generalmente puedes limitarla al ordenarle que se detenga. Es por eso por lo que es importante que la persona informe lo que está sucediendo. Por ejemplo, a veces sentirá un dolor en una parte de su cuerpo cuando se manifiesta un demonio, pero puedes ordenar que se detenga en el nombre de Jesús.

3. *Haz una prueba*

Después de la oración, llame al espíritu a la atención. Diga algo como: «Ahora el espíritu al que Jesús llama la atención presta atención. Jesús está en el centro del alma de esta persona, y allí está toda la luz y no hay oscuridad. Ven a estar en la luz al lado de Jesús. Ahora, espíritu en atención, responde estas preguntas en el nombre de Jesús».

Ahora haz la serie de preguntas que se enumeran a continuación. Una respuesta incorrecta es una indicación de la posible presencia de un espíritu maligno. Repasa cada pregunta hasta que llegues a una respuesta incorrecta. Cuando recibas una respuesta incorrecta, DETÉNTE y pasa a la segunda lista de preguntas en el paso 4 a continuación.

- ¿Es Jesucristo el Señor? ¿Es Jesucristo tu Señor?
- ¿Vino Jesucristo en la carne?
- ¿Honras la sangre del Señor Jesús?
- ¿Murió Jesucristo en la cruz y resucitó otra vez?
- ¿Es solo por la fe en Cristo que podemos ser salvos? ¿Hay algún otro nombre bajo el Cielo por el cual las personas puedan ser salvas?
- ¿Das testimonio de que esta persona es hijo de Dios por la fe en Jesucristo?
- ¿Está Jesucristo maldecido? (Esto es algo malo; la respuesta debería ser NO).
- ¿Cuál es tu propósito en esta persona?

  Cuando el Espíritu de Dios está presente, las respuestas serán cosas como amor, luz, paz, alegría, etc. Cuando un espíritu demoníaco está presente, las respuestas serán cosas oscuras. A menudo declararán su nombre o función aquí: destrucción, ira, odio, amargura, ira, inmoralidad sexual, lujuria, depresión, ansiedad, etc.
- ¿Es tu deseo derramar el amor de Dios en el corazón de esta persona?

  Ocasionalmente tratará con alguien que tiene vergüenza tóxica, y obtendrá todas las respuestas positivas, excepto esta. No entienden una respuesta negativa. Ellos simplemente no escuchan nada. Eso es más que probable que no sea demoníaco. Es solo una vergüenza tóxica. Siempre debe dividir alma y espíritu. Esto a menudo no es un espíritu demoníaco; esto es solo un problema de alma. La persona está luchando por creer y recibir el amor de Dios.

- ¿Produces el fruto del Espíritu en esta persona? ¿Amor, gozo, paz, paciencia, benignidad, bondad, gentileza, fe y dominio propio?
- ¿Dicen las Escrituras que el Espíritu Santo procede de Dios el Padre?
- ¿Procedes de Dios el Padre?
- ¿Dicen las Escrituras que el Espíritu Santo es un Espíritu eterno?
- ¿Eres un espíritu eterno?
- ¿Amas a esta persona?
- ¿Hay algún espíritu que permanezca? ¿Alguno oculto?
  Solo hago esta pregunta si cada otra pregunta recibió una respuesta correcta, y está claro que es el Espíritu Santo quien se está comunicando. Algunas veces hay otro escondite, y el Espíritu Santo lo mostrará. Si es así, pregúntele el nombre y saque el espíritu.
- ¿Hay algo que quieras decirle a esta persona?
  Esta pregunta también está reservada para el Espíritu Santo al final de una prueba limpia. Cuando llegue al final de una prueba positiva, el Espíritu Santo a menudo está visiblemente presente, y este puede ser un momento muy poderoso para que el individuo escuche a Dios.

4. *Pregúntale al espíritu que está en atención estas preguntas clave*

Si hay demonio presente, haz las siguientes preguntas. Luego de cada pregunta, verifique la respuesta al preguntar: «¿Es esa la verdad delante de Dios?».

- ¿Cuál es tu nombre?
- ¿Cuál es tu función?
  Pregunte esto si el nombre no es una función obvia. Por

ejemplo, si el nombre del espíritu es Odio, su función está implícita en el nombre. Además, a veces uno de los miembros del equipo intercesor escuchará un nombre. Asegúrese de que el nombre sea exacto. Sugiero que los miembros del equipo escriban las cosas y se las entreguen al líder. Lo mejor es que solo una persona sea el líder punto; lo hace menos confuso y acelera el proceso.

- ¿Tienes terreno para quedarte?

  El terreno debe ser específico. Tiene que ser pecado no confeso; no puede ser algo que la persona haya confesado en su pasado. Eso ya está bajo la sangre de Jesús, y el espíritu simplemente está tratando de acusar y condenar a la persona. No permitas que los demonios acusen o condenen a las personas y mantengan viejos pecados sobre sus cabezas. Esto no es terreno; esto es solo un ataque. No los deje. Tiene que ser un pecado específico e inconfesado.

  También intentarán decir cosas como «Quiero quedarme». Eso no es terreno. El fundamento es un pecado específico e inconfesado, como que la persona está amargada con su cónyuge. Simplemente necesitan confesar eso al Señor, y estar de acuerdo con Dios para perdonarlos, y el terreno se romperá.

- ¿Tienes algún espíritu bajo tu control? Si es así, ¿cuántos? ¿Alguno de esos espíritus tiene motivos para quedarse?

  No necesariamente necesito los nombres de estos subordinados. Pero necesito saber si tienen alguna base para quedarse, y si lo hacen, el terreno debe ser roto.

- ¿Tienes un líder dentro de esta persona?

  Algunas veces un espíritu no tiene un líder; un espíritu es el líder de todo el resto; ese líder superior suele ser el último espíritu en presentarse y ser expulsado. Si pasas de líder a líder, el proceso es mucho más rápido.

- ¿Ves puertas, ventanas o portales abiertos? ¿Hay secretos o maldiciones que le den derecho a regresar?

  Si hay puertas abiertas o secretos o maldiciones, se debe liderar con ellas para que rompa el terreno. Si tiene una puerta abierta, pídale al espíritu que la nombre. A menudo es una maldición generacional. Rompa las maldiciones en el nombre de Jesús.

5. *Ordena a los espíritus salir*

Una vez que la información necesaria se obtiene del espíritu, y el terreno se rompe, ordena a ese grupo de espíritus (el líder y los que están debajo de él) que «vayan a donde Jesús los envía», y hazlo en el nombre de Jesús. Luego, trata con el siguiente líder comenzando de nuevo con el paso 4.

Siempre trata de mantener los espíritus en grupos. Ve de la jerarquía de un líder al próximo líder, y expúlsalos por grupos. Por ejemplo, imagina que estoy tratando con un espíritu llamado Enojo, y Enojo tiene tres espíritus debajo de él. Durante mis preguntas, descubro que Enojo tiene un espíritu sobre él llamado Rabia. Ni Enojo, ni ninguno de los tres debajo de él, tiene alguna base; el terreno está roto, y no hay secretos ni maldiciones ni puertas. Envío a Enojo y los tres debajo de él a donde Jesús los envíe. Luego llamo a Rabia a prestar atención. Verifico el nombre del espíritu diciendo: «Rabia, ¿ese es tu nombre?». En caso afirmativo, vuelvo a las preguntas del paso 4 con este nuevo grupo de espíritus. Continúa repitiendo este proceso hasta que saque el último grupo.

6. *Repite la prueba*

Una vez que el último grupo de espíritus sea expulsado, repasa las preguntas de prueba del paso 3 y asegúrate de que no haya ningún espíritu «oculto». Continua con el proceso hasta que obtengas una prueba limpia, donde todas las preguntas del paso tres son respondidas correctamente, y todos los espíritus se han ido.

7. *Invita al Espíritu Santo a hablar*

Cuando la prueba termine limpia, y el Espíritu de Dios responda las preguntas, termina preguntándole al Espíritu Santo si hay algo más que le gustaría decir a la persona. (¡Muchos encuentros de Dios muy interesantes tienen lugar durante este tiempo!)

8. *Termina con oración e instrucciones finales*

Los demonios a veces vuelven al exterior y amenazan. La persona necesita tomar su posición en Cristo, someterse a Dios y decirle al enemigo que huya (Santiago 4:7). Es útil para la persona «renovar la mente» (Romanos 12), y para reemplazar las mentiras que los demonios han estado hablando con la verdad de las Escrituras.

A menudo hay que hacer un seguimiento al trabajo del Cuidado del Alma para ayudar a la persona en su viaje hacia la plenitud. Jesús es un Sanador, Salvador y Redentor.

Él vino a liberar a los cautivos. Nadie es irreparable con Jesús

SOBRE EL AUTOR

El Rev. Dr. Rob Reimer es el fundador de Renewal International, que comenzó a cumplir con su llamado para avanzar el Reino de Dios a través de la renovación espiritual personal y corporativa. Sus libros *El Cuidado del Alma, La Authoridad Espiritual, Deep Faith, River Dwellers, Pathways to the King* y *Calm in the Storm* se han vendido en todo el mundo. Rob es mentor de líderes cristianos y sus conferencias han ayudado a miles de cristianos a encontrar la libertad y la plenitud en Cristo. Personalmente transparente, Rob relata las lecciones aprendidas mientras caminaba con Dios, respondía a Su Palabra y procesaba el dolor en el matrimonio y el ministerio. Estas lecciones no solo se enseñan, sino que los participantes comienzan activamente el proceso de incorporarlas a sus vidas, comienzan a caminar en la luz, practican escuchar a Dios y acceden a Su poder para el ministerio.

Actualmente, el Dr. Reimer es Profesor Asociado de Teología Pastoral en Alliance Theological Seminary en Nueva York, donde obtuvo su Maestría en Divinidad. También tiene un Doctorado en Ministerio en Predicación del Seminario Teológico Gordon-Conwell.

Para acceder a la enseñanza en línea, en vivo o en video sobre el cuidado del alma, o para explorar más del trabajo de Rob, ver su itinerario o invitarlo a hablar, visite www.DrRobReimer.com

ALSO BY DR. ROB REIMER

River Dwellers

Living in the Fullness of the Spirit

¿Alguna vez deseaste que existiera más para tu vida cristiana? Muy a menudo la vida cristiana se reduce a ir a la iglesia, atender reuniones, servir a Dios, y hacer devocionales. Pero Jesús nos prometió una vida abundante – una conexión profunda, íntima y satisfactoria con el Dios vivo. ¿Cómo accedemos a la vida abundante que Jesús prometió? La clave está en la presencia y la vida del Espíritu Santo dentro de nosotros.

Jesús dijo que el Espíritu de Dios fluye dentro de nosotros como un rio – Él es el Rio de Vida. Pero debemos morar en el río para acceder la plenitud del Espíritu.

En *River Dwellers,* el Dr. Rob Reimer ofrece una mirada a fondo a la vida en el Espíritu y ofrece estrategias prácticas para morar en el Río de la Vida. Exploraremos la llenura del Espíritu, escuchando los consejos del Espíritu, caminando con el Espíritu y desarrollando sensibilidad a la presencia de Dios en nuestras vidas. Este recurso te guiará a convertirte en un morador del río a tiempo completo, aun en medio de las estaciones más difíciles de la vida cuando el río parece bajar su nivel.

¡Juntos convirtamos nos en Moradores del Río, viviendo donde la plenitud de Dios fluye para que podamos llevar agua viva a un mundo muriéndose de sed!

Pathways to the King

Living a Life of Spiritual Renewal and Power

Necesitamos avivamiento. La iglesia en América desesperadamente necesita avivamiento. Hay un poco de ello sucediendo en este momento, pero necesitamos otro Gran Despertar. Más o menos cuarenta años atrás, la iglesia fue impactada por el movimiento del crecimiento de la iglesia. El objetivo del movimiento era hacer que la iglesia se enfocara en la Gran Comisión —llevando las Buenas Nuevas acerca de Jesús a todo el mundo. La iglesia estaba fuera de misión, y el movimiento era un curso necesario de corrección. Pero no funcionó. Muchas personas entregaron sus vidas a Cristo como resultado de este énfasis en el alcance, y estoy agradecido por eso. Muchas más iglesias ahora están enfocadas en evangelizar, ayudar a las personas a conocer a Jesús, que antes del movimiento. Pero tenemos a menos personas asistiendo a la iglesia ahora (en porcentajes) que en cualquier otro momento de la historia de Estados Unidos. Necesitamos un avivamiento.

Este libro habla acerca de cómo podemos acomodar un avivamiento y también acerca del precio que tenemos que pagar para experimentarlo. Yo creo que tenemos un rol en el siguiente gran avivamiento espiritual. Dios quiere que seamos portadores de Su reino. Él quiere que experimentemos la realidad y la totalidad de su reino, y Él quiere que expandamos el reino a otros —al igual que lo hizo Jesús. Para poder hacer esto, yo creo que debemos seguir los 8 Caminos del Reino de Renovación Espiritual: Personalizar nuestra identidad en Cristo, Seguir a Dios, Purificándonos, Adorando, Orando Oraciones del Reino, Reclamando Promesas, Pasando las Pruebas, y Persistiendo. Estos 8 caminos son discutidos en gran detalle, son enraizados en verdades bíblicas y son ilustrados por ejemplos convincentes de las Escrituras y de mi vida, la vida de creyentes en mi comunidad, y la vida de grandes cristianos a lo largo de la historio.